抵押品市场与金融管道

（第三版）

Manmohan Singh

[美] 曼莫汉·辛格 著

王永钦 张之晗 褚浩男 译

Collateral Markets
and Financial Plumbing 3E

格致出版社 上海人民出版社

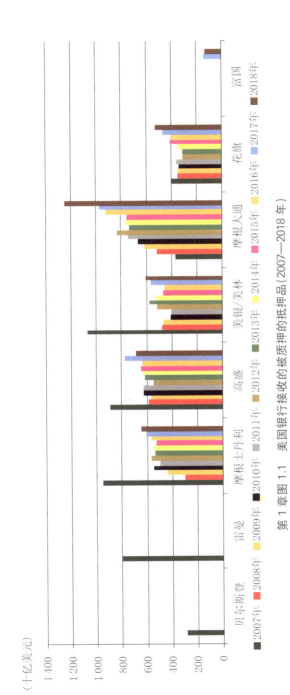

（十亿美元）

第 1 章图 1.1　美国银行接收的被质押的抵押品（2007—2018 年）

资料来源：作者手工收集的年报数据；也可参见 Singh（2011）。

（十亿美元）

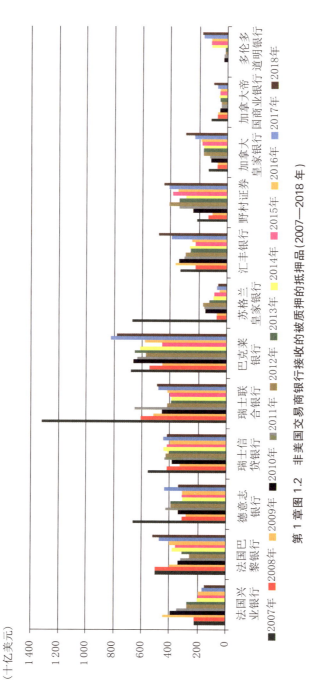

第 1 章图 1.2　非美国交易商银行接收的被质押的抵押品（2007—2018 年）

■2007年　■2008年　■2009年　■2010年　■2011年　■2012年　■2013年　■2014年　■2015年　■2016年　■2017年　■2018年

资料来源：作者手工收集的年报数据；也可参见 Singh（2011）。

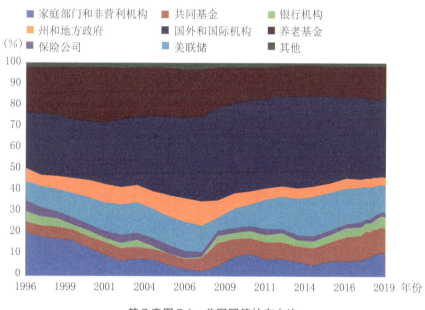

第 7 章图 7.1　美国国债持有占比

资料来源：SIFMA、联邦储备系统、美国金融帐户。

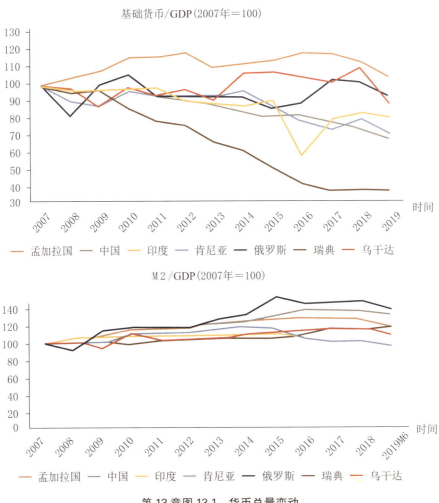

基础货币/GDP(2007年=100)

孟加拉国 — 中国 — 印度 — 肯尼亚 — 俄罗斯 — 瑞典 — 乌干达

M 2 /GDP(2007年=100)

孟加拉国 — 中国 — 印度 — 肯尼亚 — 俄罗斯 — 瑞典 — 乌干达

第 13 章图 13.1　货币总量变动

（十亿美元）

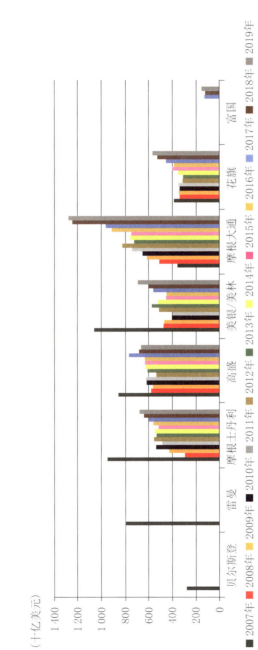

附录图 1　美国交易商银行接收抵押品规模（2007—2019 年）

资料来源：Singh（2020）；作者手工收集的年报数据。

（十亿美元）

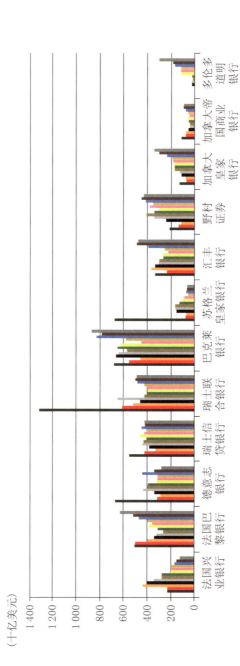

附录图 2　非美国交易商银行接收抵押品规模（2007—2019 年）

■ 2007年 ■ 2008年 ■ 2009年 ■ 2010年 ■ 2011年 ■ 2012年 ■ 2013年 ■ 2014年 ■ 2015年 ■ 2016年 ■ 2017年 ■ 2018年 ■ 2019年

资料来源：Singh（2020）；作者手工收集的年报数据。

译者序
抵押品框架：理解现代金融的底层逻辑

抵押品即现金。

——华尔街俗语

抵押品：金融和宏观经济学（最）重要的维度

英文的"金融"（finance），源自拉丁语，意为"最后将事情做成"。金融是现代经济的核心：作为人类社会经济发展的重要动力和工具，金融打通了未来和现在。一般来说，金融体系至少有三大功能：首先是融资功能。社会中总有人有想法但没有资源，社会需要把资源高效地转移给他们，这就是社会融资的问题。好的金融体系可以将金融资源配置给最有效率的项目，将社会的蛋糕做大。其次是保险功能。经济发展过程中风险相伴而生，如果没有一个好的保险体系，人们不敢去冒险，社会就没有企业家精神，经济发展便无从谈起。好的金融体系能在全社会实现更好的风险分担和保险，为创新活动和经济发展提供动力。再次是信息功能。每个人对社会、投资项目的看法都是不同的,通过买卖金融合约(包括股票和债券等),好的金融体系可以将人们关于未来的观点和思想反映到市场价格中,加总社会的群体智慧("三个臭皮匠顶个诸葛亮"效应),引导实体经济的资源配置。金融体系的这三大功能分别由不同的金融合约和金融机构来实施完成。

传统的金融学和宏观经济学主要关注金融合约的价格维度。例如,多数宏观经济模型仅关注利率或收益率,例如经典的 IS-LM 模型甚至仅考虑无风险利率这个维度。但实际上,金融合约具有多维度的特征,单一的价格变量无法充分反映金融市场的均衡(这与商品市场很不一样)。20 世纪 90 年代末,耶鲁大学教授、著名经济学家约翰·吉纳科普洛斯(John Geanakoplos)就指出,任何金融合约(包括货币)都是一种承诺(promise),由于合约的不完备性,任何合约都有违约的可能;进而所有金融合约都需要某种抵押品(collateral)支持。例如,债务是支付固定金额的承诺,由某种形式的抵押品(例如住房等)支持;股票是一种与状态依存的承诺,它的抵押品就是公司的价值(现金流)。在所有金融合约中,由于债权人只关注抵押品的最差状态和波动性,债权合约对抵押品信息最不敏感,而股票则对抵押品信息最敏感,其他金融合约的信息敏感度介于这两个极端之间。进一步,这些金融合约又可以在金融市场、货币市场用作抵押品,相对而言,债由于对信息不太敏感,更适合进一步用作抵押品而支持新的金融合约。现代金融体系就是由层层叠叠的金融合约构成的,整个经济世界就是由互相嵌套的资产负债表(balance sheet matrix)组成的。因此,抵押品在金融市场结构的形成中起着基础性作用。

抵押品和杠杆是理解资产定价的关键。例如,在抵押贷款市场,如果银行给贷款人抵押品的折扣率(haircut,在住房市场被称为"首付率",在衍生品市场上则被称为"保证金率")为 20%,那么相应地,杠杆(leverage)就是 5 倍,这意味着贷款人可以以价值 100 万元的住房为抵押,从银行借入 80 万元的贷款。从银行的角度看,即使房价下跌 20%,变现抵押品(住房)也可以回收贷款,避免损失。因此,折扣率本质上反映的是放贷人对抵押品价值的悲观程度,他们对抵押品价值越不乐观,抵押品折扣率就会越高(即杠杆率越低),从而越能保障放贷人的安全。金融市场上,人们对资产的未来价值会有不同的观点,金融市场中的资产价格是由边际的乐观者观点决定的。抵押品和杠杆的存在使得乐观者可以用少量自有资本撬动大额资金用于购买资产,使其观点能够在资产价格中得到充分表达。能加的杠杆越高,资产越容易集中在少部分对资产估值最高的人手中,边际购买者乐观程度的提升抬高了资产的价格。美国的影子银行体系就是由土地→住房抵押贷款→抵押支持证券(MBS)→担保债务凭证(CDO)这样一层层抵押构建起来的,每做一层抵押,每加一层杠杆,都会撬动底层资产的价值。因此,抵押品参与并主导着当今金融市场中很多资产的定价过程。

在 2008 年全球金融危机之前,货币政策关注的主要是价格变量,即利率。金融危机之后,随着短期政策利率触及零下限,数量型政策变量变得更加重要了。各国央行开始增加对金融机构的放贷,并大量购买长期资产,扩张央行资产负债表,进而直接降低长期利率水平,以促进经济增长,这就是量化宽松(quantitative easing,QE)。在金融市场方面,《巴塞尔协议 III》等新的监管规则关注的焦点就是金融机构的杠杆行为和资产端的高质量流动性资产(HQLA)持有情况,将监管的重心更多地置于数量维度。这一方面固然是形势所迫(短期政策利率已经降到零下限了),另一方面也是因为政策层意识到利率之外,抵押品维度的重要性。随着数量型指标重新成为人们关注的重要维度之后,抵押品在全球金融市场(尤其是货币市场)的流动性创造过程中发挥着越来越重要的作用:央行所实施的资产购买计划和逆回购(reverse repo)、金融机构间的回购与主经纪商业务等交易形式、国际金融市场中的外汇掉期业务(FX swap,外汇交易的主导方式,本质上是一种国际版的回购,即用本币作抵押借外币),等等,无一不是利用抵押品将不同市场参与者连接起来。央行和金融机构的资产负债表随之成为人们关注的焦点。很自然地,与抵押品密切相关的金融管道建设也成了央行、金融机构及监管部门关注的重中之重。金融管道(financial plumbing)的"粗细"越来越能决定金融系统的流动性创造能力,货币市场、金融市场的许多重要现象都可以用抵押品的框架去理解。这同时也意味着,如果对抵押品在金融市场中的重要作用缺乏系统的认识,可能会带来意想不到的严重后果,导致金融波动甚至金融危机。政策界和业界关注点的这种转变恰恰与我们之前提到的抵押品理论框架是相吻合的。

抵押品之于经济周期:杠杆周期与金融危机

解释经济周期是经济学最重要的议题之一。随着金融体系中基于抵押品的交易越来越重要,传统经济学中"经济周期取决于具体的生产率"的观点与现实的偏离越来越大,而同时,基于抵押品理论框架的杠杆周期对经济周期的影响开始显现。我们在上文提到,杠杆(或折扣率)是由对未来不确定性的看法决定的。作为放贷人,杠杆的设定是为了防范未来抵押资产价值变动的风险,若对抵押资产未来表现十分确信(如国债),杠杆可以设在较高水平。反之,若该资产未来表现的不确定性非常大,那么杠杆必须降低到足以覆盖未来潜在损失的水平上。在宏观经济层面,当经济基本面趋好的时候,未来不确定性低,杠杆会比较高,资产价格走高,生产消费活动增多,这些因素又进一步促成经济向好的预期,形成良性循环。而当经济遇冷,事情就会变得棘手,对未来经济(抵押品)的不确定性会导致去杠杆,进而导致抵押品价值下降,引发企业违约、破产等,形成恶性循环。强制去杠杆存在非常大的问题,可概括为以下主要三点:杠杆率下降;最乐观的人此前用高杠杆,此时被强制平仓,破产出局;边际购买者乐观程度下降。最乐观的人离场与杠杆率的下降进一步压低资产价格,形成一个恶性循环,危及整个建立在底层资产基础上的金融大厦,乃至诱发金融危机。

正如约翰·吉纳科普洛斯所说,纵观全球,历史上所有的经济危机本质上都是杠杆周期所引致的。耶鲁大学的加里·高登(Gary Gorton)教授等人的研究表明，2008年的全球金融危机的高潮实际上就是金融机构之间的回购挤兑（repo run）。回购，即是一种以证券为抵押的融资方式：在借款人按照借贷双方约定好的折扣率将抵押品(多为债券)抵押给贷款人并融入资金的同时，双方约定在将来某一日期由借款人向贷款人返还本金和按约定的回购利率计算的利息，并由贷款人向借款人返还抵押品。在2008年前，美国金融机构主要通过回购获得巨额短期融资，通过不断滚动这种期限极短的债务，来支持各种资金需求。但维持这一模式取决于两点，一是债务滚动能持续，二是抵押品的折扣率较低。

但随着美国住房价格崩盘，以住房为抵押品的住房抵押贷款违约率攀升，进而导致以住房抵押贷款为抵押品的住房抵押贷款支持证券违约率上升，导致市场信心逐步走向崩溃，大量投资者开始卖出其持有的这类资产。在这一阶段，市场对住房抵押贷款支持证券等抵押品价格的预期开始变得极度悲观，这进而导致美国回购市场除国债外抵押品的平均折扣率迅速升高，从危机前的接近1%最终到了接近50%，即这些抵押品的杠杆从100倍下降到2倍，使得美国回购市场流动性急剧蒸发，信用创造能力急剧下降，正因如此，银行开始面临大量挤兑，银行只能甩卖回购合约中的这些抵押品，从而进一步压低了抵押品的市场价格，这又进一步限制了银行的融资能力，并恶化了市场对银行的信心，由此开始了恶性循环。最终，美国金融系统的危机蔓延到了实体经济当中，恶化了企业的融资环境，导致经济危机发生。通过一层层的资产抵押，美国的一个房地产市场最终撬动了整个金融体系的大厦，并导致整个金融体系的偿付能力下降，这便是2008年金融危机发生的机制。

此外，中国2015年的股市异常波动也是一个典型的杠杆导致危机的例子。2015年上半年，伴随着宽松的货币政策和积极的政策信号，中国股票市场出现了前所未有的繁荣景象。许多金融机构通过股权质押，从场外和场内配置了大量资金投资于股市。股市异常波动发生前夕，中国股票市场通过场外配资的杠杆甚至可以加到几十倍。但此时股市的繁荣并没有实体经济增长的有力支撑，市场中疯狂加码的杠杆极大地增加了金融系统的脆弱性,小幅下跌就可以给杠杆投资者造成大额损失,触发强制平仓,而集中抛售进一步促进价格下跌,引发股市危机。所以说,杠杆是当时中国股市异常波动发生的根源所在。尤其值得注意的是,与债券作抵押品不同,股票的价格对信息更加敏感,危机时股价的下跌幅度会远高于债券价格的下跌幅度,对市场参与者的融资能力产生的负面影响更大,所以相比于债券,基于股票做抵押的杠杆融资更加危险。

抵押品之于货币市场：货币市场的底层逻辑

抵押品在资本市场中发挥着重要的作用,在货币市场中更是如此。从交易规模的角度看,当前主要经济体的货币市场中绝大多数交易都是基于抵押的:金融危机后,美国隔夜回购市场日成交量超过无抵押的联邦基金市场成交规模20倍之多;2022年,中国银行间货币市场中回购交易占比超过了90%。从信息敏感度的角度看,相较于股票市场等其他市场,货币市场的合约可以通过设置折扣率实现"超额抵押"(over-collateralization),加之货币市场合约期限一般比较短(很多是隔夜合约),让货币市场中的利率变成无风险利率,这使得货币市场对价格信息并不敏感。这也意味着信息加总的变量(即价格)在货币市场的交易中波动性很小,回购市场中流动性的消长更依赖于抵押品这个维度,即依赖折扣率的升高和降低。

从乘数效应的角度看,在美国等发达经济体的货币市场中,回购合约中抵押品的质押是伴随着所有权的转移的,因而质权人有权以自身名义在回购市场中通过重复使用其获得的抵押品再次进行融资——即抵押品被重复使用了。这使得回购市场中的抵押品像央行的准备金一样,存在一个"抵押品流通速度"(对应于准备金市场的货币乘数)。即对抵押品的重复使用与折扣率设置(对应于传统银行体系的准备金率），就能让少量抵押品通过乘数效应在货币市场中创造出大量的流动性。抵押品折扣率的变动，不仅会对第一次质押该抵押品的回购交易产生影响，还会对因重复使用抵押品而产生的整条抵押品链条造成冲击。

举例来说，假设通过市值100万美元的证券作抵押能融到98万美元资金，折扣率就是2%，如此通过"抵押—融资—再抵押—再融资"的反复操作，理论上能放出50倍杠杆。因此，在货币市场中，折扣率是比价格（或利率）更值得关注的变量。

在货币市场中忽略抵押品维度的考量会带来诸多意想不到的后果。例如，在雷曼破产后，评级较低的抵押品变得更难被质押，被质押的抵押品折扣率也变得更高，这极大地降低了货币市场的流动性创造能力。然而，世界上主要的中央银行均是通过购入优质抵押品进而增加基础货币的供给，来应对危机的。大量的优质抵押品被央行"封存"（silo）了起来，留给投资者的优质抵押品急剧减少，这对回购市场的流动性创造能力产生了严重的负面冲击。

在后危机时代，中国政策制定者逐渐认识到抵押品在货币市场中不可忽视的作用，中国货币市场也围绕着抵押品框架进行了诸多改革。例如，在2014年之前，中国90%的基础货币发行依靠外汇占款（利用美元外汇作抵押发行货币，这在大国中很少见），这就使得中国经济存在明显的顺周期倾向：在和美国关系密切、GDP增速较高的时期，货币发行多。而货币发行的顺周期性，容易导致中国经济过热、泡沫化严重。因此，2014年之后，央行启用了创新型货币政策来代替外汇占款发行货币，开始接受国内的公司债、国债等证券作为抵押品来创造基础货币。这很大程度上降低了经济上对美国的依赖，提高了中国货币政策的独立性。

抵押品框架：理解现代经济的钥匙

其实，不仅仅资本和货币市场离不开抵押品，大至经济金融周期、货币体系,小至一些细分市场,乃至政治事件的发生,都离不开抵押品的理论框架。

中国 2022 年初和年末的两波理财产品"赎回潮"就可以用抵押品的框架解释。根据银行业理财登记托管中心的数据,理财产品所投资资产大部分为债券类资产。因此,我们可以将债券视为理财产品的抵押品。随着 2022 年 11 月中国防疫政策逐步调整和房地产支持政策出台,强化了经济的修复预期,债市相对股市开始承压,债券资产(抵押品)价格大幅下跌,进一步导致理财产品(金融合约)的价格下降。因此,中国金融市场中出现了"债市承压→理财产品净值下跌,投资者丧失信心→理财产品被赎回→债券或债基被抛售→理财产品净值继续下跌,投资者信心持续低迷→债券或债基继续被抛售"的恶性循环——由于"抵押品渠道"的存在,理财产品已经从债市的稳定器变为波动放大器。

抵押品亦是衍生品市场的重要组成部分。在 2020 年初新冠肺炎疫情暴发后,全球市场的避险情绪激增,大量投资者开始卖出风险资产、买入主权债,这段时间也被称作急于套现(dash for cash)时期。由于抵押品被广泛应用于中央对手方(central counterparty, CCP)的交易清算流程中,随着资产价格的波动性加大,初始保证金(initial margin)和变动保证金(variable margin)要求同时增加,追加保证金(margin call)的要求很快在各个交易平台上响起——尽管部分初始保证金可以被非现金资产代替,但变动保证金基本需要以现金形式交收,市场中庞大的杠杆存量使得现金的供需缺口显著扩大。更进一步,金融机构的远程办公使得部分非自动化的交易(主要存在于商业票据和信用债市场)清算效率降低,这进一步恶化了流动性需求。也正因如此,国际掉期与衍生工具协会(ISDA)与中央国债登记结算有限责任公司(中债登)合作发布联合白皮书,积极呼吁进一步扩大保证金的合格抵押品范围,从发达国家国债、美国政府机构债和国际组织债券等,扩展到包括中国国债在内的新兴市场债券。

在一些最近的国际大事中,我们也可以看到抵押品的身影。例如 2022 年 9 月底英国爆发的养老金爆仓危机。2022 年上半年,美联储将利率从零增至 3.25%,英国的利率也攀升至 2.25%,面对逼近两位数的通胀率,加息之旅远未结束。加息使得包括英国国债在内的全球主权债券利率飙升,大幅加剧了各种投资组合的压力和政府偿债成本。而特拉斯政府一上台就推出备受争议的大规模减税措施(财政恶化、加剧通胀且为富人减税),随后英镑便跳水至历史低点,英国国债收益率飙升,养老金市场也一度濒临崩溃。从抵押品视角看,税收是英国财政部发行国债的抵押品,税收的减少不但会使英国国债的抵押品价值下降,这种高通胀下的财政扩张还意味着政府需要发行更多国债来进行融资,这就会带来国债收益率的大幅增加(即价格下跌)。而英国养老金危机与负债驱动投资策略(LDI)密切相关,因为养老金主要采用利率衍生工具来使资产端和负债端折现后的现值相匹配的策略。这种对冲利率下行的工具在利率突然大幅上行时,给英国养老金带来巨大损失,它们不得不通过出售所持国债(抵押品),来填补衍生品工具产生的亏空,结果亏空越来越大,最终导致英国养老金市场在短期内的崩溃。特拉斯政府没能考虑到抵押品(税收)价值下降对金融合约(英国国债)价值的影响,上任后即使英国陷入困境,也使她成了英国历史上任期最短的首相。

抵押品市场发展的基础:金融管道的建设

随着抵押品市场在金融系统中发挥着越来越重要的作用,与之相关的金融管道建设自然成了健全金融市场的核心任务。那么,什么是金融管道呢?参考斯坦福大学达雷尔·达菲(Darrell Duffie)教授的看法,"金融管道"包括了金融体系中使信贷、资本和风险得以流动的主要制度要素,它连接了中央银行、银行、券商、非法人产品等主要机构投资者、场外交易(OTC)衍生品中央对手方和交易所。"管道"的连接既包括有形的节点,如清结算系统、支付系统、托管机构、交易数据库等,也包括无形的制度安排,如三方回购和清算协议、场外衍生品交易主协议、主要经纪协议等。随着金融市场中越来越多的交易开始依赖于抵押品,金融管道也就变成了"抵押品市场的管道",金融管道的建设直接影响着抵押品的范围、流动性的变化和经济主体的资产负债表活动。因此,如何能确保交易中证券安全且顺利地在不同账户之间转移,是当前金融系统中的一个关注重点,可以说抵押品市场的发展对证券的托管、清算和处置流程建设已提出了更高的要求。

　　建设发达的现代金融体系,必然要求金融管道能提供足够的"润滑"作用。欧盟是一个包含多个主权国家的庞大经济体,这也意味着其存在严重的市场分割问题,如果不能建立统一的跨欧金融管道,抵押品在欧洲金融市场的流动将受到严重的阻碍,这会极大地限制欧洲金融市场的流动性创造能力。因此,欧盟花了 30 年的时间提出了建立单一证券结算市场的计划,创建了欧清银行和明讯银行两大国际中央托管机构。并且,自 2008 年金融危机后,欧洲央行和立法机构也开始对证券清算结算行业进行整合,逐步建立并推进欧洲证券结算平台(T2S)的使用。这些措施都极大地促进了抵押品在欧洲金融市场中的流转,充分发挥了抵押品"润滑"金融系统的功能。随着中国抵押品市场的重要性日益凸显,中国相关部门也开始重视相关金融管道的建设问题。随着中国金融市场逐步对外开放,投资者在中国托管的证券开始被纳入全球性的担保品池;中国银行间市场中央对手清算机制的建立和相关违约处置制度的不断完善,极大地消化了市场中的交易对手风险;中债登从单一的银行间债券市场的托管登记机构,发展为能够处理全方位金融资产、提供担保品管理等综合服务、与多市场联系紧密的基础设施。这些举措充分表明金融管道建设在当今全球金融系统中的重要地位。

抵押品理论框架对中国金融崛起的意义

　　伦敦商学院的埃莱娜·雷伊(Hélène Rey)教授(2019)在其研究中指出,中国虽然是一个贸易大国,但却是一个金融小国:从国际贸易网络(global trade network)来看,中国与美国几乎占据着同样重要的地位;而从组合投资网络(portfolio investment network)角度看,中国内地在金融市场的影响力远远低于美国,甚至还比不上中国香港地区。当前,中国抵押品市场的发展相对不够充分,因此,抵押品理论框架对中国金融发展的意义不可估量。

对中国这样一个经济长期高速增长,但法律、产权制度有待完善的国家来说,经济活动对抵押品的现实需求与抵押品严重不足的矛盾非常突出。最为重要的是,中国国债市场尚待完善。作为金融系统中最重要的抵押品之一,国债的核心功能源于其安全资产属性。在现代金融范式转变、安全资产持续短缺和监管对杠杆等数量型指标的关注日益增加的大背景下,国债对缓解经济摩擦、维护现代货币市场运行、支持货币政策调控的重要性日益凸显。充分发挥国债的抵押功能是提升国家治理能力、防范金融风险的重要基础,也是治理全球经济失衡和维护全球经济金融稳定的必要条件。然而,长期以来,中国的国债相对规模一直较小。截至 2022 年底,美国固定收益市场中的国债规模占比接近40%,与之对应的是中国债券市场,其中国债规模占比不到 19%,地方政府债券和信用债的规模都超过国债,地方政府债券和国债的合计规模也仅占债券市场规模的 40% 左右。

在当前的金融体系中,货币市场规模和批发融资规模巨大,对国债等"安全的"抵押品有很高的需求——如果把金融体系比作一座大厦,那么以国债为代表的安全资产就是其中的地基,地基不牢会导致大厦中出现许多"空腔"(这里代指银行系统内生地创造出的私人部门安全资产),增加了大厦崩塌的风险。因此,国债不足不但限制了中国金融系统的发展,还在一定程度上增加了中国金融体系的脆弱性——由于公共部门提供的抵押品或安全资产不足,中国金融体系内生的空腔便是"影子银行"体系崛起,即让房地产作为主要抵押品,银行来创造信用,这增加了中国经济的脆弱性(中国的影子银行是"银行的影子")。

从货币发行的角度看,国债短缺也限制着中国人民币国际地位的提升。

2014 年至今,央行创设了以中期借贷便利(MLF)为代表的一系列新型货币政策工具,MLF 的创新已充分体现基于抵押的货币政策的优势。在管理基础货币方面,MLF 比外汇占款方式更加主动、灵活,并且几乎完全对冲了外汇储备规模下滑给基础货币发行带来的负面影响。但是由于中国国债市场规模不足,且中国的国债发行缺乏规律性,有时高、有时低,没有发挥安全资产的作用,长期来看,基于 MLF 的基础货币创造模式可能会在未来面临抵押品不足的问题。并且,国债的短缺还可能会刺激市场参与者创造和使用"准安全资产"(比如企业可能会增加可作为合格抵押品的债券发行),一定程度上增加了金融市场的风险。因此,国债的短缺影响着人民币国际化的进程。

此外,提升中国金融市场在全球市场中的地位,还需要我们关注与抵押品相关的金融管道建设,并积极接入全球金融管道。中央银行抵押品机制以及与国际金融管道的联通是金融稳定的重要依托,也是中国在全球金融市场中使用抵押品融资和管理金融风险时所需要迈出的第一步。只有更好地使用自身的抵押品,降低对外汇储备的过度依赖,中国证券才有可能逐步融入全球金融管道。与欧洲国家相比,中国在建设和完善金融管道方面有着得天独厚的优势:中国金融管道处于一个独立的主权国家管辖下,拥有单一货币,交易的基础设施日益发达,特别是证券和衍生品市场的清结算服务以其内生的安全特性,有效地保护了个人投资者。并且,近期的一些趋势也对中国融入全球金融管道十分有利:数字金融科技的使用,例如新加坡、泰国、中国香港之间的支付系统合作,也是激发跨境抵押品流动的一个方面。此外,摩根大通(J.P. Morgan)等国外金融机构也开始逐渐接受中国 A 股作为其证券融资业务的合格抵押品,这也是中国抵押品融入全球管道的重要一步。

因此,为了提升人民币的国际影响力,提高中国金融市场在国际金融市场中的地位,中国应该抓住历史机遇,尽可能建立一套比较好的国债发行体系,解决中国金融市场中抵押品不足的问题;减少在以外汇为抵押的外汇占款基础货币发行体系下,人民币发行对国际经济和中国国际收支变化的依赖,考虑采用以中国国债等国内资产作为抵押品的货币发行方式,同时积极协调货币政策与财政政策的实施,让货币政策与国债发行相配合,以满足货币政策调控、财政融资、安全资产这三方面的需求;推动离岸人民币国债发行,推动人民币国际化。外汇储备也应当尽可能地多元化,结算方面也是一样,鼓励和引导"一带一路"沿线国家更多地使用人民币进行跨境结算,更多地推动大宗商品以人民币计价。同时,中国也应当积极参与并融入全球抵押品市场,推动托管、清算和处置流程等金融管道基础设施建设,提高中国国债等证券在全球的接受程度,这其中既包括提高中国国债等证券资产的国际投资接受度,又包括提升其在"全球金融管道"中作为抵押品的接受度,这样就可以解决中国当前面临的很多问题。因此,中国抵押品体系的重构,将会在很大程度上决定着中国金融市场能否崛起及其在国际金融市场中地位几何。

关于本书:理解抵押品市场和金融管道的佳作

总的来说,从现实金融体系的角度看,金融合约早已脱离了单一的利率维度,抵押品(或者说杠杆、折扣率)已经成为其中的关键变量,并正在全球金融市场中发挥着越来越重要的作用;从学术研究的角度看,抵押品的考虑找到并扩展了金融学和宏观经济学长期被忽视的重要维度。伴随着这场"抵押品革命",研究者可以更好地找出金融和经济体系中存在的问题,并为金融市场和金融管道建设提出更合适的政策建议。对于希望了解现代金融体系、金融制度和前沿金融理论的读者来说,本书也绝对是不二之选。这不仅因为本书的作者曼莫汉·辛格(Manmohan Singh)是国际货币基金组织(IMF)的高级经济学家,他一直密切关注全球金融市场的发展,并致力于提高人们对金融市场中抵押品的关注,在这一领域功力深厚、知识权威,而且作者本人认真严谨的态度,使得本书的逻辑性、可读性非常之高。我会不遗余力将本书推荐给我的每届研究生。在我看来，一切金融学和宏观经济学的问题都可以用抵押品和承诺这个框架去理解，这也是当今经济学领域最前沿和最活跃的研究领域之一（这个理论的奠基者、笔者在耶鲁大学博士后期间的导师约翰·吉纳科普洛斯在不久的将来，很有可能会因此而获得诺贝尔经济学奖），而本书则是从抵押品角度理解当前全球货币和金融体系的一部佳作。

曼莫汉在本书中对抵押品市场的介绍是全面且详细的。在本书中，曼莫汉从现实和理论两个层面，从不同角度为读者深入浅出地介绍了抵押品如何通过金融系统产生重要的宏观经济后果，又是如何受到不同机构资产负债表约束的。他阐述了银行、货币市场基金、对冲基金等机构之间是如何通过抵押品连接在一起的，并对如何度量抵押品的流动状况提出了自己的见解；此外，他还将抵押品纳入了传统宏观模型，并以此解释了QE的进入、退出及央行的货币政策将如何对经济产生影响；更进一步地，由于抵押品市场是一个全球性的市场，他还探讨了不同经济体央行的货币政策是如何通过抵押品渠道在全球市场中传导的，并为新兴市场经济体使用的货币政策工具提出了自己的建议；之后，他也向我们介绍了抵押品市场的产业组织形式，以及其中不同类型的金融机构在市场中起到怎样的作用；同时，抵押品还将抵押品市场、场外衍生品市场和中央对手方联系了起来，当然作者也为我们分析了其中潜在的问题与风险；最后，作者展望未来，就金融科技革命对支付系统和抵押品市场产生怎样的影响提出了自己的看法。

当前，中国政府也持续关注着抵押品市场和金融管道的建设，并为此做出了诸多努力，如中债登就在2016年成立了中债担保品中心，打造专业担保品管理平台，以进一步提升监管机构对金融市场的流动性管理与风险控制能力，增强中国在全球的定价权和资源配置上的影响力。因此，为了跟踪国际抵押品市场在现实和理论层面的最新进展，并为中国金融市场建设提供国际经验和教训，我组织并开展了《抵押品市场与金融管道》一书的翻译工作。本书更重要的

目的是普及金融市场中抵押品和金融管道的一般性和常识性知识,让更多国内
金融市场、学界的研究者快速了解这个领域,为进一步的学术研究提供一定
基础。

为了确保本书的准确性和可读性,我们多次与作者和业界朋友(中债登的
张婷、李梦,上海清算所的吴韵,AQR 的刘思远等)的讨论,对所涉及的学术界
和业界的相关术语进行了确认,对很多概念加了译者注,便于读者理解。中债
登在完善中国抵押品市场方面也作出了诸多努力和贡献,短短几年已经成长为
全球最大的担保品管理机构之一。我的两个研究生张之晗和褚浩男参与了本
书的翻译工作,也为本书的翻译提供了许多关键性支持,包括查阅背景资料、检
查专有名词翻译等。我还要感谢中债登的同事在本书的翻译工作和相关课题
研究中所作出的支持,并感谢他们对曼莫汉《新兴市场证券加入全球金融管道》
一文的翻译(我们已按照作者的建议放入了本书的附录)。此外,我还要感谢格
致出版社的同仁、特别是本书的责任编辑程筠函老师为本书出版所付出的
努力。

诺奖得主埃斯特·迪弗洛(Esther Duflo)曾将经济学家比作"管道工"
(plumber)。她的意思是,经济学家要关注现实中制度的细节,以更好地服务社
会。这名顶尖发展经济学家如此"实用"的角色定位,竟与金融体系建设"管道"
的主旨不谋而合。对于金融研究者、政策制定者和金融从业者来说,做一名金
融"管道工"理应当仁不让;中国金融体系的构建方兴未艾,而我们生于斯、长于
斯,做好金融管道工作,更是每一个金融工作者义不容辞的民族使命。

王永钦

2023 年 1 月 11 日于复旦园

中文版序

　　很高兴能看到我的《抵押品市场与金融管道》中文版问世。本书的主题的确是"不同寻常"的思考，希望有助于新兴市场经济体构建现代金融体系。十分感谢复旦大学王永钦教授团队和格致出版社牵头为中国的读者及时地翻译了一些技术性很强的、新颖的议题。

　　展望未来，本书的经济学分析表明，抵押品在全球市场中不可或缺的作用会产生重要的货币和宏观经济影响。阅读本书，读者将能进一步了解银行、货币市场基金、对冲基金和整个金融体系（包括中央银行）之间的联系。抵押品的重复使用率（或抵押品流通速度）——我自己创造的一个术语——如今在经济政策界已经广为人知。自从本书英文版第三版（2020 年 2 月）出版以来，全球市场见证了美国国债市场发生大规模流动性"干涸"，需要美联储出手干预来润滑国债抵押品市场。金融市场中的杠杆率仍被低估（第 3 章），最近英国国债市场的动荡再次突显了"隐蔽性"高杠杆的重要影响。第 4 章向读者介绍标准的 IS（投资与储蓄）和 LM（流动性的需求与供给）曲线的基本知识，并强调量化宽松不单单影响货币供给，同时还会降低一些资产的货币性，因为量化宽松会将优质抵押品从对其重复使用的市场中拿走，并封存在中央银行（而且会封存多年！）。

　　发达经济体的中央银行如今对全球市场的影响力无处不在，这使得市场信号呈现两极分化,并削弱了货币政策的传导效果——对于中国、巴西、印度、俄罗斯和南非等新兴市场经济体来说,理解这一点尤为重要。在雷曼兄弟倒闭之前,大多数新兴市场经济体运用利率工具来匹配(或追随)发达经济体(如美国)的利率变动。然而,新兴市场经济体普遍缺乏相应的政策工具来匹配发达经济体央行资产负债表的变动(比如,当美联储、日本央行或欧洲央行决定施行大规模缩表政策时),对这一问题的讨论详见第 5 章至第 7 章。本书传达的另一条信息是,政策制定者最好能够认识到,货币的流动性和抵押品的流动性之间存在着权衡。这一想法在今天也有重要意义,因为边际的 QT(量化紧缩)至少到目前为止,还几乎没有产生"T"(紧缩)的效果。LM 曲线可能不会像标准教科书中那样平行移动,而是可能会旋转,或者按照一个新的角度移动。

本书还将探讨,由于大型全球性银行的资产负债表仍受到约束(《巴塞尔协议 III》改革后),全球金融管道在不久的将来需要如何适应市场条件。全球抵押品托管机构(纽约银行、道富银行、欧洲清算银行、明讯银行)的作用和举措将非常重要(第 8 章和第 9 章)。中央对手方(进行衍生品清算)可能会面临一定压力,遗憾的是,这可能会由纳税人来承担(第 10 章至第 12 章)。对金融管道而言,可能更为重要的是数字资产的影响(第 13 章)——尤其是当这些技术成果被纳入监管范围后——这些"快速管道"可以即时结算(即 T + 0 结算)美国国债、亚马逊股票、公司债券等传统资产或者数字资产,不需要 T + 1 或 T + 2 结算,这更能促进金融管道现代化(但是这些技术可能不受当前金融体系的欢迎,因为当前体系中的一些人享受着 T + 1 或 T + 2 结算机制所包含的日内"浮资"的好处)。

从当前来看,本书的附录文章也是新兴市场经济体未来金融管道发展的必读材料。近期发展趋势喜人,表明新兴市场经济体正在"觉醒",并逐渐成为全球金融管道的一部分——尽管是在双边方面迈出的一小步(例如,中国 A 股的境外投资者无需直接在中证登登记 A 股的持仓情况;国际结算银行创新枢纽辖下香港中心开展了 mBridge 项目,该项目的参与者包括中国香港金管局、泰国银行、中国人民银行和阿拉伯联合酋长国中央银行)。官方部门也开始认识到抵押品重复使用的重要作用，这里我想引用德国央行的评论，"原则上，分布式账本技术能够在抵押品的流通速度和可用性方面提供进一步的好处"（德国央行，2020）。

我真切地希望，本书对全球金融体系基于实践的解读，能为中国的经济学课程体系（包括学者和政策制定者）带来收获。

曼莫汉·辛格
IMF 高级经济学家

序

曼莫汉·辛格一直在积极呼吁提高对抵押品的关注，他长期致力于分析抵押品市场的动态及其对金融市场和货币政策的影响。他的著作和报告已经得到了政策制定者和学术界的关注。

辛格的这本新书进一步拓展了他过去的研究工作，引入了一些在过去没有得到足够重视的新维度。本书分析清晰，对这个复杂主题的阐释深入浅出、易于理解。

在本书中，辛格修订了自己关于抵押品在现代金融体系中重要作用的初始研究。他再次阐明了抵押品在金融管道中不可或缺的作用如何产生重要的宏观经济后果，但又受到金融体系中许多资产负债表等方面约束的影响。他清楚地描述了金融市场中不同参与者［银行、货币市场基金（money market fund, MMF）、对冲基金和其他非银行金融机构等］之间的关系是如何依赖于抵押品的。他还指出，抵押品的使用使得人们必须重新审视杠杆的传统定义。更重要的是，他表明了抵押品流通速度的概念与人们熟知的货币流通速度的概念是同等重要的。

把上述因素纳入宏观经济模型中是一个挑战。但在第 4 章"量化宽松与 IS-LM 框架"中，曼莫汉·辛格成功阐明了 QE 是如何同时吸收抵押品和扩张货币的。在他的理论中，QE 的扩张性效应最初会推动经济增长，但随着时间的推移，其扩张性效应会导致规模收益递减。接下来，他在第 5 章中预测，QE 的退出可能会产生一些意想不到的震荡效果（正如在 2019 年观察到的那样），他还预测央行缩表可能加强了货币政策的传导。

抵押品市场是一个全球性的市场。辛格阐明了，人们在这方面的理解是如何欠缺的，因此深入理解全球性托管银行的商业模式就显得尤其重要。他还阐明了，为什么发达经济体央行的任何缩表活动（或采用其他方式去调整其资产负债表），都会立即对新兴市场经济体产生溢出效应。为此，他呼吁新兴市场经济体使用资本管制、宏观审慎政策等其他工具，作为对其货币政策和金融稳定工具箱的补充。

抵押品市场的产业组织形式是一个鲜有分析的问题。辛格利用年报和其他公开信息，衡量了抵押品市场的总体规模，以及某些金融机构在该市场中的重要性。他解释了为什么在抵押品市场中参与全球托管业务的机构是如此之少，它们如何托管全球大量的抵押品，以及它们的商业模式是如何运作的。他明确指出，金融危机后新出台的监管法规会影响抵押品的需求和供给，并且其影响会超越抵押品市场。他认为，除了政府部门和许多非银行机构等参与者，全球托管机构（global custodian）也在全球金融市场中发挥着重要作用。

曼莫汉·辛格认为，抵押品市场和场外衍生品市场之间的相互联系是一个很重要的维度，但人们对其所知甚少。这种联系进而将抵押品市场、场外衍生品市场和中央对手方（CCP）连接起来。这些联系的出现，是因为场外衍生品市场具有严重的抵押品不足的问题。CCP 对这一缺陷进行了弥补，然而这又导致了新的风险，包括如何应对 CCP 遇到流动性或偿付能力问题的情况。辛格表明，目前 CCP 处置方案的工具箱不可避免地会让纳税人承担一些成本，而他提出了一些更加切实可行的方法。他还分析了衍生品合约市场中主权国家和银行的关联，这种关联跟主权国家无需提交抵押品的现状有关。正如他所写的那样，这会使得我们很难"切断银行和主权国家之间的脐带"。

辛格关于技术革新将如何改变金融服务供给，特别是如何影响支付系统，从而改变抵押品角色的相关论述，则更具有前瞻性。许多人认为，人工智能和大数据、分布式计算、密码学、互联网和移动接入等技术将给金融行业带来许多变化，尤其是在建立新的面向零售和批发业务的支付系统之后。但是，这些技术发展将如何影响抵押品市场是很难预测的。政府所采取的应对措施，包括可能引入央行数字货币（CBDC），将在未来产生巨大影响。辛格清晰地提出了这些新问题。

总之，本书详细地分析了与抵押品相关的现象和问题，并带来了许多新的洞见。本书及时、清楚地表明了目前我们面临的挑战，并对正在进行的政策议题作出了重要贡献。

斯蒂恩·克雷森斯（Stijn Claessens）

国际清算银行

2020 年 1 月

献给 Komal 和 Kiran

前　言

本书为金融抵押品的跨司法辖区流动方式，提供了切实的理解。书中讨论了金融抵押品的法律基础、金融抵押品市场中抵押品的来源和关键参与者，以及金融抵押品的市场规模对货币政策和宏观经济的意义，从而对现有的思考进行了补充。

自从雷曼破产和美国国际集团（AIG）被政府救助以来，监管者已经承认了金融体系存在多方面的脆弱性。本书对此提供了具有说服力的经济学论证，并对即将到来的变化进行了解释。这些变化将贯穿书中大多数主题：杠杆率、对交易商资产负债表的约束、大型央行的资产负债表、场外衍生品交易、CCP 处置方案、支付系统未来的变革以及货币总量指标。这些金融活动正是由货币和抵押品润滑的金融管道的基本元素。

本书的目的不是进行严谨的数学分析，而是试图涵盖常被决策者、学者和市场忽视的问题。本书强调，抵押品的质押跨越了多个司法管辖区，因此无法从单个司法管辖区［或资金流量表（flow of fund，FOF）等政府账簿］的视角来观察抵押品的流动。本书的目标读者是来自各界的专业人士，包括政策制定者、银行、对冲基金、养老基金、保险公司、金融行业的律师和需要增强对金融管道理解的监管者。

本书的前言部分是对全书的总结。此外，自 2016 年本书的上一版出版后，再抵押（rehypothecation）相关主题的政策性文章和学位论文已有多篇［如《金融稳定委员会（FSB）关于抵押品重复使用的研究》］，这个主题是该作者在 2011 年最早开始研究的。

第 1 章"金融管道中的抵押品"介绍金融管道的基础知识。全球金融市场传统上是使用"现金或现金等价物"（即货币或高质量流动性证券）来进行结算的。因此，抵押品未必是高评级（AAA 级或 AA 级）的，只要这些证券具有流动性、按盯市法计值（mark-to-market），并且是合法跨境主协议的一部分，就可以被用作"现金等价物"。对金融抵押品的法律解释和量化，有助于加深经济学家对与流动性相关联的货币总量指标（如 M0 或 M2）的理解。本书所采用的数据（2007 年至 2018 年）包括雷曼破产前的数据，其来自全球 15 家至 20 家广泛涉足这一市场的主要银行的年报。

第 2 章"抵押品流通速度"探讨一个新概念："抵押品重复使用率或流通速度"。具有流动性、可交易的抵押品发行规模相当大，但流入市场的却很少，该章解释其背后的原因。该章还将论述如何衡量抵押品的重复使用率，为何这一指标对政策制定者十分重要，以及为什么回购等有抵押的市场利率可能不是抵押品流的唯一先导指标。这是因为交易商的资产负债表"空间"会对不同抵押品流的优先性进行排序。为了解释上述问题，我们需要从主经纪商业务（对冲基金）市场、融券（securities lending）市场和衍生品保证金等其他角度去理解抵押品利率，而不仅仅是基于回购的角度。

金融体系杠杆率的传统度量方法只利用了银行资产负债表的数据。第 3 章"金融体系的杠杆率"认为，这些传统的、以银行为中心的衡量指标不能完全捕捉到金融体系中的杠杆率水平。现有的杠杆率指标需要补充抵押品方面的指标，因为其提供了一种度量非银行机构向银行提供资金的重要渠道。从政策的角度来看，我们认为金融体系的杠杆率被长期低估，这是一个需要解决的问题。我们还认为，如果监管方对交易商的资产负债表施加了约束，那么杠杆可以为其资产负债表的扩张提供一些弹性，但这并不适用于所有类型的交易。

第 4 章"量化宽松与 IS-LM 框架"分析 QE 相关问题。人们通常假设 QE 会使 LM 曲线发生平移（教科书中的情形）。这一章将解释 QE 是如何同时创造货币和吸收抵押品的。我们认为，实施 QE 后，LM 曲线可能不会像在"旧"的 IS-LM 框架中所描述的那样仅平行移动；其斜率也会发生变化，并因此与 IS 曲线相交于不同的点——这取决于斜率的变动水平（即货币扩张和优质抵押品减少产生的"净影响"）。最近的研究表明，QE 最初会有助于经济增长，即促进产出上升，但随后将出现规模收益递减的现象，即产出不会有明显变化，甚至出现下降。

第 5 章"货币、抵押品和安全资产"解释货币与抵押品之间的关系。过去 20 年间，在美国和其他金融市场中，对抵押品的使用呈指数式增长。然而，在雷曼危机之后，可被接受用作抵押品的资产池收缩，导致流动性和安全资产短缺——这在很大程度上是由 QE 和监管部门对"优质"或高质量流动性抵押品（HQLA）的需求增加所导致的。尽管某些地区仍在使用 QE，但在这一章中我们展望并批判性地研究了 QE 对市场的冲击，以及货币（即央行准备金）与优质抵押品之间的权衡。

第 6 章"'反向'货币政策传导机制"这可能是第一个关于货币政策"反向"传导渠道的分析性论述。使用长期证券作为短期证券的抵押品——例如，在融券市场、衍生品市场和回购市场中交易，以及用于主经纪商的融资业务——会影响收益率曲线上的风险溢价（或货币性）。该章表明，雷曼破产后，使用长期证券作抵押品的交易减少；并且，使用长期证券作抵押品也会阻碍短期市场利率向长端传导。本书的研究结果还表明，央行缩表可能会加强货币政策的传导。

第 7 章"中央银行资产负债表政策与新兴市场经济体"探讨发达经济体中央银行的货币政策。展望未来，发达经济体央行将拥有两种货币政策工具：传统的短期政策利率和资产负债表调整政策。这两种政策都将对新兴市场经济体产生影响,尤其是钉住发达经济体汇率的新兴市场经济体。这是因为这些新兴市场经济体主要使用单一的货币政策工具——短期政策利率工具,来匹配发达经济体的政策利率变动。本书表明,新兴市场很难用单一的货币政策工具来缓解发达经济体货币政策带来的不同类型的溢出效应。因此,新兴市场可能需要使用资本管制、宏观审慎政策等其他工具,以补充其货币政策和金融稳定工具箱。

第8章"抵押品托管机构"的分析对象是欧清银行(Euroclear)、明讯银行(Clearstream)、纽约银行(Bank of New York,BoNY))、道富银行(State Street)和摩根大通(JP Morgan)等全球托管机构,这些机构托管着大量的全球性抵押品(以万亿计)。这一章将解释托管机构这一角色的作用、商业模式,以及在新监管法规的实施背景下,它们如何对抵押品空间产生影响。此外,该章还将提供对全球市场的概览,由于区域性数据存在偏误,过去关于这方面的讨论并不多。例如,在美国,人们经常讨论三方回购市场和其中的纽约银行(和已经退出的摩根大通)的托管功能,但很少将其与欧洲*的托管机构放在一起分析(反过来在欧洲也是一样)。

第9章"变化中的抵押品空间"提供对全球性抵押品空间的概览,并分析其如何继续影响全球抵押品的需求和供给。我们识别出了关键的抵押品池(相对于"旧"的抵押品空间)。政府部门的 QE 对抵押品空间产生了显著影响。此外,抵押品流不仅将进一步受到《巴塞尔协议 III》(Basel III)、《多德—弗兰克法案》(Dodd-Frank)、《欧洲市场基础设施监管条例》(EMIR)等监管要求,还会受到新债券发行,以及通过全球托管机构实现的抵押品连通性的影响。上述所有抵押品池是如何联系起来的大图景,是理解全球金融管道的基础。

第10章"场外衍生品市场的抵押品"着眼于抵押品在场外衍生品市场中的作用。大的背景是,如果每个参与者在使用场外衍生品时都全额提交抵押品,

---

* 本书提到的欧洲,基本是指欧盟区。——译者注

那么就不需要 CCP 了。然而,拟议实施的监管规定只把"标准衍生品合约"转移到了 CCP 中清算。由于监管规定并没有强制要求每一份衍生品合约都要转移到 CCP 中清算,所以即使在 20 国集团(匹兹堡)的方案提出十年后,场外衍生品头寸相较于已转移到 CCP 的头寸仍然相当可观。本书还强调,截至目前,交易者提交的抵押品与场外衍生品市场的风险并不相称。

第 11 章"CCP 处置方案问题仍未解决"的内容是为 CCP 制定的恢复与处置方案。我们从政策目标的角度,即从恢复资不抵债的 CCP 的关键功能角度,来分析当前处置方案所包含的工具。我们认为这套工具不足以避免由纳税人承担的 CCP 资不抵债的成本,我们也将提出替代性的政策建议,用于解决 CCP 资不抵债带来的相关问题;如果这些问题得不到解决,它们就会像生日时的魔法蜡烛一样永远不会熄灭!

第 12 章"场外衍生品中主权国家与银行间的关联"强调在主权国家和大型银行之间的场外衍生品合约中抵押品(或者缺乏抵押品)的作用。由于这类业务规模庞大(因此收入不菲),大多数活跃于抵押品领域的银行不会(有些银行仍然不会)要求主权国家在其衍生品合约虚值时提交抵押品。许多合约的期限为 30 年,例如,主权国家在 2035 年前都无须处理从 2005 年起生效的衍生品合约。有关主权国家与银行之间关联的论述和研究论文没有反映出这一点。但如果我们想要割断银行和主权国家之间的脐带,这些合约头寸就必须得到正视。

第 13 章"隐私条款、延迟支付和抵押品的角色"探讨公共部门和私人部门提供的支付系统和抵押品角色之间的新边界,涵盖一些相关的金融科技问题。金融科技——包括人工智能和大数据、分布式计算、密码学、互联网和移动接入等技术的融合——在金融行业产生了各种各样的应用,尤其是新支付系统的开发。这些技术的发展使政策制定者有可能考虑废除实物现金,并用数字货币加以替代。向更快捷支付方式的转变可能采取多种形式——从央行数字货币(CBDC),到商业银行支持的数字货币(如 Fnality 或 JPMCoin),到私人部门发行的稳定币(如 Libra 或 Tether),再到去中心化的加密货币(如比特币)。公司的资金部具有强大的经济动机从传统的"净额"支付系统转向新的实时全额结算支付系统(RTGS)。这里的主要问题是:我们到底选择哪一个支付系统? 我们需要多快的交易速度?

第 14 章的结论部分对政府部门和私人部门宝贵的反馈意见予以肯定,这些意见加深了我对上述主题的理解。本书旨在强调金融体系中存在但至今很少被提及的一个方面——抵押品市场,希望这些章节能使读者的思考超越传统的货币维度。学术界在"货币银行学""货币政策"课程或 IS-LM 模型中,仍未纳入规模巨大的被质押的抵押品市场,而本书试图填补这一空白。政府部门的其他人员(如央行官员),或许能够更好地理解这些问题,因为他们正试图"退出"零利率下限和缩表。我们希望本书可以推进这一领域的相关研究。

(本书中的任何内容都不代表 IMF、其执行董事会、成员国政府或本书中提到的任何其他机构的观点。本书的内容只代表作者的观点。)

目　录

iv

1 金融管道中的抵押品

正确理解市场流动性,进而理解金融稳定的关键在于理解抵押品流(collateral flow)。没有哪个市场像抵押品市场一样,对于金融体系的运作是如此关键,人们却对其所知甚少。此外,随着政策制定者逐渐认识到当前传统货币和借贷理论中存在的不足,人们也越发意识到抵押品具有与货币等同的信用创造能力。尽管如此,但抵押品流的统计方法不完善,这阻碍了人们对其重要性的认识。因此,本书第 1 章的目的是从会计核算层面和法律层面来对抵押品进行介绍。

本章使用手工收集的年报数据,表明金融抵押品量与货币指标是同等重要的,因此我们有必要从货币和宏观经济的角度更深入地理解抵押品。

货币与被质押的抵押品

为了保持其整体的流畅运行,金融体系需要利用抵押品和货币进行日内借贷活动。

跨境金融市场通常使用现金或现金等价物作为抵押品（即货币或高流动性的可互换证券）来代替现金进行结算。抵押品未必是高评级（AAA 级或 AA 级）的证券，只要该证券具有流动性、按盯市法计值，并且是合法跨境主协议的一部分，就可以被用作现金等价物。然而，在雷曼破产后，评级较低的抵押品更难被质押，而且被质押的抵押品的折扣率也变得更高。即使是这样，抵押品仍支撑起了大量抵押融资和对冲交易（主要是场外衍生品）。除了作为现金等价物的价值，金融抵押品也越来越具有监管价值。监管机构尚未对金融抵押品进行量化或将其纳入政府统计数据，但它已经成为金融管道的关键组成部分。

"重复使用被质押的抵押品"（pledged for reuse），是指抵押品接收者有权以自身名义重复使用该抵押品。在经济意义上，它的实际效果相当于所有权的转移，使抵押品成为现金等价物，对润滑金融体系起着至关重要的作用。在双边市场上，包括回购、融券交易、场外衍生品和客户保证金贷款在内的合约通常都涉及所有权的转让。在所有权转让协议中，抵押品提供者将其抵押品的所有权转让给抵押品接收者。① 后者获得抵押品的完全所有权，并可以完全自由地使用它。相应地，双方约定，一旦抵押品提供者向抵押品接收者履行了其义务，抵押品接收者将向抵押品提供者返还等价的抵押品。注意，抵押品接收者的义务是返还等价的抵押品，即返还相同类型且具有相同价值的证券，而不必是最初的证券。"等价"这一点很重要，当抵押品的所有权被转让给抵押品接收者，并被抵押品接收者重复使用后，抵押品接收者就没有义务归还与最初抵押品完全相同的财产。一个简单的例子是，你有一张序列号为 XYZ 的 10 美元纸币，如果你把这张纸币作为抵押品提供给抵押品接收者，那么他可以返还给你任何一张不同序列号的 10 美元纸币。

尽管"再抵押"（rehypothecation）和"可供重复使用的被质押的抵押品"（pledged collateral that can be reused）这两个术语经常可以混用，但两者的含义略有不同。② "再抵押"是指抵押品接收者将金融抵押品作为自己对第三方债务［即继续抵押（onward pledging）］的担保。而"重复使用"的范围更广，不仅包括再抵押,还包括任何与财产所有权相匹配的对抵押品的使用权,例如出售或出借给第三方等。并不是所有被质押的抵押品都能以这些方式被重复使用。因此,重复使用的权利是金融抵押品在所有权转让协议中的固有内容——因为财产的所有权发生了实质性转移;在质押协议中,抵押品接收者只享有被质押的资产带来的担保权益,因而只有在质押协议中明确规定允许抵押品接收者重复使用被质押的抵押品时,抵押品接收者才能享有再抵押权。

在美国,再抵押权受到严格限制。而在美国以外(即不受纽约公约约束的合约)的国家或地区,再抵押的盛行推动了金融抵押品市场出清价格的形成(具体来说,即在英国和欧洲大陆)。根据欧盟的《金融抵押品指令》(Financial Collateral Directive),重复使用抵押品的权利有很强的法律基础。欧盟关于金融抵押品的法律框架是灵活的,能够考虑到审慎且风险厌恶的客户和交易对手的偏好。有经验的市场参与者能否达成交易且为自己提供适当的保护,取决于他们自己。在大多数情况下,只有在合约中有相关规定时,英国的经纪交易商才会受到对重复使用的制约。

一些政策制定者,尤其是金融稳定组织[例如金融稳定委员会、国际支付结算体系委员会(CPSS)*、国际证监会组织(IOSCO)],认为再抵押会带来系统性风险(因为它会推高杠杆,详见第 3 章附录)。但是,普通的银行活动与再抵押没有根本上的不同。经济术语中对证券的"重复使用"或"再抵押",与商业银行通过吸收存款并发放贷款来创造货币的过程是相同的。那么,为什么 100 美元的存款可以被银行贷出,而按盯市法计值的 100 美元的金融抵押品却被政策制定者限制使用呢?有观点认为,这可能是因为像花旗银行这样的银行是拥有一定资本的,但只要抵押品能被重复使用,影子银行就可以通过设置折扣率和超额抵押的方式来获得资本。第 2 章表明,银行重复使用证券和创造信贷的行为对金融体系和实体经济来说是一把双刃剑。

---

* 现已更名为支付和市场基础设施委员会(CPMI)。——译者注

雷曼破产后的监管问题

自雷曼破产以来,在美国一直有人批评道,英国没有像美国证券交易委员会(Securities and Exchange Commission,SEC)一样对再抵押严格地量化监管上限(尽管许多英国经纪商同意在合约中设置再抵押的上限)。具体而言,一些人认为,这种监管制度上的不对称会造成监管套利,即英国为"无限制的再抵押"提供了便利。

但是这些批评可能忽略了三个重要的反对意见。首先,正如后续发生的诉讼所揭示的,雷曼兄弟国际欧洲公司(Lehman Brothers International Europe,LBIE)这家英国经纪商违反了英国关于客户资产隔离的规定。即在一些情况下,LBIE并没有恰当地隔离客户的资产。对抵押品重复使用上限的约束并不能保护那些不守规则的经纪商的客户。其次,可以说,LBIE的客户自愿同意在他们与主经纪商的合约中,给予经纪商广泛的重复使用其质押的抵押品的权利,而LBIE在倒闭时,也基本实现了他们的利益诉求。这些客户大多是专业且老练的交易方,他们的确对雷曼的交易对手方信用风险作出了错误判断;但若说他们受到了欺骗,就像是在说没有存款保险的储户被濒临破产的银行"欺骗"了。最后,英国法律制度中所谓的特殊性或许被夸大了,各种各样的交易对手涌向伦敦,并不完全是因为英国法律有特殊之处。金融抵押品所有权转移的强大法律基础实际上起源于英国的法律,后者同时也支撑了欧盟《金融抵押品指令》的设定。这一市场位于伦敦并非是因为英国法律有独特之处且能提供监管套利,而是因为英国法院在合同判决和法理解释方面有着丰富的经验。

不同国家间一个重要的区别是它们对"再抵押"(rehypothecation)中前缀"再"(re)的解释。在美国,质押合约中通常是同意重复使用抵押品的,所以被质押的证券和被出售的证券之间存在明显区别。然而,在欧洲,回购是一种对合约的出售,其承诺在未来约定的日期用约定的价格将其重新购回。法律意义上,如果我出售证券,那么这些证券就不再属于我;而且,如果这些证券被继续抵押,从我的角度来看,这并不是再抵押(因为抵押品的所有权已经被转移了)!但是,如果我是在你同意在未来某个时间卖给我等价的证券的基础上出售证券的,这与单纯地出售证券在经济意义上有什么不同吗?(目前的)《巴塞尔协议》的看法是,回购交易承诺将来会重新售回证券,这意味着最初的证券出售不再是"纯粹的"出售,因而会受到再抵押方面监管的约束。

被质押的抵押品市场的规模

在金融市场上被使用和被重复使用的抵押品规模很大。在雷曼破产之前的金融市场中,使用被质押的抵押品(包含抵押品所有权转移)筹集的资金规模约为 10 万亿美元,这超过了美国广义货币总量 M2 的规模。被质押的抵押品市场的庞大规模表明,不仅仅在过去,即便在现在,许多银行仍是使用被质押的抵押品进行融资的。事实上,雷曼最后一年的资产负债表规模已经达到 6 910 亿美元。但是其资产负债表中的脚注表明,雷曼收到的可以以其名义重复使用的抵押品的公允价值总额为 7 980 亿美元(至 2007 年底)。此外,采用"证券公允价值"一词意味着,这些证券是以市场价格转让的(即当抵押品在金融体系内易手时,会有折扣率或者超额抵押)。

雷曼的最后一份年报称:

> 在 2007 年 11 月 30 日,收到的被允许出售或再抵押的抵押品证券,公允价值约为 7 980 亿美元……在 2007 年 11 月 30 日,收到的抵押品证券被出售或再抵押的公允价值约为 7 250 亿美元……

通常,美国和欧洲交易商年度报告中的财务报表对被质押的抵押品的统计方式非常相似;因此,至少在某种程度上,被质押的抵押品的数据在这些机构之间是具有可比性的。例如,截至2007年底,瑞士联合银行(Union Bank of Switzerland, UBS)的资产负债表规模超过2.2万亿瑞士法郎,其收到的可以继续抵押的表外抵押品总额接近1.5万亿瑞士法郎,但这部分抵押品中只有一小部分出现在资产负债表上。监管机构在计算机构的杠杆率时,允许在特定条件下采用净额结算的方式进行计算。因此,金融机构在计算杠杆率时没有考虑表外的交易。

被质押的抵押品市场的交易规模相当大,但由于与该市场相关的法律和会计规则很复杂,人们对其了解得并不透彻。如果对被质押的抵押品的使用或重复使用放缓,或者抵押品的市场价值下降(这个市场的规模在2008年至2009年间从10万亿美元跌至仅略高于5万亿美元),金融中介的活动也会因此放缓。我们很难区分被质押的抵押品具体是用于双边回购、融券交易、主经纪商业务还是场外衍生品保证金,因为它们表面上只是资产负债表上汇总表示的一堆脚注。不出所料,美国财政部金融研究办公室的一项研究(Baklonova et al., 2016)认为,双边回购市场的规模目前仅有1万亿至2万亿美元左右(只包含美国市场,而非全球市场)。抵押品使用的放缓,以及有抵押借贷规模整体增速的放缓,与银行间市场的枯竭是完全相似的。因此,它也会对货币政策产生影响(详见第4章)。在这种情况下,区分"优质"和"劣质"抵押品是至关重要的(详见第5章)。

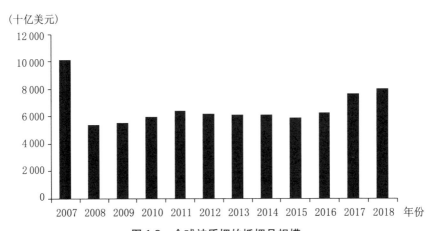

图1.3　全球被质押的抵押品规模

资料来源:手工收集的大型银行的年报数据。

专栏 1.1 通过会计方式表明,在资产负债表表外脚注中(通过回购、融券交易、场外衍生品和主经纪商贷款获得的)被质押的抵押品和表内条目中被质押的抵押品(可能只占表外融资的一小部分)之间存在数量上的差异,并且各个主要银行中的这一差异不完全相同。雷曼等公司通过表外方式筹集了大量资金。然而,由于最近监管政策的改变[例如对杠杆率和流动性覆盖率(liquidity coverage ratio, LCR)的监管要求],银行的业务模式也在逐渐改变。例如,包括美国和欧盟在内的所有全球监管机构都已在 2015 年至 2019 年之间逐步开始对金融机构的 LCR 进行监管。《国际财务报告准则》(IFRS)和《公认会计原则》(GAAP)下披露的 LCR 等监管指标的计算方式可能仍有一些差异,但由于金融机构的表外业务条目大多相似,对其进行相关比较也是可行的。

金融市场上还有其他的抵押品来源。本书主要关注的是双边质押市场。该市场不像三方回购市场一样,会限制对抵押品的重复使用,也不会通过留置权对结构性工具的抵押品进行相关处置。③ 我们认为,虽然三方回购市场中一些抵押品的来源与双边回购市场中类似(双边回购市场仍然是金融管道的关键部分),但实际上它们并不完全等同,因为三方回购市场中的抵押品缺乏一些关键属性(例如抵押品流通速度),后续章节将对此作详细解释。

专栏 1.1 | 美国和非美国司法管辖区对被质押的抵押品的核算

非美国的例子:

主经纪商向对冲基金提供 100 英镑的抵押贷款,并从对冲基金获得其质押的价值 140 英镑的股票。主经纪商向托管证券的贷券人质押该股票,借得价值 133 英镑的美国国债(5%的折扣率)。主经纪商再对该价值 133 英镑的美国国债进行回购交易,把它付给一个货币市场基金,以筹集 129 英镑的资金(3%的保证金要求)。合并资产负债表如下所示:

非美国资产负债表

资　产		负　债	
现　金	29	回购交易中出售的证券	129
应收账款	100		

注:可用于质押和可重复使用的抵押品的公允价值为 273 英镑。

美国的例子:

受制于美国的《T 条例》(Reg T)和美国证券交易委员会规则 15c(3)的锁定规则(lock-up rules)(见第 2 章),上述例子不完全适用于美国。因此,即使本例中存在借方余额,也需要先抵销主经纪商的贷方余额,然后才能重复使用剩余部分的抵押品。因此,上述例子的其他部分(即将股票质押给贷券人,然后通过回购的方式将获得的美国国债转给货币市场基金)更难实现。因此,由于借贷余额之间的这种"净"锁定,再抵押和重复使用抵押品变得更加困难和低效。从这个意义上讲,再抵押和重复使用抵押品是一种"非美国现象",因为在非美国地区,再抵押是不受监管约束的。

美国资产负债表

资产		负债	
应收现金	100	客户应付款项	100

注:可用于质押和重复使用的抵押品的公允价值取决于主经纪商的贷方结余。100 美元的借方余额与主经纪商的贷方余额相抵销后,剩余被质押的抵押品才能被重复使用。

交易商之间的抵押品

交易商通常不愿使用自己的资产负债表为客户转移抵押品。一般情况下,通过逆回购(RRP,即贷款给客户)流入的抵押品与通过回购(即从客户处借款)流出的抵押品是相匹配的。回购业务包括两个维度:(1)通过匹配账簿(即通过逆回购)向客户提供资金;(2)银行为自身融资。本书重点关注前者,以及与其相关的抵押品的流转。尽管抵押品部门应该是"自融资的",但当流出的抵押品超过流入的抵押品时,交易商可能不得不使用自己资产负债表内的抵押品。不过,由于申请动用自己的资产负债表会对交易商的资本充足率产生影响,这会受到公司资金部的审查;一般来说,对于一家大型交易商而言,此类申请不会超出 50 亿至 100 亿美元这一区间。因此,如果有 10 家交易商活跃于抵押品市场,它们可能有价值 500 亿至 1 000 亿美元的融资是利用自身的资产负债表实现的,但这些融资只被用于消除客户和交易商之间抵押品流入与流出规模的不对称。并且,500 亿至 1 000 亿美元这个数字仅占交易商之间流转的抵押品总量(截至 2007 年底约为 10 万亿美元)的 0.5% 至 1%。

三方回购抵押品市场与再抵押

美国的双边回购市场是一个"抵押品的市场",并且允许抵押品和货币的提供者直接交易货币和证券。然而,美国的三方回购市场是一个"融资的市场",即经纪交易商或银行通过抵押证券获得融资。其规模从雷曼危机前的近 3 万亿美元的峰值,下降到了 2009 年底的 1.6 万亿美元(Copeland et al.,2010)。三方回购市场在有抵押的基础上向银行提供现金,抵押品则通过纽约梅隆银行(Bank of New York Mellon,BoNYM)* 提交给现金贷款人(例如货币市场基金)(关于全球性托管机构,详见第 8 章)。目前,全球双边被质押的抵押品市场的规模已经超过了 8 万亿美元,比美国三方回购市场的规模更大,后者由于存在对交易商和银行从事双边抵押品交易的限制,其规模最近增加了约 2.5 万亿美元(Singh,2011;Gabor,2019)。与本章的主题相关的是,图 1.1 和图 1.2 所示的被质押的抵押品的具体用途(例如双边回购、融券交易、主经纪商业务和场

---

* 纽约银行有限公司和梅隆金融公司于 2002 年 12 月宣布合并,并且于 2007 年 7 月完成合并,二者合并后的机构即为纽约梅隆银行。——译者注

外衍生品保证金）很难厘清，因为它们是在资产负债表的脚注中被加总表示的。

我们可以把双边回购市场类比为"旧衣物的贸易"：通常情况下，发达国家的商人用塑料包装把旧衣物打包成集装箱大小的包裹，然后寄给较贫穷的国家。在较贫穷的国家，一个服装经纪人买下这些旧衣物，然后按重量卖给批发商。许多买家花钱围在批发商身边，花的钱越多，离批发商越近。接着，批发商用小刀打开包裹，周围的人们一哄而上，去抢最好的旧衣服。抵押品部门就像这些批发商。大型银行的抵押品部门以及大量对冲基金和融券机构在这些证券中寻找"宝石"。这些"宝石"将通过双边回购被交易给最愿意支付溢价的客户。剩下的部分留给排在队伍后面的人，即三方回购。银行一般会首选在双边回购市场使用抵押品，因为这里能给出更高的证券价格，随后尚未在双边回购市场使用的证券，才进入三方回购市场。

雷曼时代开始的证券化工具

利用资产支持商业票据（asset-backed commercial paper，ABCP）融资的证券化工具——例如结构性投资工具（structured investment vehicles，SIV）和通道业务——历来不依赖于交易商来融资。这是因为这些结构性投资工具是基于特定抵押品留置权而证券化的，很难通过质押抵押品来为这些工具筹集资金。与对冲基金不同，上述工具通过向公司资金部、融券机构或货币市场基金等机构的资金池发债，直接筹集资金。例如，一些结构性投资工具具有专门的融资功能，负责从现金投资者那里筹集资金。此外，靠金融中介提供融资功能的投资工具也并不从金融中介，而是从现金投资者处获得资金。因此，我们认为与此类流动相关的抵押品并非交易商之间流转的抵押品的重要"来源"。而且，这类抵押品通常不能被再抵押给"华尔街"*。

---

* 本书中，"华尔街"（the street）只是一个泛指所有金融中心或地区的短语。——译者注

再抵押的规则

美国证券交易委员会的 15c(3)-3 规则禁止经纪交易商使用客户的证券为其自营活动融资。在此规定下,经纪交易商可以使用或再抵押的抵押品规模不能超过客户借方余额(即从经纪交易商处借入款项)的 140%。例如,假设一个客户有 500 美元被质押的证券和 200 美元的借方余额,即客户的净资产为 300 美元,经纪交易商可以再抵押最多 280 美元的客户资产(140%×200 美元)。按照 15c(3)-3 规则,这样做会触发更多的监管要求,因此再抵押的效率将取决于交易商的其他客户。

根据《证券投资者保护法》(Securities Investor Protection Act,SIPA)创立的美国证券投资者保护公司(Securities Investor Protection Corporation,SIPC)＊是美国投资者保护系统的重要组成部分。建立 SIPC 的目的很明确:将破产的经纪公司(例如雷曼)手中持有的资产以有价证券(而非现金)的形式归还给投资者。

对冲基金此前选择在欧洲融资的关键原因之一是,欧洲没有像美国的 15c(3)-3规则一样的法律,来规定杠杆率的上限。

英国许多对冲基金、银行和金融子公司的杠杆率一直较高,其原因是英国和欧洲大陆都没有类似 SIPA 的法规。经纪商和银行会将客户的资产和自有资产一起用于再抵押业务。

欧洲近期推出的一些规定似乎与"所有权转移"相矛盾。如果我转移抵押品的所有权,那么抵押品接收方就可以随意使用该资产。这与将抵押资产视为客户财产并限制其再抵押、要求隔离客户资产的规则不符。事实上,对客户资产进行隔离的要求会动摇所有权转移模式的法律基础。

市场实践表明,资产再抵押历来是一种比回购成本更低的为主经纪商业

＊ 对于 SIPC,国内习惯翻译为美国证券投资者保护公司,但该机构为公益性组织,是一家非营利性公司。——译者注

务融资的方式。但针对这一假说进行的实证检验工作是欠缺的,如果再抵押在不久的将来受到限制,这方面的研究将变得非常有意义。主经纪商业务和回购融资业务都是抵押品润滑金融管道过程中的关键因素。欲了解更多,可参阅专栏 1.2 和专栏 1.3。

下一章的主题是抵押品的重复使用和流通速度。这是本书提出的一种新指标,与货币领域相关文献中流通速度度量方式的经济学原理相似。直到最近,由于央行吸收优质抵押品造成了抵押品短缺,并且监管者提高了对抵押品的需求,这一指标才引起了政策制定者和监管者的重视。

近期,尽管抵押品相对于资金出现了供大于求的情况(例如在美国市场),但仍有必要理解以交易商银行的资产负债表为中介的资金和抵押品之间的交易活动。

专栏 1.2 | 金融管道和资产负债表的选择

各国央行的资产负债表规模不断扩大,它们持有了大量的美国国债、英国国债、日本国债、德国国债和其他欧元区 AAA 级抵押品,这使得央行处于金融管道的中心位置。对各国央行来说,如今要脱离这个角色是非常困难的。

如果没有 QE,那么存款的增长将与经济增长和(或)家庭部门的财富增长大体一致。然而,在美国(已经退出了 QE),2015 年 6 月的数据显示,前 50 家银行控股公司中由联邦存款保险公司(Federal Deposit Insurance Company, FDIC)提供保险的存款规模较 2008 年 6 月增加了一倍。

由于全球系统重要性金融机构(G-SIFI)需要为其股东提供接近两位数的回报,一些存款正被转移到政府机构的资产负债表上。否则,这些存款将降低银行股东的回报,成为银行的累赘。

换句话说,过多的存款(源于非银行部门向央行出售抵押品)和即将出台的监管规定,例如对杠杆率的要求——实际上要求银行对持有存款保持一定的资本,对银行来说"成本太高"。因此,银行不愿意其资产负债表上有过多存款。

银行从存款中能获得的边际回报一般会低于它们承诺给股东的边际回报。私人部门银行的资产负债表空间有限,除非监管方进行调整,允许银行或非银行部门进行更多的金融中介活动,否则这些存款仍然很需要政府机构(央行)的资产负债表来吸收。

美联储最近的经历让我们对相关操作有了一些了解。例如,2013 年 5 月的"缩减恐慌"(taper tantrum)凸显了对市场波动的担忧。毫不意外的是,美联储在 2015 年 12 月做出的加息决定与一项大规模的逆回购计划(reverse repurchase,RRP)有关,RRP 是一种处理由长期美债的损失和波动引发的金融不稳定问题的巧妙方式。

美联储内巨量的外国回购资产池(即外国政府、央行和国际政府机构在美联储的存款),以及 CCP 在各国央行设立的存款账户等,也体现出了央行资产负债表所发挥的新作用。

然而,金融管道作为货币和抵押品互动的连接处,其角色在历史上一直与私人部门市场参与者(即银行、非银行部门、托管机构等)密切相关,而不与承担货币政策任务的央行联系在一起。

被质押的抵押品市场实际上决定了市场利率。在这个市场上,银行和其他金融机构通过被质押的抵押品(如债券和股票)获得融资。

在 2007 年,双边抵押品市场规模达到了 10 万亿美元;现在,这个数字远远低于 6 万亿美元(见图 1.1 和图 1.2)。

此外,在美国,《多德—弗兰克法案》的规则重新定义了《联邦储备法》(Federal Reserve Act)第 13 节(3)款下的紧急贷款,该规则目前要求至少有五家符合条件的机构参加。如果你还记得问题资产救助计划(TARP),就会意识到这并不是一项艰巨的任务。在 TARP 中,数十家银行接受了政府救助,尽管其中许多银行并不希望得到救助。因此,TARP 现在也开始向有偿付能力的非银行机构(例如货币市场基金或保险公司)提供救助,救助结果将比事前接入央行资产负债表更透明(虽然政治成本可能高于银行救助)。

随着央行在将来开始缩表,它们将更谨慎地对待市场用央行释放的证券作为抵押品进行融资的活动,因为这些证券的重复使用率不受央行控制。如果央行的任务是执行货币政策(以及提升短期利率),那么缓冲美国国债收益率曲线长端的久期波动性就是一种殊途同归的方法。

由于目前央行资产负债表的规模过于庞大,其缩表政策将持续很长一段时间,而不会只是一项短期的政策(货币政策相关文献通常假设这是短期的)。此外,如果中央银行仍然是金融管道的一部分,仍然直接从非银行机构吸收资金,那么依赖这些资金的金融管道就会"生锈"。

因此,连接资金池和抵押品池的交易商银行将会逐渐放松这两个市场之间的联系。没有了资金,交易商银行转而将美国国债和政府支持机构住房抵押贷款支持证券(MBS)返还给融券机构,并换回企业债券或股票。同时,它们也会把证券还给对冲基金,因为它们无法获得来自货币市场等地方的资金。

所以,在双边抵押品市场,对冲基金等非交易商机构的多头头寸的融资成本将会上升,对证券的需求(和证券价格)将会下降。因此,被质押的抵押品(如美国国债)的价值会下降——无论美联储是出售其资产负债表上的抵押品,还是直接与非银行部门进行逆回购。央行在市场管道中扮演的角色将影响其货币政策的效力,因为其庞大的资产负债表抑制了抵押品的流通速度。

QE创造了大量超额准备金,但将其从金融体系中移除会影响金融管道的要素,货币政策需要对此加以考虑。与约束银行资产负债表相关的新规定则进一步阻塞了市场管道。

对于银行(或托管银行)中享受优待的客户,这些管道总是可用的;但这并不适用于所有机构,因为私人部门的资产负债表空间受到了额度配给的约束。然而,银行未来资产负债表的选择——无论是持有私人部门的资产还是持有公共部门的资产——应该是透明的,并由市场力量驱动,而不是由央行临时性配置所决定。更重要的是,如果部分资金流向央行的资产负债表,货币政策传导就会减弱。

资料来源:*Financial Times* Alphaville Column by Manmohan Singh, April 22,2016。

专栏 1.3 | 金融管道中的全球性银行足迹——一个入门介绍

金融体系包括银行、对冲基金、养老基金、保险公司、主权财富基金（sovereign wealth funds，SWF）等，用机构 A 到 Z 表示。只有少数公司（例如XYZ）有能力定期大规模地跨境转移金融抵押品。XYZ 恰好是这 10 家至 15 家大型银行之一。在美国，活跃在抵押品行业的主要交易商包括高盛、摩根士丹利、摩根大通、美国银行/美林证券和花旗银行。在欧洲和其他地方，主要的抵押品交易商有德意志银行、瑞士联合银行、巴克莱银行、瑞士信贷银行、法国兴业银行、法国巴黎银行、汇丰银行、苏格兰皇家银行（其份额在下降）和野村证券。最近，加拿大的银行也进入了这个市场。

其余的金融机构（从 A 至 Z）对抵押品的需求和供给需要通过 XYZ 来实现。虽然目前并没有规定禁止其他机构进入这一市场，但进入这一市场确实极其昂贵且困难重重，因为它需要机构拥有全球性业务和全球性客户（以及能够非常迅速、熟练地对流动性证券进行转移和定价，有时需要在几秒钟内完成上述操作）。（注意，例如在美国，三方回购市场中的抵押品协议限制了抵押品只能在三方回购市场框架内流动，因此本专栏暂不考虑。）

例如，一家智利养老基金 A 可能希望购买为期 6 个月的印尼债券，而 W（如某家对冲基金或中国香港的融券机构）可能持有这些债券，并愿意将这些债券租借给 A，期限为 6 个月，同时收取少量费用。但是 W 不知道 A 有需求，只有通过 XYZ，A 才能连接到 W。因为 XYZ 位于网络的中间，它们有能力优化其交易方式，以增加收益。XYZ 持有的印尼债券，可能是通过借出货币给 W，和 W 签署衍生品合约，或者使用融券交易协议获得的。

此类需要通过"回购""融券交易"或相关交易进行跨境流动的证券，需要在法律意义上加以完善（这方面的完善会涉及所有权转让规则和再抵押规则）。同样，对于场外交易衍生品保证金，也有国际掉期和衍生品协会主协议文件（International Swaps and Derivatives Association Master Agreement）对其加以说明。对于主经纪商业务和对冲基金业务的抵押品，也有一个类似的主协议来规范 XYZ 之间的交易。因此,相比之下,实体经济抵押品(如建筑物等不动产)则很难实现跨境流动。这个双边的被质押的抵押品市场是唯一一个将所有属于高质量流动性资产(high quality liquid assets,HQLA)的证券(债券和股票)按盯市法定价的真正市场。

在雷曼破产之后,监管限制和央行的资产购买改变了抵押品的需求和供给。变化如下:

(1) 随着监管政策的调整(例如在杠杆率方面),它们将放松对 XYZ 资产负债表中抵押品重复使用的约束。因此,抵押品的有效供给将会增加。

(2) 同样,央行可以提供资产负债表"空间",以扩大 XYZ 的资产负债表。例如,美联储自 2013 年 9 月以来开展的逆回购计划,欧洲央行(European Central Bank,ECB)在欧元区危机期间扩大其抵押品框架(即放松了对合格抵押品的要求),以及自 2017 年 1 月以来欧洲央行下各国央行推出的融券交易项目,都带来了同样的效果。

注 释

① 在回购和融券交易中,转让抵押品所有权是标准做法。此外,国际掉期和衍生品协会管辖范围内的场外衍生品合约使用英国法律,其中信用担保附约(credit support agreements,CSA)的一部分规定了对抵押品所有权的转让。

② 在被质押的抵押品协议下,抵押品接收者或质权人在质押协议中不自动享有重复使用或再抵押的权利,除非在合约中被明确授予这种重复使用的权利。除非"出质人"不履行对质权人的义务,触发强制执行条约,否则质权人将不能为实现自己的目的扣押或使用被质押的抵押品。但是,出质人或抵押品提供人授予质权人对被质押的抵押品进行再抵押的权利时,如果质权人在出质人资不抵债前已行使该权利,则相当于将抵押品的所有权转让给质权人。出质人对资不抵债的质权人进行救济的情况在实践中是极其少见的。

③ 贷方和交易商就其交易中涉及的一篮子证券达成双边协议。然而,这些证券并没有被冻结,因为它们在回购期间是可以替换抵押品的。例如,交易商可以在替换一些国债后,将被替换的部分从当前回购合约中撤出,并将其质押或出售。

参考文献

Baklanova, Viktoria, Cecilia Caglio, Marco Cipriani and Adam Copeland，2016，"The U.S. Bilateral Repo Market：Lessons from a New Survey"，Office of Financial Research，January．

Copeland, Adam M, Antoine Martin and Michael Walker，2010，"The Tri-Party Repo Market before the 2010 Reforms"，New York Fed Staff Report No.477．

Gabor, Daniela, FT Alphaville，October 2019："How RTGS killed liquidity：US Triparty repo edition"．

Office of Financial Research, 2016，"The U.S. Bilateral Repo Market—Lessons From a New Survey"（Baklanova et al.，January 13）．

Singh, Manmohan，2011，"Velocity of Pledged Collateral：Analysis and Implications"，IMF Working Paper No.11/256．

Singh, Manmohan，2012，"Puts in the Shadows"，IMF Working Paper No.12/229．

2 抵押品流通速度

在金融体系中,大量的短期融资是私人部门机构通过抵押贷款提供的。随着时间的推移,基于抵押品的金融中介活动会变得更加重要。本章关注一个新概念:市场中抵押品的重复使用率(或流通速度)。虽然优质抵押品的发行规模很大,但其中只有很少一部分能在市场中被重复使用。本章中,我们分析应该如何度量抵押品的流通速度,并解释抵押品流通速度这一指标对政策制定者的重要性(尤其是当市场中的抵押品和货币之间出现供需失衡问题时)。

抵押品的来源

在全球金融体系中,非银行金融机构通常被允许重复使用抵押品。"华尔街"(或大型银行与交易商)中抵押品的主要来源有:

- 对冲基金;

● 融券交易:养老基金、保险公司、政府机构账户*等机构或代表它们的托管机构;

● 与交易商有业务往来的商业银行(与前两者相比占比较小)。

对冲基金通常是抵押品的提供者,而货币市场基金是抵押品的使用者,即它们向市场提供资金并获得抵押品。对冲基金从大型银行借入资金,作为交换,它们(中间通过它们的主经纪商)允许银行重复使用其提供的抵押品。其他非银行部门的抵押品提供方一般会出借各种期限的抵押品,以优化其资产管理。

被质押的抵押品的供给通常由交易商的中央抵押品交易室负责,它们通过重复使用抵押品来满足金融体系中对抵押品的需求。这些证券在保证金贷款(即同对冲基金进行的主经纪商业务)、融券交易、逆回购交易等业务和场外衍生品头寸等合约中被当作抵押品。这些抵押品为交易商提供有抵押的融资渠道,用于代替借款和其他出售给客户的证券。过去20年,活跃在美国抵押品市场的主要交易商包括高盛、摩根士丹利、摩根大通、美国银行/美林银行、花旗银行。在欧洲和其他地区,主要的抵押品交易商有德意志银行、瑞士联合银行、巴克莱银行、瑞士信贷银行、法国兴业银行、法国巴黎银行、汇丰银行、苏格兰皇家银行和野村证券,以及最近新加入的几家加拿大银行(由于传统交易商银行受到监管方对资产负债表的约束,这几家加拿大银行也加入了这一市场)。

通常情况下,市场允许投资者使用自己的真实资金(即无杠杆投资者)投资于对冲基金的杠杆产品。杠杆包括许多要素,其中大型交易商银行向对冲基金提供的主经纪商业务和回购融资业务是理解这些要素的基础。例如,对冲基金购买美国国债,并将美债期货卖给无杠杆投资者。杠杆使银行的资产负债表有了"伸展"的空间,尤其是在新的监管环境下。给定对资产负债表的约束,耗费

---

* 政府机构账户包括准政府机构(如主权财富基金、政府所有的养老基金或政府运营的保险公司等),一般来说,本书中使用政府机构这个词的时候,都意味着有纳税人事前对其进行了一定的投资。——译者注

每单位资产负债表空间实现的抵押品交易（例如衍生品、主经纪商业务等），其利润要高于回购等其他类型的交易。下一节似乎有点离题，但对于读者来说，了解其中的一些计算是有必要的。

对冲基金

对冲基金的资金来源主要有两种：（1）按照与其主经纪商的协议从主经纪商获得的贷款；（2）与其主经纪商之外的银行进行回购交易。对冲基金通常将其证券作为抵押品质押给主经纪商，以供其重复使用，并从主经纪商处借入现金（这一过程也被称为"再抵押"）。然而，对抵押品的重复使用是有限的。例如，在美国，《T 条例》和美国证券交易委员会的 15c(3) 规则限制主经纪商使用客户的抵押品进行再抵押。这意味着，对冲基金超额提供的任何抵押品都不能被美国的主经纪商用于其再抵押业务，而是处于"被锁定"状态。《T 条例》要求将债务限制在资产的 50% 以下，也就是将杠杆率限制在 2 以下。在考虑到投资组合的保证金安排后（即净额结算头寸之后），对冲基金可以将杠杆率提高到 2 以上。但是，为了获得更多不受约束的杠杆，这些机构会在离岸业务（例如在英国）上实施更加激进的策略。

通常，与股票相关的策略（例如股票多空策略、量化驱动策略、事件驱动策略等）是由主经纪商提供资金的。类似地，固定收益套利（一种寻求高杠杆的全球宏观策略）是通过回购融资实现的。无杠杆投资者通常与使用杠杆（通过大型交易商银行进行的主经纪商业务融资）的相对价值对冲基金进行交易。因此，了解对冲基金业务的具体细节，对于理解真实资金和杠杆产品之间的关系至关重要。我们估算了 2007 年底至 2018 年底来自对冲基金的被质押的抵押品的规模。这一信息并不容易直接获得，因为对冲基金行业不像银行一样被监管机构要求必须披露财务报表,因此我们需要对来自对冲基金的被质押的抵押品规模做相应估计。

对冲基金股票投资策略释放的抵押品

直观上来看,相比于空头头寸,对冲基金的多头头寸越多,它们向市场释放的抵押品就越多。现在我们开始对股票投资策略及其相关计算过程进行分析。如表 2.1 所示,对冲基金通常通过它们的主经纪商借款,用于股票多空策略和事件驱动策略的投资。截至 2007 年底,这两种策略使用的抵押品在抵押品总市值中的占比为 50%。事件驱动策略通常包括两种:财务困境套利或信用风险套利(distressed/credit arbitrage)*,以及并购套利(merger arbitrage),两者各占事件驱动策略的一半。其中只有并购套利会通过主经纪商业务融资,因为财务困境套利或信用风险套利是不加杠杆的。于是我们需要将事件驱动策略规模缩小一半。因此,2007 年股票投资策略占抵押品总市值的 36%。相关资料来源于原英国金融服务监管局(Financial Supervisory Authority,FSA;现已关停)**的对冲基金半年度调查,这个调查后来被英国金融行为监管局(Financial Conduct Authority)的对冲基金调查所取代。另一个资料来源是英国央行[即英格兰银行(Bank of England,BoE)]2017 年第四季度季报。但由于这期间发生了一些政策改革,我们也借助了市场信息来预测 2018 年的数据。基于这些数据,我们估计 2007 年底对冲基金行业管理的资产规模(AUM)将达到 2 万亿美元。

---

* 财务困境是指国家或企业发行的证券以较高的利差(接近违约)进行交易;信用风险策略是指对冲基金在同一个发债主体的不同证券或信用评级相似的发债主体发行的证券之间发现套利机会。——译者注

** 现为"UK Financial Services Authority";FSA 已被 FCA 和 PRA 取代,原 FSA 现已关停。——译者注

表 2.1　2007 年对冲基金采用的不同策略所占的市场份额　　　　　　　　　（%）

	转换套利策略	新兴市场策略	事件驱动策略	固定收益套利策略	全球宏观策略	多空股票投资策略	管理期货策略
12 月 7 日	3	15	28	6	18	22	8

资料来源:CS 对冲指数。

　　在这些策略中使用的抵押品的市值等于资产管理规模乘以策略对应的杠杆。这等价于多头市场价值(LMV)头寸和空头市场价值(SMV)头寸的绝对值之和。直观上来看,多头头寸表明对冲基金向"华尔街"释放了抵押品。图 2.1 的左轴体现了 Delta 敞口的变动趋势,Delta 敞口反映的是 LMV 与 SMV 的比率,可用于衡量主经纪商为对冲基金股票多空策略提供的资金规模。

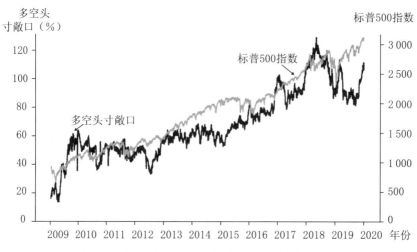

图 2.1　对冲基金股票多头/空头头寸(即 Delta 敞口)

　　例如,截至 2007 年底,Delta 敞口约为 50%,这意味着 LMV 与 SMV 的比率为 150/100 或 3∶2(即流向主经纪商的抵押品占总头寸的 3/5)。从计算方式上讲,Delta 敞口等于 LMV/SMV 比率减 1。2007 年底,对冲基金的资产管理规模为 2 万亿美元,股票杠杆为 2,相关策略的市值占比为 36%;调整了多头/空头比例后,主经纪商业务提供的借款大约为 2 万亿美元(资产管理规模)×2(杠杆)×0.36(股票投资策略占比)×0.6(Delta 敞口)*,计算结果约为8 500 亿美元。同理,2018 年底,主经纪商提供的借款为 3 万亿美元×2×0.5×0.55,计算结果约为 1.6 万亿美元;近年来,由于固定收益业务的收益率接近于零,投资者倾向于投资股票。

由于我们单独列出了来自托管机构的用于融券交易的证券,因此即使考虑到主经纪商会与托管机构交换客户的"空头"头寸,我们仍可以避免出现重复计算的问题。

对冲基金回购策略释放的抵押品

雷曼破产后,非股票投资策略和非主经纪商业务融资主要以回购方式实现。与雷曼破产前相比,对冲基金更多地使用与回购相关的策略,其使用的与回购相关的策略金额占比从 2007 年的约 27% 上升到 2013 年的 40% 以上。这是因为相对于其他类型的融资,对冲基金不再偏好通过允许主经纪商再抵押获得贷款,并对与多个主经纪商进行业务往来持谨慎态度。根据经验,对冲基金的回购策略中约 60%—70% 的策略为背对背对冲策略**(back-to-back hedge stragtegy);因此,在对冲基金提供的被质押的抵押品中,只有三分之一是可以被随意出售或再抵押的。当利率周期处于高位时(如 2007 年底),背对背对冲策略的占比会变低(即有更多被质押的抵押品可以被重复使用)。然而,当利率周期处于低位时(如 2013 年底),背对背对冲策略占比会增加——可能接近80%,更少的抵押品会被重复使用。

---

* 近年来,美国证券交易委员会的私募基金表格(Form PF)数据验证了本书算法的正确性。——译者注

** 在背对背对冲策略中,对冲基金会签订一笔反向的合约以对冲风险,因此不会向市场提供抵押品。——译者注

同样,对冲基金的多头头寸相对于空头头寸越多,其向市场释放的抵押品就越多。我们现在开始关注非股票投资策略,以及与回购和衍生品相关的策略的计算。为了估计 2007 年与对冲基金回购策略相关的抵押品规模,我们取资产管理规模为 2 万亿美元,使用回购策略的比例为 27%(见图 2.2)。

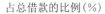

占总借款的比例(%)

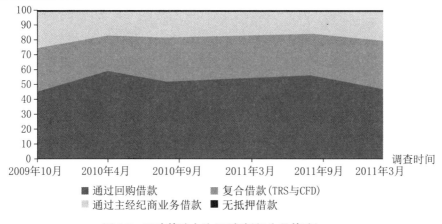

图 2.2　回购策略占比(不包括衍生品策略)

资料来源:FSA HFS。

在纳入与衍生品相关的策略后,2007 年通过回购融资的固定收益策略和全球宏观策略的总体杠杆率比股票型策略高,大约等于 4(见图 2.3)。当利率处于高位时,"套息"更多,市场相对于空头策略会更偏好多头策略;多头策略占比更多意味着有更多的抵押品被释放给银行,以供其重复使用。

下面是我们进行的一些相关计算。一般来说,大约 60% 至 70% 的非股票投资策略会同时进行对冲,因此只有约三分之一的抵押品可以任意地被继续再抵押。2007 年底有约 7 500 亿美元的抵押品被银行重复使用[即 2 万亿资产管理规模×27%非股票策略×4(包括衍生品的杠杆)×1/3(通过利率周期对冲门槛)]。总体而言,英国的杠杆率高于其他地区,所以任何根据原英国金融服务监管局对冲基金数据(如图 2.3)推算的杠杆率都需要被加以修正。

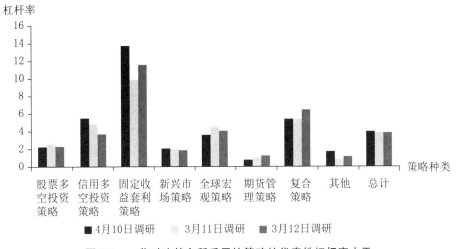

图 2.3 一些对冲基金所采用的策略的代表性杠杆率水平

资料来源：FSA HFS。

我们也可以对 2018 年的情况进行类似的计算，由于目前的总杠杆率处于近年来的高点（QE 和固定收益市场的低利率所致），资产管理规模为 3 万亿美元，使用回购的对冲基金策略占比约为 20%（因为回购会比主经纪商业务占用交易商更多的资产负债表空间），我们估计有超过 5 000 亿美元的由对冲基金提供的抵押品会通过回购的方式被银行重复使用［即 3 万亿资产管理规模×20%回购策略×3.5（包括衍生品的杠杆）×1/4 利率周期对冲门槛］。

因此，近年来，由于市场对股票和交易型开放式指数基金（ETF）的偏好（相对于固定收益策略），越来越多的被质押的抵押品通过主经纪商业务进入市场（见图 2.1）。

综上所述，截至 2007 年底，来自对冲基金（并提供给"华尔街"）的抵押品总规模约为 1.6 万亿美元，其中 8 500 亿美元来自与主经纪商业务相关的股票融资，7 500 亿美元来自主经纪商业务以外的回购融资。杠杆率在 2008 年至 2009 年金融危机后有所降低，但近年来又开始缓慢上升。然而，截至 2018 年底，对冲基金的资产管理规模比以往更高，为 3 万亿美元。2018 年，从对冲基金释放到"华尔街"的抵押品规模也达到了约 2.1 万亿美元（1.6 万亿美元来自主经纪商业务，5 000 亿美元来自回购业务）。

不涉及借贷或杠杆的对冲基金策略

管理期货（managed future）策略是在交易所〔例如芝加哥商品交易所（CME）〕中用现金操作的，所以它并不是基于抵押品或杠杆的策略。此外，新兴市场套利或财务困境套利策略一般不通过主经纪商业务和非主经纪商业务的回购业务加杠杆。有些对冲基金会持有一部分现金，所以在分析通过主经纪商业务或非主经纪商业务加杠杆的策略时，按"资产管理规模×杠杆"计算的抵押品总量，并不全都是提供给"华尔街"的。

从技术层面看，如果市场中大约三分之二的策略进行了对冲，那么剩下三分之一的抵押品可能不会被银行全部换成现金——这取决于银行的资产负债表空间，这个问题自 2018 年以来已经开始受到更多关注。此外，不同银行之间的差异也很大，瑞士联合银行缩减了其资产负债表中抵押品方面的交易活动，而其他银行则试图进入这一市场。

我们现在来看一下银行的抵押品的其他来源，即对冲基金之外的来源。

融券交易——抵押品的另一主要来源

融券交易是有抵押的短期融资，类似于回购。在回购协议中，证券被直接出售，并约定某个具体的价格和日期将这些证券买回。而融券交易一般没有固定的结束日期和价格，受益所有人随时可以收回其借出的份额，借款人也随时可以归还借得的份额。因此，融券交易比回购交易灵活得多，同时因为空头头寸的利润依赖于精准的择时和期限匹配，融券交易也更有利于补仓空头。此外,就法定权利而言,融券交易与回购交易实际上是相同的,例如二者均要求所有权的完全转让。包括养老基金、保险公司和政府机构账户(例如主权财富基金和央行)在内的资产管理部门,都是抵押品的重要来源。它们持有的证券被不断地再投资,以实现一定期限内收益的最大化。

我们的数据主要来自风险管理协会(Risk Management Association,RMA)(见表 2.2),这份数据只包括了融券交易的主要参与机构,如养老基金、保险公司、政府机构账户和一些企业或货币市场基金。风险管理协会的数据包括了最大的托管机构,例如纽约银行、道富银行和摩根大通。(另一数据源 Data Explorers 的数据范围更广,它还包含了二级市场的交易数据。英国央行 2011 年的一份文件使用了 Data Explorers 的数据,该文件表明,大约有 2 万亿美元的证券被借出,同时,该文件还包含了资产的二级持有或抵押品重复使用率等内容,即它还计算了银行间持有的证券的主要来源。)

表 2.2　融券交易(2007—2018 年)　　　　　　　　　(十亿美元)

	2007 年	2008 年	2009 年	2010 年	2011 年	2012 年	2013 年	2014 年	2015 年	2016 年	2017 年	2018 年
现金抵押品支持的融券交易	1 209	935	875	818	687	620	669	701	644	658	724	
非现金抵押品支持的融券交易	486	251	270	301	370	378	338	425	454	570	782	
融券交易总计	1 695	1 187	1 146	1 119	1 058	998	1 008	1 137	1 098	1 228	1 506	1 503*

资料来源:RMA; *2018 年的数据是一个估计值(其实际值可能高于 1.6 万亿美元),并且之后也被用于我们关于抵押品流通速度的计算。
注:抵押品来源于养老基金、保险公司、政府机构账户等。

自雷曼倒闭以来,对交易对手的风险规避态度使许多养老基金、保险基金和政府机构账户不愿意为了少量回报,而放弃抵押品。随着大型全球性银行融券业务的盈利性高于回购业务,融券市场已经开始出现反弹的迹象;此外,欧洲部分国家的央行(例如德国联邦银行、意大利银行和法国银行)近期被鼓励开展融券业务,并向市场提供德国国债(German bund)等欧元区优质抵押品(见图 2.4 和表 2.2 脚注)。

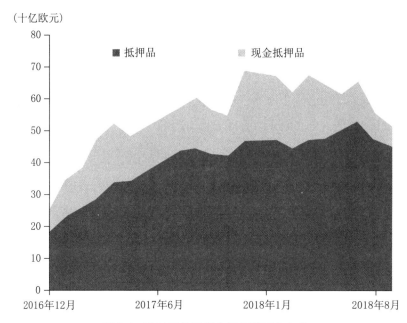

图 2.4　欧元区的融券交易规模正在上升

资料来源:Barclays;ECB。

表 2.2 的第一行出现下降趋势,是因为美国在对融券交易的监管规定中要求,只允许借方使用现金和部分政府证券作抵押。因此,美国形成了一种现金抵押业务,在这种业务中,出借机构借给客户资产并接收客户抵押的现金,然后根据客户的指示将现金用于非常短期的再投资业务。在美国以外的地区(例如英国),监管部门允许接收某些类型的非现金抵押品[如富时指数(FTSE)成分股]。在美国,雷曼倒闭和流动性危机之后,借方借入了更多过去难以借到的股票(特殊抵押品*),并减少了借入的一般抵押品(general collateral)的数量,这

---

　*　我们将回购利率低于一般抵押品的抵押品称作特殊抵押品(specials),其与一般抵押品相对。与其他抵押品相比,特殊抵押品在回购市场或现金市场中有额外需求,这使得其在交易或定价时享有一定溢价。——译者注

解释了为什么表中会出现明显的下降趋势。非现金抵押品交易（即以抵押品换抵押品的交易）实际上要求借方为交易向贷方支付一笔硬性费用，而且这一费用不会被用于提供临时资金来建立一个短期货币市场，因此不产生超额回报。*

商业银行和交易商银行的抵押品

交易商偶尔会收到商业银行关于抵押品掉期的交易请求。在这种交易中，商业银行提交的抵押品通常可能需要"升级"**。我们经过与交易商讨论发现，这类需求通常很小，其规模相比于交易商的主要客户（如对冲基金、养老基金、保险公司和政府机构账户）的抵押品流是微不足道的。我们在图 2.5 中确认了这种流动方式的存在，但这并不会对抵押品流通速度的计算产生影响。抵押品的其他来源对抵押品流通速度的计算并不重要，因为我们只考虑那些在重复使用方面没有受到法律约束的抵押品。

图 2.5 展示了 2007 年至 2018 年银行的抵押品来源（圆圈内）及其收到的抵押品总规模（矩形内）。2008 年至 2009 年活跃在抵押品市场上的银行，要么倒闭了（如雷曼），要么与其他银行合并了（如贝尔斯登和美林证券）。即使是在 2010年，当银行被兼并或吞并时，这一数据也会经过相关投资者关系团队的确认。

---

* 当现金被用于获得抵押品时，它是由托管机构保管的。这为托管机构创建了一个货币市场账户，因此托管机构可以使用这部分现金去获取一定收益。然而，雷曼倒闭后，美国对此类行为设立了严格的监管规定。因此，托管机构一般不会采取上述做法，否则将受到法律的惩罚。——译者注

** 如果经济主体想用质量较差的证券换取质量较好的证券，那么这就是一项升级交易。当然，你也可以在升级交易中支付现金。举个例子，所有的大型银行（例如 G-SIB）都会粉饰自己的资产负债表，以便在监管机构眼中显得稳健。因此，一般在季度末或年末都会有升级交易的市场存在（因此，荷兰合作银行可能希望在此期间获得一定水平的 HQLA，并可能要求另一家银行提供德国国债以满足 HQLA 要求，为实现上述目标，荷兰合作银行可能支付现金和一些较低级别的抵押品作为交换）。对证券的升级（upgrade）、转换（transformation）和互换（swap）的含义是相同的。——译者注

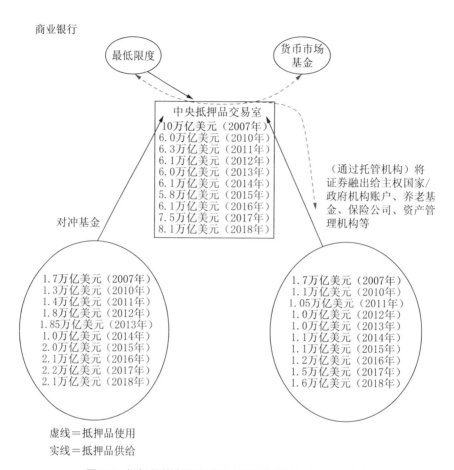

商业银行

最低限度

货币市场基金

中央抵押品交易室
10万亿美元（2007年）
6.0万亿美元（2010年）
6.3万亿美元（2011年）
6.1万亿美元（2012年）
6.0万亿美元（2013年）
6.1万亿美元（2014年）
5.8万亿美元（2015年）
6.1万亿美元（2016年）
7.5万亿美元（2017年）
8.1万亿美元（2018年）

（通过托管机构）将
证券融出给主权国家/
政府机构账户、养老基
金、保险公司、资产管
理机构等

对冲基金

1.7万亿美元（2007年）
1.3万亿美元（2010年）
1.4万亿美元（2011年）
1.8万亿美元（2012年）
1.85万亿美元（2013年）
1.0万亿美元（2014年）
2.0万亿美元（2015年）
2.1万亿美元（2016年）
2.2万亿美元（2017年）
2.1万亿美元（2018年）

1.7万亿美元（2007年）
1.1万亿美元（2010年）
1.05万亿美元（2011年）
1.0万亿美元（2012年）
1.0万亿美元（2013年）
1.1万亿美元（2014年）
1.1万亿美元（2015年）
1.2万亿美元（2016年）
1.5万亿美元（2017年）
1.6万亿美元（2018年）

虚线＝抵押品使用
实线＝抵押品供给

图 2.5　抵押品的来源和使用（2007 年及 2010—2018 年）

计算抵押品流通速度的方法

我们认为，全球有 10 家至 15 家活跃于抵押品管理领域的大型银行。虽然这可能会漏掉一两家银行，但这 10 家至 15 家银行已经覆盖了来自如对冲基金、养老基金、保险公司和政府机构账户等 90％以上被质押的抵押品的来源。

通过比较 2007 年和 2018 年的数据，我们观察了这一市场从雷曼破产前到整个金融危机时期发生的变化，这期间横跨了重大货币政策试验阶段。首先，我们知道银行到 2007 年底收到的全部抵押品的规模（近 10 万亿美元），并将其与抵押品的主要来源进行比较（图 2.5 中识别的两个主要来源，即对冲基金和融券机构，后者包括养老基金、保险公司、政府机构账户等）。通过交易商的金融中介作用产生的抵押品流通速度，等于收到的抵押品总量与抵押品主要来源之比：

$$抵押品流通速度 = \frac{10\ 万亿美元}{3.4\ 万亿美元} \approx 3$$

截至 2018 年底的抵押品来源

类似地，在 2018 年，大型交易商从对冲基金处获得的可再抵押的抵押品总量为 2.1 万亿美元，加上代表养老基金、保险公司和政府机构账户的托管机构通过融券交易提供的 1.6 万亿美元的抵押品，抵押品规模共计 3.7 万亿美元。截至 2018 年底，这 10 家至 15 家大型银行（由于加拿大一些银行的加入，大型银行的数量正在增加）收到的抵押品总量为 8.1 万亿美元（已经从 2009 年底 5.0 万亿美元的低谷反弹，但仍低于 2007 年底 10 万亿美元的峰值）。

$$抵押品流通速度 = \frac{8.1\ 万亿美元}{3.7\ 万亿美元} \approx 2.2$$

表 2.3 概述了抵押品的来源、各大型银行收到的抵押品总量和由此计算得到的抵押品流通速度。抵押品流通速度的度量指标并不精确，但它能够给出对当年抵押品链条长度的估计。因此，我们可以推断，平均意义上 2007 年的抵押品链条比 2015 年的更长，并且 2018 年的趋势表明，抵押品链条的长度正在增加。直观上看，在雷曼破产前，交易对手的风险是最小的，但风险也处在不断变

化的过程中。危机爆发后不久,交易对手风险升高,流动性受阻、市场不完全、抵押品限制及链条缩短、错失交易和去杠杆化等情况相继出现。此后,美国的银行资产负债表逐渐恢复(回想 2009 年不良资产救助计划),它们在全球被质押的抵押品市场上的影响力超过了欧洲的银行(见图 1.1 和图 1.2),这体现在美国和非美国银行的市场份额变化中。雷曼倒闭后,欧洲债务危机、央行量化宽松政策、新监管规则出台等事件的发生也抑制了抵押品市场的反弹。

表 2.3 大型银行接收的抵押品来源及抵押品流通速度计算结果

年 份	抵押品来源			被质押的抵押品总量	抵押品重复使用率(或抵押品流通速度)
	对冲基金	融券交易	总 计		
2007	1.7	1.7	3.4	10.0	3.0
2010	1.3	1.1	2.4	6.0	2.5
2011	1.4	1.05	2.5	6.3	2.5
2012	1.8	1.0	2.8	6.1	2.2
2013	1.85	1.0	2.85	6.0	2.1
2014	1.9	1.1	3.0	6.1	2.0
2015	2.0	1.1	3.1	5.8	1.9
2016	2.1	1.2	3.3	6.1	1.8
2017	2.2	1.5	3.7	7.5	2.0
2018	2.1	1.6	3.7	8.1	2.2

资料来源:风险管理协会;国际货币基金组织工作论文 11/256;作者更新后包括了加拿大的银行。

新监管规则出现后,抵押品流通速度的计算变得困难

目前为止,非银行部门(和其他商业银行)对金融抵押品需求和供给的匹配,是由 10 家至 15 家在跨境抵押品市场上占有一席之地的大型银行或交易商

作为中介而实现的。然而，随着新监管规定的出台，一些非银行机构可以组建内部团队，与 CCP 直接交易，安联保险（Allianz）、环球保险（La Mondiale）、苏格兰遗孀基金（Scottish Widows）、英国友诚保险（Friends Life）、范·卡本宾夕法尼亚市政债券基金（VPV）和加拿大永明金融（Sun Life）等机构就是这样做的。这些机构可以考虑与银行直接进行交易（而不是通过代理机构或托管机构间接进行交易）。类似地，中央银行可能成为缓解非银行部门抵押品短缺问题的重要通道。综上所述，开始实施新监管规定和 QE 后，金融管道已经发生了改变。这使得我们更难精确地定义度量抵押品流通速度的指标，因为抵押品流动已经有了新的方向（例如，固定收益市场承压、股票市场得到提振以来，ETF 业务规模得到增长；欧元区国家银行的融券交易计划等，均为抵押品流动提供了新的渠道）。

专栏 2.1 | 通过对质押证券的重复使用来提高证券回报率

抵押品的"供给"来自非银行部门。银行的中央抵押品交易室接收并重复使用这些抵押品，以满足金融体系中其他中介机构（银行或非银行机构）对抵押品的"需求"。上述对抵押品的不断转移是为了提高证券回报率，而不是转化风险。因此，30 年期 4% 票息率的美国国债将不会在其生命周期内给其所有者提供 4% 的收益率。不考虑债券的价格收益率波动，对抵押品的重复使用通常会在其生命周期内（t_0 到 t_{30}）为其所有者提供超额回报。如果持有者把这只 30 年期的国债用作抵押，那么持有者的总回报率应该是 4% 再加上某个超额的 x。市场上的抵押品包括 AAA 级证券（例如美国国债、德国国债），也包括 CCC 级债券或股票。因此，在抵押品市场上流动的不一定是"安全"资产，未必要有 AAA 或 AA 评级，证券只要有流动性和市场出清价格，就可能在市场上流通。

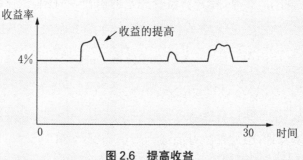

图 2.6　提高收益

　　本书作者在 2012 年《金融时报》的专栏中讨论了弱化抵押品链条可能带来的风险,其详细内容见专栏 2.2。

专栏 2.2 │ 谨防抵押品链条脆弱化的影响

　　全球金融体系需要减少其在过去几十年积累的债务。银行急于剥离资产,但资产的买家寥寥无几。因此,到目前为止,政府部门还没能缩表。减少债务(或称之为去杠杆)主要由两个部分组成:一是缩表(这一部分人们更加熟悉),二是降低金融体系的相互关联性。近期大部分研究人员关注的是前者,而忽略了后者。然而,随着当前危机的展开,交易对手风险加剧,全球金融体系的关键参与者似乎开始为自己"筑起围栏",从而减少其与金融体系中其他机构的相互关联性。这从个体角度来看是理性的,但这种行为将给市场生态带来意想不到的后果。

　　金融体系的相互关联性可以反映在抵押品链条的长度上。大型全球性银行通常会作为为对冲基金、养老基金、保险公司和中央银行等机构提供抵押品的中介。因此,一家中国香港的对冲基金可能会用印尼债券作为抵押品,从瑞士的一家银行获得融资,这一债券被质押给这家瑞士银行的英国子公司,随后又被重复使用。市场中存在对这一债券的需求,比如,一家南美洲的养老基金可能想投资印尼债券,为这家养老基金提供全球性业务的是西班牙的一家银行。然而,由于交易对手风险升高,这家瑞士银行可能不愿意将印尼债券继续质押给那家西班牙银行,因此,这些抵押品会被闲置在瑞士银行的手中。

交易对手风险升高将带来阻滞的流动性池、市场不完全、抵押品闲置及抵押品链条缩短、错失交易和去杠杆化等问题。2007 年底,大型银行收到了约 10 万亿美元的被质押的抵押品。同时期内,通过对冲基金和托管机构获得的、以银行为中介的抵押品主要来源约为 3.4 万亿美元。因此,2007 年底,抵押品重复使用率约为 3。国际货币基金组织近期的研究表明,主要受金融体系当前环境下的交易对手风险的影响,这一比率在 2010 年底降至了 2.4 左右(2012 年底降至 2.2 左右)。与 2011 年底的银行财务状况相比,这一比率没有出现反弹(事实上,坊间证据表明最近甚至出现了更多对抵押品的约束)。

从金融稳定性的角度来看,若我们只是孤立地分析每家机构,市场中相互关联性降低或各机构为其资产负债表“筑起围栏”的趋势,可能对金融体系稳定有积极影响。然而,市场结构弱化带来的脆弱性问题可能尚未充分显现。自 2007 年底以来,抵押品流的损失估计在 4 万亿至 5 万亿美元之间,主要原因是抵押品链条缩短以及机构间隔离导致更多抵押品被“闲置”;其连锁反应是信贷成本的上升。近几个月以来,欧洲央行的长期再融资操作(longer-term refinancing operations,LTRO)给欧洲银行带来了喘息空间,它们缩表引致的去杠杆化因此不会立刻显现(除了一些明显的情况)。然而,金融体系生态正在被机构间“筑起围栏”的行为所改变,这会带来意想不到的严重后果。

在雷曼破产前,美国、英国和欧元区的“金融润滑油”*(financial lubrication)

---

　* 本书在图 3.2 和图 5.6 中强调,像 M0、M2 这样的货币总量指标是不足以衡量金融润滑的。我们需要用货币和优质抵押品二者之和作为对金融润滑的度量方式,即以 M0 + C0 和 M2 + C2(C0 和 C2 在后文中有定义)去衡量金融润滑。这是因为,在金融市场中,不只是现金,抵押品也可以用于对借贷合约的结算。通常,市场中的经济主体会选择以最便宜的方式结算:即如果现金的机会成本比证券的更高,且两者都可以用来结算欠款,那么经济主体会选择把证券交付给债权人。——译者注

总额超过了 30 万亿美元,其中三分之一来自被质押的抵押品,其余的则是由
M2 衡量的货币。部分央行采取的政策在放松抵押品约束方面发挥了有效
作用,例如欧洲央行的长期再融资操作、美联储的量化宽松政策和英国央行
的资产购买工具。然而,这些"常规"的工具并不能解决当前的问题,它们仅
是在用银行准备金换取优质抵押品(如美国国债)。与量化宽松政策相比,进
一步放松流动性限制将更好地服务于被质押的抵押品市场,这也更有可能恢
复银行对整体经济的放贷。

随着去杠杆化进程的继续,金融体系仍然缺乏可用于再抵押的优质抵押
品。央行最近的政策会在一定程度上缓解这种情况,例如欧洲央行开始灵活
接收"劣质"抵押品。但是,这些举措如果成为央行标准操作的一部分,将会
带来不可忽略的财政方面的风险。央行采取这些举措,是在将自己变成承担
风险的中介机构,而这有可能会引发意想不到的严重后果。

资料来源:*Financial Times* Column by Manmohan Singh, June 27, 2012。

去杠杆化:直觉和分析

大型交易商很擅长重复使用抵押品。在过去的 20 年里,金融体系的相互
关联性变得更加复杂。抵押品流通速度(类似于"货币流通速度"的概念)展示
了抵押品对流动性的影响。如果一只已经为某个经济主体所持有的证券仍能
被抵押,即该证券是可重复使用的抵押品,就可以产生一个抵押品链条。所以,
抵押品的短缺将对借贷关系产生连锁的负面影响,这类似于基础货币减少对货
币供给量的影响机制。因此,抵押品短缺对实体经济的影响,一方面体现在来
自资产管理部门(对冲基金、养老基金、保险公司等)的抵押品池(抵押品主要来
源)的规模降低,这背后的原因是它们变得更加担心交易对手风险。这些抵押

品处于闲置状态不利于金融市场的完善。另一方面,抵押品流动受到约束、抵押品链条缩短以及全球"金融润滑油"减少,也会导致资本成本升高(见图2.7)。

（a）缩表——去杠杆的第一个方法

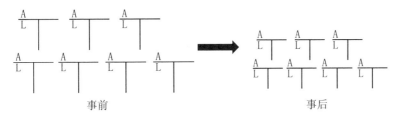

（b）降低金融体系的相互关联性——去杠杆的第二个方法

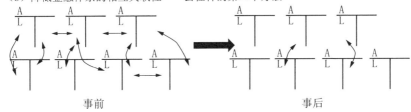

图2.7 去杠杆方式——缩表和降低金融体系的相互关联性

资料来源:作者自行估计。

第一个方面的影响涉及缩表,也更广为人知。另一方面的影响是金融体系的相互关联性减弱。债务的减少(也就是去杠杆化)也包含这两个组成部分(见本章附录中的等式)。近期大多数研究者关注的是前者,而忽视了后者。通过缩表来实现去杠杆化是很困难的(欧洲的银行已经证实了这一点,见第3章)。由于抵押品链条缩短,金融体系的相互关联性也降低了。

"价格下降"(即折扣率增加)使得资产负债表收缩的问题已经得到了广泛研究,例如国际货币基金组织的《国际金融稳定性报告》(GFSR,2012)和2011年欧洲银行协会关于资本重组的研究。与这一问题相关的部分文献包括Geanakoplos(2003)开创的相关研究。

然而,在撰写本书时,抵押品链条缩短引致的金融体系去杠杆化问题尚未受到广泛关注。尽管政府部门提供了支持,但这种去杠杆化的趋势仍在持续。

并且,抵押品链条缩短会导致实体经济的信贷成本上升。

与 2006 年相比,当前的借款成本(按降息调整后的利差计算)有所下降(见图 2.8 的第一张图)。然而,美国以外的大部分地区的信贷市场仍是由银行主导的。图 2.8 的第二张图显示,过去 30 年中金融类公司的借款成本一直低于非金融类公司的借款成本,但是在雷曼破产后这种情况发生了变化。由于大部分实体经济都依赖于银行借款(大型工业企业除外),银行可以将较高的借款成本转嫁给实体经济,从而增加非金融企业的借款成本。

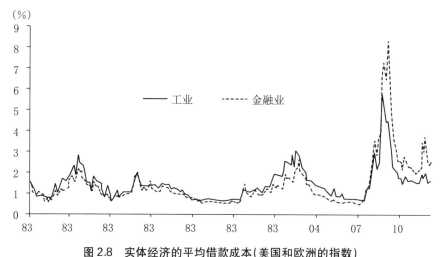

图 2.8　实体经济的平均借款成本(美国和欧洲的指数)

资料来源:BoA-ML indexes; Barclays intermediate。

在借方或贷方结算时,市场将首先使用现金或抵押品,以"最便宜的方式"交付。无论回报率如何,市场都将最大化地持有现金或抵押品。因此,现金和抵押品被合并在了一起,这也使得我们很难量化实体经济中被质押的抵押品和使用的现金之间的比例。

随着"其他"去杠杆化方式的继续,金融体系中可再抵押的高评级抵押品可能仍然处于短缺状态。近期政府部门作出了相关的努力,例如欧洲央行的"矩阵灵活性"*(matrix flexibility),以及欧元区各国央行的融券交易计划等,使得市场上高质量抵押品与低质量抵押品的比率保持在较高水平。这也是为了解决格雷欣法则(Gresham's Law),即劣币驱逐良币的问题。但是,若这些措施成为各国央行标准操作工具的一部分,那与其相关的财政问题和风险就不能被忽视了。在这些措施下,央行将自己作为承担风险的中介机构,而这可能会带来意想不到的严重后果。通过大规模量化宽松政策和(在某些情况下)干预市场管道来达到促进消费的效果都是我们未曾探究过的领域。

参考文献

Bank of England,2011,"Developments in the Global Securities Lending Market",Quarterly Financial Stability Report,June.

Bank of England,2017,"Quarterly Bulletin,Q4,Hedge Funds and Their PRIME BROKERS:Developments Since the Financial Crisis".

Bank for International Settlements,2008,"Estimating Hedge Fund Leverage",Working Paper.

Financial Conduct Authority, 2015,"Hedge Fund Survey",June.

Financial Services Authority,various issues,"Assessing Possible Sources of Systemic Risk

---

* 这里指的是欧洲央行的抵押品替代矩阵。这个矩阵中的"折扣率"(例如对希腊债券的折扣率)比市场中某家银行或伦敦清算所(一家英国CCP)的"折扣率"要温和得多。因此,"灵活性"是对不良债务的隐含补贴。自2017年1月以来,该矩阵还允许用现金交换抵押品,这鼓励人们从欧元区各国央行(如德国央行或法国央行)获得德国国债等优质抵押品。——译者注

from Hedge Funds".

Shin, Hyun S.，2009，"Collateral Shortage and Debt Capacity"，Princeton University(unpublished note).

Singh, Manmohan，2011，"Velocity of Pledged Collateral"，IMF Working Paper 11/256.

附录：杠杆化/去杠杆化的组成部分——资产负债表和相互关联性

本附录提供了由 Hyun S. Shin(2009)建立的理论框架。Hyun S. Shin(2009)将金融体系杠杆的缩小(或去杠杆化)分解为两个部分:由资产减值引起的资产负债表收缩和由抵押品链条缩短导致的金融体系内部相互关联性的降低。

x_i = 银行 i 总负债的市场价值

y_i = 银行 i 可质押资产作为抵押品的市场价值

e_i = 银行 i 的权益价值

a_i = 银行 i 资产的市场价值

π_{ji} = i 持有 j 的负债的比例,j 是非银行部门 j 向银行 i 供给的资金

$d_i = 1 - \left(\dfrac{e_i}{a_i}\right)$ 代表负债与总资产的比例

注意,银行 i 总资产的计算公式如下:

$$a_i = y_i + \sum_j x_j \pi_{ji}$$

从一个简单的会计等式可以得出,总债务可以通过总资产乘以杠杆比率得到:

$$x_i = d_i \left(y_i + \sum_j x_j \pi_{ji}\right)$$

令 $x = [x_1 \cdots x_n]$，$y = [y_1 \cdots y_n]$，$\Delta = \mathrm{diag}[d_1 \cdots d_n]$，将上述等式写为向量形式得到：

$$x = y\Delta + x\Pi\Delta$$

对 x 进行泰勒展开：[①]

$$x = y\Delta(I - \Pi\Delta)^{-1} = y\Delta(I - \Pi\Delta + (\Pi\Delta)^2 + (\Pi\Delta)^3 + \cdots)$$

矩阵 $\Pi\Delta$ 的表达式如下：

$$\Pi\Delta = \begin{bmatrix} 0 & d_2\pi_{12} & \cdots & d_n\pi_{1n} \\ d_1\pi_{21} & 0 & \cdots & d_n\pi_{2n} \\ \vdots & \vdots & \ddots & \vdots \\ d_1\pi_{n1} & d_2\pi_{n2} & \cdots & 0 \end{bmatrix}$$

上述矩阵表达式显示了金融机构和金融体系之间的相互作用。我们通常谈论的是系统性杠杆和系统性风险，但是上面的矩阵符号区分了系统性杠杆对单一机构的影响，以及该机构对进入系统中的其余部分的影响。这两个概念的区别对于将内生系统性杠杆分解为两个外生变量至关重要，这为通过抵押品构建杠杆率指标的经济理论提供了更多洞见。$\Pi\Delta$ 的第 i 行元素之和表示银行 i 的杠杆率对系统其余部分的净影响，$\Pi\Delta$ 的第 i 列元素之和表示系统其余部分的杠杆对银行 i 的净影响。需要注意的是，矩阵 $(\Pi\Delta)^t$ 表示再质押链第 t 个环节资产的抵押品价值。

利用矩阵 $\Pi\Delta$，去杠杆化的变化可以被分解为两种相互独立的影响，即资产负债表中资产价格的下降以及金融体系中相互关联性的下降。假设存在一个可以捕捉已测量的风险的参数 σ，它既影响有价资产的价格，也影响折扣率。记 y 为资产负债表内和表外的有价资产的价格，即被质押资产的价格；记 Δ 为折扣率，它决定了负债比率。令 $\Delta(\sigma)$ 表示债务比率的对角矩阵，$y(\sigma)$ 为有价证券的市值对 σ 的函数。

定义：

$$M(\sigma) = \Delta(\sigma)(I - \Pi\Delta(\sigma))^{-1}$$

假设 $\sigma < \sigma'$，则债务的减少可以表示为：

$$x(\sigma) - x(\sigma') = y(\sigma)M(\sigma) - y(\sigma')M(\sigma')$$

可以重写为如下形式：

$$x(\sigma) - x(\sigma') = y(\sigma)M(\sigma) - y(\sigma')M(\sigma) + y(\sigma')M(\sigma) - y(\sigma')M(\sigma')$$

$$= \underbrace{(y(\sigma) - y(\sigma'))M(\sigma)}_{\substack{\text{缩表} \\ \text{（价格下降）}}} + \underbrace{y(\sigma')(M(\sigma) - M(\sigma'))}_{\substack{\text{相互关联性下降} \\ \text{（链条缩短）}}}$$

最后一个等式确定了金融体系中杠杆率的变化可被分解为两个部分：资产负债表中资产价格的变化和金融体系内部相互关联性的变化。前者已经被学术界广泛研究。然而，后一项所代表的对金融体系杠杆率的影响可能会远高于前一项。

附录注释

① 请注意，$\Pi\Delta$ 各行的元素之和始终严格小于 1。这意味在无穷处，泰勒级数收敛，那么 $I - \Pi\Delta$ 存在逆矩阵。

3 金融体系中的杠杆[*]

衡量金融行业杠杆率的传统统计指标存在很大缺陷。虽然《巴塞尔协议》近期已经建议将部分表外交易纳入杠杆率的指标，但文献中常用的衡量杠杆的指标仍主要依据银行资产负债表的数据（准确来说，是"资产负债表内"的数据）而计算得到的。这些指标的构造方式大同小异，都只依赖于表内数据。因此，这些指标不能完全捕捉到银行与非银行机构之间的联系，因为非银行金融部门向银行提供的资金规模无法从标准的银行数据库中获得。本章的一个主要观点是，杠杆率被长期低估了。

引言

传统的杠杆率衡量方法对表外条目的遗漏意味着，金融体系中的杠杆率被严重低估。Adrian 和 Shin（2009，未发表）认为，杠杆有两个组成部分：来自银行

---

[*] 本章为作者与扎哈里·亚南（Zohair Alam）合撰。

资产负债表的杠杆和源自金融体系内机构相互关联性的杠杆(详见第 2 章及其附录)。本章中我们关注的是后者,即金融体系内机构间相互关联形成的杠杆。我们发现,其占比很大且在不断上升,但这一部分杠杆并未在银行资产负债表中得到充分反映。首先,基于 Shin(2010)所描述的理论框架,经过估计后我们发现,在金融体系庞大且机构间相互关联的经济体中,非银行部门向银行提供的资金(即批发市场存款和家庭部门存款)规模正在上升。随后,我们通过搜集和分析 15 家全球系统重要性银行(G-SIB)的抵押品融资数据,更深入地剖析了银行批发市场融资这一来源。这种融资方式的规模很大,而且相比于表内融资,其规模一直在上升。最后,我们估计,对 G-SIB 来说,核算杠杆率时纳入全部被质押的抵押品交易会使银行的杠杆率提升约三分之一。在雷曼破产后,近期与影子银行相关的文献并未涉及这方面内容。虽然对被质押的抵押品的核算并不能充分衡量金融体系内的相互关联性,但它为我们在这方面的研究提供了有用发展趋势,并开启了未来的研究方向。

鉴于表外条目的规模和重要性,我们认为有必要充分且系统地将其纳入银行杠杆率指标,特别是被质押的抵押品的交易。由于此类交易尚未被纳入银行资产负债表,因此我们不可能计算出度量全球金融稳定性的杠杆率。国家层面披露的资产负债表数据只关注其管辖范围内银行的资产和负债,而非这个范围内的交易不能被识别。因此,被质押的抵押品的交易(或财富管理账户等)中相当大的跨境部分成了漏网之鱼。

目前的研究使用了多种方法来衡量金融体系的杠杆率。这些研究的数据来源很多,包括国家统计数据(例如资金流量表)、SNL Financial(标准普尔的一个数据库)、国际清算银行(BIS)的整合国际银行业统计数据、惠誉的 Bankscope 数据库等。但这些资料和数据库有一个共同点:要么依赖于资产负债表信息,仅对银行进行研究,要么依赖于控股公司层面的加总数据而无法审视单个银行的特征。[①]总体来看,非银行部门与银行之间的联系并未完全体现在资金流量表当中,因为银行的表内数据不能反映出非银行部门通过表外方式向银行提供的大量资金。20 年前,Breuer(2000)提出,有必要对银行进行适当的资本化,以准确捕捉资产负债表内外的总风险敞口。但最近新出台的监管规定(如《巴塞尔协议 III》)仍未要求对杠杆率指标进行修改,因此当前对杠杆率的定义仍不能覆盖所有表外交易(详见专栏 3.1)。

宏观层面上,Schularick 和 Taylor(2012)通过计算信贷与 GDP 之比(这里的信贷是由经 CPI 调整的银行总贷款规模来衡量的)来估算杠杆率,并提出"银行资产负债表中资产方、杠杆率及其构成均会对宏观经济产生重要影响",而且这里面应当包括银行的表外活动。Borio 和 Drehmann(2009)以信贷—GDP 缺口作为预测银行业危机的有效指标,并建议除了国际清算银行的国际银行业统计数据之外,应该增加与跨境风险敞口相关的数据披露。他们建议,不应仅仅依赖于国家层面的信贷指标,而要建立全球层面的信贷指标,并表示"人们可以改进杠杆的衡量标准,例如,衡量杠杆率的指标没有考虑金融体系内部的杠杆率,而当前,在整体杠杆率的构成中,金融体系内部的杠杆率已经成为非常重要的组成部分"。因此,Lee 等(2017)构建了一个包括银行和非银行部门的杠杆脆弱性指数。

信贷与 GDP 之比是一个重要的政策指标,我们需要了解驱动这一指标变动的因素,例如银行间信贷等。一些人假设金融体系中各种资金来源是互斥的(类似维恩图那样),尝试用可加性的方式来理解金融体系(即加总表内数据)。但由于这些资金来源实际上并不互斥(即银行和非银行部门表外业务之间存在重叠的部分),因此我们将重点关注这些"重叠"的部分。

近期该领域的研究重点是从非银行"机构"或"活动"的角度去看待资金供给。Aikman 等(2016)用总资产与权益的比率来衡量金融杠杆,其文章中的企业层面数据来自存款机构、保险公司、经纪交易商、财务公司、房地产投资信托(real estate investment trusts,REITs)和金融控股公司。他们指出,"衍生品市场规模的增长使得杠杆和短期融资更难被衡量";尽管无法发现杠杆的非线性效应,但他们承认当前的杠杆衡量方法中存在数据缺口。Fender 和 McGuire

(2010)强调,需要从地理上看更细分的银行资产负债表,然而如果部分数据不属于任何地区银行的资产负债表,我们就没法获取这部分数据。Hahm 等(2012)的结论是,银行非核心负债＊在预测危机方面的表现可能比信贷与 GDP 之比更好,但前者的衡量方式仅依赖于资产负债表的表内数据。相关领域的研究通常仅从资金流量表中获取信息,而资金流量表内银行层面的数据仅包含其资产负债表的表内信息。因此,在研究中纳入这些衡量方式中缺失的部分将解决其中普遍存在的测量误差问题,因而会使得他们的研究结论更加稳健(见本章专栏 3.3 中对测量误差部分的分析)。

虽然巴塞尔定量影响研究(Basel Quantitative Impact Study，QIS)在披露和分析杠杆率时采用了一致的方法,但是国际清算银行的数据库[如银行业综合统计(Consolidated Banking Statistics)]不包括一些重要的表外条目。同样,据我们所知,国际货币基金组织衡量金融杠杆率的金融稳健指标(Financial Soundness Indicators，FSI)仅包括表内信息。目前关于非银行部门杠杆率的研究主要是从对冲基金的角度出发的(McGuire and Tsatsaronis，2008)。原英国金融行为监管局(现已关停)曾通过英国对冲基金业提供半年一次的杠杆率数据,但该机构关门后这种层面的数据就不易获得了(详见第 2 章)。

金融体系的杠杆率

本节我们将讨论金融体系整体杠杆率的作用,以及银行表外数据的重要性。图 3.1 重点分析了被质押的抵押品市场,这一市场是理解非银行部门杠杆率的基础:

＊ 非核心负债是银行业系统性风险累积的重要驱动因素,包括同业存放、同业拆入、卖出回购款项、票据融资、向中央银行借款、发行债券。——译者注

● 最终储户(图 3.1 最右侧栏),包括短期的家庭部门存款、企业储蓄,以及通过资产管理机构(保险公司、养老基金)提供资金的长期投资者;

● 最终借款人(图 3.1 最左侧栏),包括企业、家庭部门和政府;

● 交易商银行(图 3.1 中间栏),在抵押品和资金流之间起中介作用;这些交易商银行(即活跃在这一市场上的存款机构)连接了非银行部门(如货币市场基金、对冲基金、养老基金、保险公司和政府机构账户),在其中起到传递抵押品或资金的作用。[2]

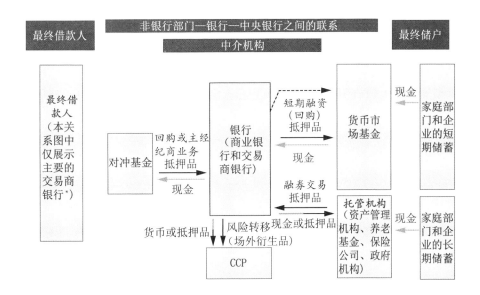

图 3.1　银行的非银行部门融资

注: * 图 3.1 是对"z"的简介,即分析我们的分析框架中的非银行部门与银行之间的联系。交易商银行在上述跨境抵押品中介活动中十分活跃。所以"z_i"对交易商银行 i 很重要。最终借款人也直接从商业银行中借款,但由于它们与非银行部门的交易很少,本图没有展示它们之间的关系。因此,这部分"z_i"可以忽略不计。

资料来源:《抵押品和金融管道》(2016)。

银行向最终借款人提供的信贷,要么来自银行自身的股本,要么来自非银行部门(即家庭部门、养老基金和保险公司)向银行系统提供的资金。如下等式左侧的 y_i 表示向最终借款人提供的贷款总额,等式右侧的第一项表示非银行部门(外部债权人)向银行提供的总资金,等式右侧的第二项表示银行系统的总股本：

$$\sum_{i=1}^{n} y_i = \sum_{i=1}^{n} e_i z_i (\lambda_i - 1) + \sum_{i=1}^{n} e_i$$

上式中，y_i 是银行 i 对最终借款人的总债权，e_i 是银行 i 的权益，λ_i 是银行 i 的杠杆率（定义为资产除以权益），z_i 是银行 i 收到的非银行部门资金的比例。

银行系统的传统观点认为，来自非银行部门的资金（即等式右侧的第一项）"黏性"较大。换言之，人们通常假设(Shin, 2010)，非银行部门向银行提供的资金主要包括家庭部门存款（或广义货币 M2），且家庭部门存款存量稳定（与家庭部门相对缓慢的财富变化相一致）。

银行与非银行部门进行交易的渠道有很多，银行可以从资产管理机构获得大量资金，因此银行的信贷创造能力不只是受到家庭部门存款规模的限制。但是，银行与非银行部门的关系并没有完全体现在货币总量（如 M2）中。即使家庭部门存款具有"黏性"，当通过影子银行系统在金融体系中引入非银行机构和金融中介时，单个银行以及整个银行系统也能迅速加杠杆。2007 年底美国以银行为中介的批发市场融资总额可能高达 25 万亿美元（Pozsar and Singh, 2011），远高于当时银行系统估计的 13 万亿美元。人们已经认识到，非银行部门向银行提供资金的途径不局限于家庭部门存款（图 3.1）。此外，考虑到非银行部门相对于银行部门的规模（尤其是在美国），人们在计算金融体系提供的贷款规模时不能忽视非银行部门份额的影响。变量 z（银行收到的来自非银行部门的资金）的重要性没能被此前的实证研究所充分认识。

家庭部门的短期存款主要以 M2 负债形式存在，而资产管理机构的短期投资则主要以非 M2 负债形式存在。由于资产管理机构持有的货币归根结底是家庭部门的债权，所以家庭部门既通过 M2 工具也通过非 M2 工具为银行提供资金。家庭部门对 M2 工具的直接持有反映了其自身的投资决策，但是其对非 M2 工具的间接持有反映的则是受托资产管理机构的投资组合选择和资产管理方式；注意到这一点非常重要。例如，微软、亚马逊、沃尔玛、苹果公司等非金融企业既将现金存放在银行里,同时也通过向非银行部门(如对冲基金)投资来寻求现金回报。

$$\sum_{i=1}^{n} y_i = \sum_{i=1}^{n} e_i z_i (\lambda_i - 1) + \sum_{i=1}^{n} e_i$$

上式中,z_i 可以被表示为 $z_h + z_w$,其中 z_h 表示银行 i 从家庭部门获得的资金(即核心资金),z_w 表示银行 i 从批发市场获得的资金。

理解被质押的抵押品市场的运作方式对于理解批发市场融资十分重要。金融体系通过使用抵押品或现金进行日内借贷,达到"润滑"其功能的目的。跨境金融市场传统上使用现金或现金等价物(即货币或高质量流动性证券)作为抵押品来代替现金进行结算或追加保证金。金融抵押品未必是高评级的(AAA级或 AA 级),证券(债务或股票)只要具有流动性、按盯市法计值,并且属于合法跨境主协议的一部分,就可被用作现金等价物。利用这种性质,抵押品能广泛地支撑抵押融资和对冲交易(主要是场外衍生品)业务,因此使用抵押品结算比使用现金结算更受青睐。作为金融管道的关键组成部分之一,抵押品在具有现金等价物性质的同时也具有监管价值,但监管机构尚未对其进行量化,政府部门也尚未对其进行统计。

图 3.2 表明,在金融市场的交易中,被质押的抵押品规模可能与货币规模相当,特别是在并非所有货币都流向市场交易的情况下。举个简单例子,如果主要发达经济体(这些经济体包含了纽约、伦敦、东京、香港等金融中心)的年储蓄与 GDP 之比在 20％至 25％之间,考虑到储蓄是通过各种短期和长期储蓄工具流向金融中心的,图 3.2(b)所代表的衡量标准可能可以更好地衡量"金融润滑油"的规模。图 3.2(b)描述了储蓄占 M2 的比例——在发达经济体中,储蓄约占 M2 的 25％,只有这部分货币可以与被质押的抵押品产生关联。[3]因此,我们需要加强对被质押的抵押品市场(相对于货币)的理解,否则会低估金融体系中"润滑油"的规模。财富管理产品(wealth management products)也是类似的情况(Adrian,2017),因为此类交易或产品中很大部分是在表外发生的,但本书的

分析仅限于被质押的抵押品市场。

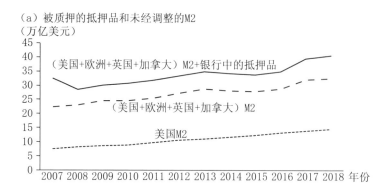

（a）被质押的抵押品和未经调整的M2
（万亿美元）

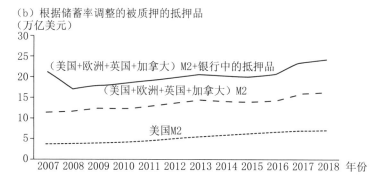

（b）根据储蓄率调整的被质押的抵押品
（万亿美元）

图 3.2　被质押的抵押品和现金形式的"金融润滑油"

资料来源：国际货币基金组织工作人员估计得到。

专栏 3.1 ｜ 国际会计准则和杠杆指标

尽管最近对《巴塞尔协议》框架的修改（即将 G-SIB 的金融数据引入一个统一的平台）是一个很好的尝试，但其仍有很大的改进空间。该框架的准则解决了国际监管机构在比较不同国家金融数据时面临的两个重要挑战：(1)消除会计准则差异（《公认会计原则》与《国际财务报告准则》）的影响；(2)记录资产负债表外的交易。G-SIB 同时向《巴塞尔协议 III》的监管机构和国家当局提供报表信息,因此受到其所在地法律的约束。因此,银行资产构成、资产负债表规模、表内条目和表外总体规模等银行特征和行为,都受国家相关部门法律法规(例如美国证券交易委员会制定的标准)的影响。图 3.3 显示了 2007 年某个时点上美国的银行和欧洲的银行之间存在的结构性差异。

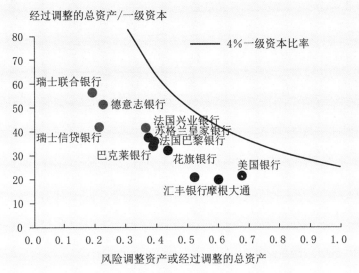

图 3.3 2007 年美国的银行和欧洲的银行的差异

资料来源:BIS。

QIS 是一项监测工作,旨在为设计"评估巴塞尔 III 框架对银行的影响"的监管规则提供支持,该工作中的银行都是自愿参与的。尽管 QIS 的最新报告显示,几乎所有银行都达到了 3% 的杠杆率要求,但以资本资产比率衡量的银行杠杆率在各国并不相同,美国约为 11.5%,德国为 6%,日本为 5.5%,英国和瑞士约为 7%,这反映出各国普遍存在不同的市场结构和法律基础。此外,尽管 QIS 在计算重要监管指标(如 3% 的杠杆率要求)时使用的数据标准是相同的,但该研究使用的数据库是从国家当局的档案中提取的,而且主要获取的是资产负债表的表内数据。此外,《巴塞尔协议 III》框架对杠杆率列出了几条原则,其中一条原则指出,"银行不得通过使用实物或金融抵押品、担保或其他缓解信贷风险的方法来降低(以杠杆率衡量的)风险敞口"

（BIS，2014）。然而，新的会计准则迫使银行将抵押融资的资产纳入资产负债表，但其中质押融券（borrow vs. pledge，BVP）交易是一个例外。在 BVP 交易中，银行以证券交换其他证券，不涉及现金交易。在新监管规定下，银行仍被允许在表外持有 BVP，因此 BVP 交易不会影响银行的杠杆率（Horowitz et al.，2013）。如果银行持有大量的 BVP 借款，那么其有相当数量的融资是来自表外的。

《国际财务报告准则》和《公认会计原则》对净额结算规定的差异，使得比较美国的银行和欧洲的银行的表外融资规模十分困难。此外，这些数据通常会受到银行所在国的现行会计准则和法律的约束，因此使用数据供应商（Datastream、彭博、惠誉等）提供的资产负债表数据来衡量单个国家或跨国的杠杆率的研究往往会存在问题。

杠杆——更全面的图景

银行信用通常与流向实体经济的总体信贷一起变化，但其决定因素不仅仅局限于银行股本和杠杆率，还受银行表外涉及的被质押的抵押品的融资所占比例的影响，这也反映出改进传统银行杠杆指标的必要性。本节发现，如果我们将 G-SIB 通过被质押的抵押品获得的表外融资计入在内，那么，在雷曼破产后的十年中，批发市场融资规模要比资产负债表规模更高。

巴塞尔框架的关键目标之一，是按照一致的标准对杠杆设定有约束力的最低要求，并由各司法管辖区实施。监管政策最近的变化（如《巴塞尔协议 III》）似乎表明，杠杆率充分体现了银行资产负债表表内和表外的杠杆来源。④从国家层面上来看，这样说是没有问题的；但如果有交易没有被纳入资产负债表，那么这部分交易就不会被计入资金流量表之类的国家统计数据。出于全球金融稳定性的考量,由于这类交易的规模十分庞大,而且会造成 G-SIB 之间的相互关联性,因此这部分不在表内的交易不容忽视。同时,在图 3.1 和前文讨论的纳入 z(即非银行部门向银行部门提供的融资)后的扩展性分析框架中,我们可以改进对杠杆和权益项的定义,从而全面看待驱动信贷流入经济体系的各种因素(包括家庭部门、非金融企业等)。

表 3.1 显示了自全球金融危机以来的银行信贷、资本和杠杆率的加总数据,这些数据让我们能够对变量 z(非银行部门向银行提供的资金)进行跨时间的估算。美国的最新数据显示,银行的杠杆率明显降低,且其资本明显增加。但根据资产负债表数据,我们发现自金融危机以来,美国来自非银行部门的融资增长了约 40%(见表 3.1 最后一列)。⑤ 非银行部门的资金来源有许多种,其中部分资金的黏性较低,例如,家庭部门存款就比企业营运资本或批发市场融资(包括表外部分)的黏性更高。

表 3.1　对美国的银行非银融资的估计(2008—2018 年)

	银行资本 (十亿美元) e	银行信贷 (十亿美元) y	银行杠杆 λ	银行的平均 非银融资 z
2008 年	1.6	8.4	8.9	0.54
2013 年	1.7	8.1	6.9	0.62
2016 年	2.0	9.7	6.4	0.73
2018 年	2.1	10.5	6.5	0.75

注:根据《巴塞尔协议》的杠杆率规定,欧洲的银行的杠杆率正在逐渐被纳入上述框架。因此,表 3.1 只显示了《巴塞尔协议》下的美国数据来代表杠杆率变动趋势。经济合作组织(OECD)的数据在早些年经过了修订。

资料来源:FSI(IMF)、OECD 和 BIS。

直观上来看,如果监管使得银行的金融中介成本相对于危机前更高,那么人们可能会问:银行是否主动寻求更多表外融资? 这是因为扩大资产负债表要求银行持有额外的资本,而表外融资则不需要。

专栏 3.2 关注了活跃于抵押品市场的全球性银行的表外融资规模(虚线)。

银行资产负债表上的总资产也在其中得到了体现。与部分市场参与者的讨论表明,多达一半的被质押的抵押品活动不是在资产负债表内实现的。过去十年中,我们从银行年报的脚注中收集了被质押的抵押品数据,并与 G-SIB 的投资者关系团队一起对相关数据进行了核实,这些数据是在任何数据库中都找不到的。由于上述数据所涉及的市场是一个跨境市场,我们将把分析的重点放在美国、英国和欧元区等关键司法管辖区,这些地区的银行和非银行机构之间存在很强的联系。例如,美国一家银行的资金可能来自英国,反之亦然。我们也将银行样本主要限制在美国、欧元区和英国,因为金融中心位于这些司法管辖区。⑥事实上,新兴市场经济体的证券通常不适用于跨境质押,甚至日本国债也没有被用于跨境质押,所以我们只需要关注在被质押的抵押品市场中相互关联的经济体。被质押的抵押品是 15 家 G-SIB 表外条目中最大的组成部分(见专栏 3.2 中的图);事实上,被质押的抵押品规模已经超过了雷曼在 2004 年至 2007 年资产负债表的规模,野村证券也出现了类似的趋势。除了摩根大通、美国银行和野村证券外,代表资产负债表规模的实线均显示出下降趋势。这三家银行的规模更大,部分原因是它们分别收购了贝尔斯登、美林和雷曼的某些业务部门。事实上,尽管巴克莱银行获得了雷曼的部分资产,但目前它的实线所处位置仍低于 2007 年的水平。除了雷曼危机后的最初几年,表外被质押的抵押品数量都没有下降。因此,相对而言,现在的表外融资规模(在一定程度上 z 回升了)要高于 2007 年。

专栏 3.2 | 银行业务模式转变缓和刺激退出的影响

人们普遍认为,比较美国的银行和欧洲的银行的资产负债表规模,就像把苹果和橘子混为一谈。美国的银行在资产负债表上显示了衍生品头寸的净额并扣除了住房抵押贷款;而欧洲的银行在资产负债表上显示了衍生品头

寸的总量,并保留了 MBS(即住房贷款)。因此,美国的银行报告的资产规模
(或资产负债表的规模——如下图实线所示)会小于欧洲的银行的资产规模。
然而,被质押的抵押品交易等表外条目(如下图虚线所示)在美国和欧洲的银
行间是具有可比性的。在后监管时代,大型全球性银行致力于降低总成本,
而融资成本是其中的一部分;通过被质押的抵押品进行融资通常是其首选的
融资方式,因为它比其他类型的融资更便宜。金融危机后(尤其是在各国央
行发布 QE 政策之后),股市的上涨也提振了全球市场中抵押品的价值,尤其
是来自对冲基金主经纪商业务的抵押品,这也是大型全球性银行被质押的抵
押品的主要来源。

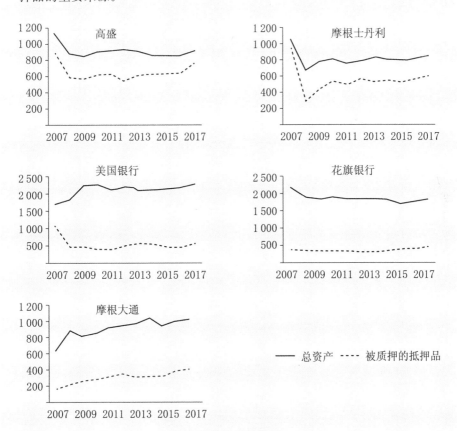

图 3.4　美国的银行

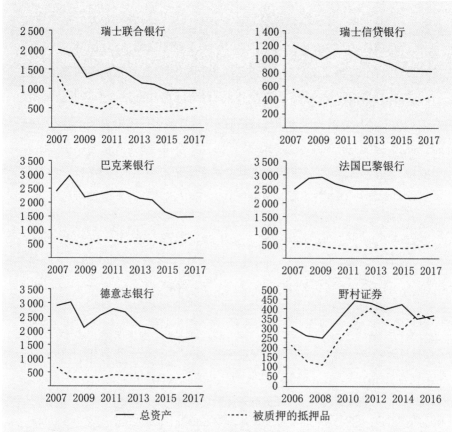

图 3.5　欧洲的银行

　　随着新监管规定的出台和部分央行可能放弃其在 QE 时期的资产购买政策(并缩表),全球性银行的资产负债表规模也可能会缩小。因此,银行将需要重新调整其交易模式,以实现每单位资产负债表空间的利润最大化。最近的趋势表明,大型银行更青睐主经纪商业务、场外衍生品交易和融券交易(不一定包括回购,随着新监管时代的到来,回购业务的规模已经有所降低);而且,这其中的许多交易很可能是在表外进行的。总体而言,2017 年全球被质押的抵押品市场规模较前一年增长了 25%。

　　对于外行来说,抵押品的重复使用率可以由大型银行收到的用于质押的抵押品总额与基础抵押品(即基础抵押品池中实际未清偿的数量)之间的比率来表示。这一比率本质上衡量的是,银行和非银行部门之间的金融中介活动中抵押品重复使用的情况。抵押品的重复使用率在未来几年可能会有略微的提高,尤其是考虑到最近的监管调整。各国央行正在进入紧缩周期,而抵押品重复使用的增加将放宽融资条件,并有助于金融润滑。

但目前仍存有一些值得注意的问题:

首先,从欧洲各银行的趋势来看,尽管其资产负债表规模在缩小,但它们正在改进重复使用抵押品——其表外业务(相比于表内业务)正在增长,这有助于降低它们的融资成本,并进而提高这些银行的盈利能力。自对杠杆率的监管政策(限制了银行表内业务的发展)实施以来,银行对客户进行优先级排序也很重要。

其次,政府部门需要明确,除了限制抵押品的重复使用之外,是否需要提高监管对交易透明度的要求。一些部门[见 Constancio(2017)]希望限制对抵押品的重复使用,而其他部门[如欧洲证券和市场管理局(European Securities and Markets Authority,ESMA)、英国央行]则认可抵押品的润滑作用。

资料来源:*Financial Times* Alphaville Column by Manmohan Singh, December 6,2018。

展望未来,拟议实施的对杠杆率的监管要求(即总资产与资本之比,或风险加权资产与一级资本之比等变量)是否能够捕捉到规模庞大的表外交易?因为许多银行(尤其是欧洲的银行)尚未完全采用新的监管规定,所以当前这些指标的数据仍不完善。然而,我们观察到银行在被质押的抵押品市场中的份额正持续增长。此外,相关数据表明,相当部分被质押的抵押品交易没有被计入资产负债表,这是因为银行更倾向于从事成本更低的表外业务(见专栏 3.3)。[⑦]

专栏3.3 | 交易商资产负债表受到近期监管的约束

尽管交易商被质押的抵押品的规模相对于资产负债表的规模一直在上升，但是被质押的抵押品市场的规模自2009年以来一直保持在6万亿美元左右（见图3.6双实线）。虽然可被重复使用的被质押的抵押品的来源已恢复到了金融危机前的水平（见图3.6点线），但是交易商的资产负债表仍受到约束。一些银行正在增加其市场份额（如摩根大通和巴克莱银行），这体现在图3.4的粗虚线（抵押品的重复使用率）上，但其目前仍然低于雷曼破产前的水平。抵押品需要先进入资产负债表内或表外，然后才能在金融体系中流通，它不能凭空出现后就在金融市场中流动（Singh，2017）。值得注意的是，QE引起的银行存款增加也使杠杆率约束更紧。

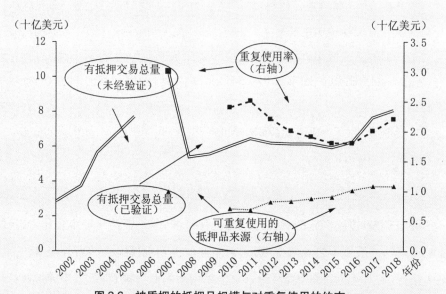

图3.6 被质押的抵押品规模与对重复使用的约束

资料来源：年报及从资产负债表脚注中手工收集的数据；作者的估计。

这些数据存在很大差异，而且我们通过与银行分析师的讨论发现，在金融危机前约40％至70％的表外融资可能没有被记录在表内。这意味着，即使在金融危机前,传统的杠杆指标也已经显著低估了交易商对波动性高的潜在融资来源的依赖程度。本书认为,即使是目前更严格的杠杆监管指标,也无法全面地刻画真实的杠杆水平。

例如,2016 年巴克莱银行中被质押的抵押品总额为 4 660 亿英镑(见表 3.2),其中仅有 340 亿英镑出现在资产负债表内,而 4 320 亿英镑位于表外。根据其年报中的数据,巴克莱银行同年的总资产为 1.2 万亿英镑。若计入资产负债表外的、与被质押的抵押品相关的交易,2016 年巴克莱银行的真实总资产比其在资产负债表中报告的资产高出 35%。更全面地统计银行资产自然会对杠杆率的数值产生影响。如果其被质押的抵押品的交易被完整记录,巴克莱银行的杠杆率(定义为资产与权益之比)将从 20.7% 左右(仅基于资产负债表数据)上升至 28.1%。之所以出现这种上升,是因为没有进入资产负债表的被质押的抵押品交易(4 320 亿英镑)没有相应的股权。

"此外,作为抵押品被接收的总计 4 660 亿英镑的证券(见表 3.2)中,有 4 060 亿英镑被用于质押并在表外被持有,其中大部分与匹配账簿活动(matched-book activity)有关,即通过参与便利客户活动的回购业务与逆回购业务相匹配。其余的主要用于交易投资组合的结算……"(340 亿英镑的交易投资组合,2016 年年报第 192 页)。

表 3.2 用于重复使用的接收的被质押抵押品 （十亿英镑）

资产负债表外	接收的抵押品	再次质押时收到的抵押品	随时可用的资产
被接受用作抵押品的证券的公允价格	466.2	405.5	59.7

资料来源:巴克莱银行 2016 年年报。

影响金融稳定的杠杆因素主要源于 20 家至 30 家 G-SIB(并非所有银行),这些银行在全球范围内从事细分市场的交易活动,其中包括出售被质押的抵押品或财富管理产品,该类交易可能不会出现在表内(IMF,2014;Adrian,2017)。此外,这些 G-SIB 在表外业务的规模上也有很大的差异,例如金融危机前的雷曼和瑞士联合银行,以及如今的巴克莱银行、摩根大通和近期亚洲的部分银行。对这一数据的加总掩盖了银行从事表外业务规模的"左尾分布"问题,而"左尾分布"问题可能是金融稳定的关键预警信号(Shin,2017)。因此,使用加总杠杆指标的研究无法准确估计出杠杆与金融稳定之间的关系。专栏 3.4 将进一步讨论使用不准确的杠杆计算方式的计量后果。当这些数据库中的杠杆率数据存在测量误差时,将导致回归估计的结果出现偏差,面板回归估计尤为如此。因此,在与杠杆率相关的回归中,贝塔估计系数会因为估计偏差而趋近于零。此外,t 统计量也存在向下的偏差。因此,一些研究发现杠杆率的影响系数较小或不显著,其原因可能是对杠杆率的测量存在误差。

专栏 3.4 | 使用更全面杠杆测度的计量含义

　　使用现有数据库中的杠杆率数据进行的实证研究存在测量误差问题。因此,那些发现杠杆对某些因变量具有显著(或不显著)影响的研究,如果能采用更全面的杠杆率度量指标,可能就会发现杠杆对目标因素的影响程度要大得多,且会更加显著。虽然部分人认为,会计准则差异(《公认会计原则》与《国际财务报告准则》)可以通过面板固定效应来消除,但当仅使用资产负债表内或不完整的表外信息数据来衡量杠杆率时,仍会出现测量误差。请注意,尽管《巴塞尔协议》通过 QIS 实现了数据统计方式的一致性(见专栏 3.1),但研究人员使用的数据库所包含的,仍然是按照《公认会计原则》或《国际财务报告准则》向本地监管者提交的数据。考虑到抵押品市场的规模和乘数效应[从雷曼危机前的 3.0 到近年来的 2.0 以下(见专栏 3.2)],我们怀疑测量误差的方差在量级上与所用数据的方差相当。因此,我们有理由怀疑,目前的研究中估算的杠杆对其他因素的贝塔系数远小于其"真实"的贝塔系数。

一些政策问题

对于对监测杠杆有兴趣、并且充分认识到杠杆率会对金融周期和其脆弱性产生重要影响的政策制定者和研究人员们来说,深入理解全球性银行间的联系,以及这些银行从非银行部门获得的表外融资,将大有益处。正如前文所示,自雷曼破产以来,非银行部门融资(来自家庭部门和批发市场的融资)的规模一直在增长,并且成了银行的主要资金来源。如果我们能准确计算这一信贷资金来源的规模,就可以得到能更加全面反映金融体系状况的杠杆率指标。更准确、更全面地衡量经济体中的杠杆率,可以使政策制定者更早和更准确地预测金融周期,进而有助于他们更好、更及时地制定和实施相应的货币政策和宏观审慎政策。

表外交易的数据在当下既未被用于实证研究,也不容易获得。鉴于杠杆在宏观金融分析中的重要性,我们有必要建立一个能填补这一空白的数据库。其中的关键在于准确核算与被质押的抵押品相关的交易和其他类型的交易,例如财富管理产品或其他通常属于"影子银行"范畴的交易。国际清算银行的 QIS 和相关研究参考了《公认会计原则》或《国际财务报告准则》等国际会计准则,以确保其定义的杠杆率指标符合杠杆指标构建的标准范式。监管机构应该要求银行提供其未计入表内的被质押的抵押品(和其他表外交易)的数据。并且,通过增加"跨境杠杆"指标,我们可以弥补原有国家层面杠杆率指标的不足。

杠杆率一直被低估。从全球金融稳定的角度来看,政策制定者需要更全面地了解杠杆率情况。因此,我们有必要估算银行从非银行部门得到的融资(尤其是 G-SIB 的表外融资);起码要对此做一些近似估计。尽管监管机构承认了源自跨境融资的"数据缺口"的存在,但现有的杠杆率统计数据仍然不能反映出本章中揭示的测量误差。如第 1 章所述,我们需要在全球层面对抵押品流和相关融资(如主经纪商业务和衍生品)进行更频繁的监控。否则,由于当前的杠杆率指标不能衡量金融体系中的全部风险,市场将继续对风险保持过度乐观的态度。

注　释

① 例如,资金流量表中的数据显示了控股公司资金流的全部来源(银行、交易商、资产管理机构等),但好比"撕毁"了(没有使用)控股公司 X 的资产负债表,然后将所有银行和所有交易商的资金流量分别汇总。这种汇总方式导致了控股公司层面信息的损失;因此,我们有必要从其财务报告中查看银行控股公司所有业务头寸的构成情况。

② 交易商银行通过衍生品、融券交易、回购协议或主经纪商业务与非银行部门(如对冲基金)进行互动。商业银行主要通过银团贷款、存款等方式与非银行部门(如家庭部门、企业等)交易。这两种银行均向最终借款人提供资金。

③ 美国、英国、欧元区和日本的储蓄与 GDP 之比平均分别为 16.1％、14.5％、23.3％和22.7％。资料来源:世界银行。

④ "Basel III：Finalizing Post-Crisis Reforms", December, https://www.bis.org/bcbs/publ/d424.htm.

⑤ 假设银行 i 的非银行部门融资(z_i)在任何给定时间都是不变的,我们可以得出对 z 的粗略估计。重申一下,对 z 的估计值包括来自家庭部门(即零售存款)和批发市场的融资。

⑥ 一般而言,G-SIB 在中国香港和新加坡的办事处通常会将任何与被质押的抵押品相关的活动记录到其英国办事处。

⑦ 虽然新的会计准则迫使银行将抵押融资资产纳入资产负债表,但 BVP 交易是例外。BVP 交易中银行将以证券去交换其他证券,即使在新法规下,其也仍可在资产负债表外持有。任何涉及现金交换的交易都必须记在资产负债表内。由于 BVP 交易不包括现金交易,因此它被允许在资产负债表外持有,这不会影响银行的杠杆率(Horowitz et al., 2013)。如果某个银行有大量的 BVP 借款,那么它有相当数量的融资是来自表外的。

参考文献

Adrian, Tobias, and Hyun Song Shin, 2009, "Collateral Shortage and Debt Capacity", mimeo.

Adrian, Tobias, 2017, "Shadow Banking and Market Based Finance", Bank of Finland Conference, Helsinki, September 14.

Aikman, David, Lehnert, Andreas, Liang, Nellie, and Michele Modugno, 2016, "Financial Vulnerabilities, Macroeconomic Dynamics, and Monetary Policy", Finance and Economics Discussion Series 2016-055, Board of Governors of the Federal Reserve System (US).

Bank for International Settlements, 2014, "Basel III Leverage Ratio Framework and Disclosure Requirements", Basel Committee on Banking Supervision, January.

Bank for International Settlements, 2016, Revisions to the Basel III Leverage Ratio Framework, Consultative Document, April.

Bank for International Settlements, 2017, "Basel III: Finalizing Post-Crisis Reforms", December, https://www.bis.org/bcbs/publ/d424.htm.

Borio, Claudio, and Mathias Drehmann, 2009, "Assessing the Risk of Banking Crises-Revisited", BIS Quarterly Review, March.

Breuer, Peter, 2000, "Measuring Off-Balance Sheet Leverage", IMF Working Paper 00/202, International Monetary Fund, Washington.

Constancio, Victor, 2017, Macroprudential Policy in a Changing Financial System, ECB speech, May 11.

Fender, Ingo, and Patrick McGuire, 2010, "Bank Structure, Funding Risk and the Transmission of Shocks Across Countries: Concepts and Measurement", BIS Quarterly Review, September.

Hahm, Joon-Ho, Hyun Song Shin, Kwanho Shin, 2012, "Non-Core Bank Liabilities and Financial Vulnerability", NBER Working Paper 18428, September.

Horowitz, Keith, and Kinner Lakhani, 2013, "Global Banks and Brokers", Citi Research, October.

Lee, Seung Jung, Posenau, Kelly E., and Viktors Stebunovs, 2017, "The Anatomy of Financial Vulnerabilities and Crises", International Finance Discussion Papers 1191, Board of Governors of the Federal Reserve System (US).

McGuire and Kostas Tsatsaronis, 2010, "Estimating Hedge Fund Leverage", BIS Working Paper 260, September.

Moritz, Schularick, and Alan M. Taylor, 2012, "Credit Booms Gone Bust: Monetary Policy, Leverage Cycles, and Financial Crises, 1870-2008", American Economic Review, American Economic Association, Vol.102(2), pp.1029-1061, April.

Pozar, Zoltan, and Manmohan Singh, 2011, "The Nonbank-Bank Nexus and the Shadow Banking System", IMF Working Paper WP/11/289 (Washington: International Monetary Fund).

Schularick, Moritz and Alan M. Taylor, 2012, "Credit Booms Gone Bust: Monetary Policy, Leverage Cycles, and Financial Crises, 1870-2008", *American Economic Review*,

Vol.102，No.2，April.

  Shin, Hyun Shin，2010，"Financial Intermediation and the Post-Crisis Financial System"，BIS Working Papers 304，Bank for International Settlements.

  Shin, Hyun Shin，2017，"Leverage in the Small and in the Large"，Panel Remarks at the World Bank-IMF Annual Meetings，Washington，DC，October 10.

4 量化宽松与 IS-LM 框架

由于货币和抵押品都是金融体系的"润滑油",本章将对二者之间的相对价格进行讨论。随着一些国家的央行逐渐成为抵押品市场的主要参与者,这些央行 QE 的执行力度越大,其对抵押品市场和相关的抵押品利率(即主经纪商业务、回购、融券和衍生品保证金市场)的影响持续时间就越长。这将对货币政策和金融稳定性产生影响,因为有些利率(如回购利率)依赖于大型银行的资产负债表,而这些银行的资产负债表往往是抵押品和货币之间交易的中介环节。

引言

抵押品尚未被融入货币或货币政策的教科书。本科的宏观经济学教科书仍然使用 IS-LM(代表投资、储蓄、流动性偏好和货币供应)模型去分析商品服务市场和货币市场中实际产出与利率之间的关系。该模型中(见图 4.1),两个市场在 IS 曲线和 LM 曲线的交点处同时达到均衡,其中横轴代表产出或实际 GDP,记为 Y。由于 IS-LM 模型是一个静态模型,且名义利率与实际利率之间存在一一对应的关系,因此实际上依赖于名义利率的货币需求等变量可以等价地用实际利率(r)表示。这些交点代表了实体部门和货币部门的短期均衡,对应于均衡状态下实际利率和实际GDP的各种组合。然而,教科书中的LM曲线仅与货币市场有关,规模庞大且与货币在结算方面等价的抵押品市场并没有被纳入其中。

$$M = f(Y, r)$$

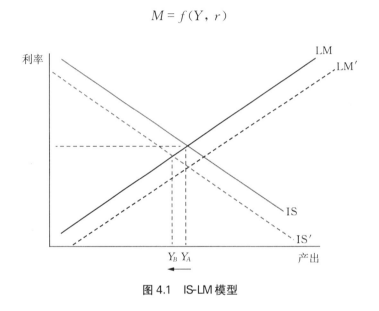

图 4.1　IS-LM 模型

在这一传统模型中,IS曲线代表投资和储蓄的均衡,总支出等于一个经济体的总产出或GDP。产出包括:消费(C) + 私人投资(I) + 政府支出(G) + 净出口(NX)。简单地看,IS曲线的左移(由于$C + I + G + NX$中某一部分的收缩,产出降低到Y_B)可以由降低(名义利率同时带动实际利率变化)利率带来的LM曲线右移所抵消。有关金融加速器的开创性工作阐明了信贷市场的内生冲击是如何对实体经济周期产生影响的。例如,Bernanke、Gertler 和 Gilchrist(1996)的研究强调了信贷市场的冲击为何会导致金融市场更偏好高质量的资产,高风险项目的成本升高,进而导致家庭部门和企业部门的投资减少,最终引致 IS 曲线的左移。进一步来看,该研究指出,金融加速器对冲击的放大作用源自经济中的抵押品约束。

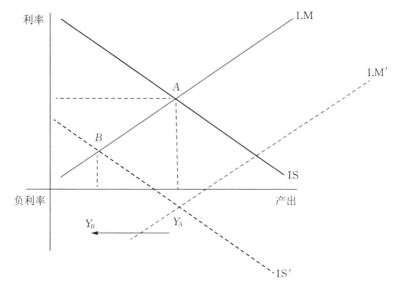

图 4.2 被质押的抵押品市场收缩与 IS-LM 曲线的移动

然而,可以替代货币的金融抵押品与这些研究性论文中的一般抵押品是不同的。从总体"金融润滑油"的角度来看,跨境市场通常使用现金或现金等价物来提交所需的保证金(即货币或抵押品)。为了说明这一点,图 4.2 利用 IS 曲线的平移体现出了被质押的抵押品市场的变化(直觉上,被质押的抵押品属于私人投资 I)。

IS-LM 框架下的抵押品和货币政策

金融中介活动会随着抵押品使用的减少而放缓,进而导致银行间市场的干涸(即流动性减少)。随着投资者对交易对手风险更加重视,抵押品的库存将会下降,这使得投资者更加不愿出借证券,导致抵押品在其各自的账户中被闲置。此外,抵押品还可能受到一些政策措施的影响,例如大规模的资产购买会让优质抵押品从金融体系中流出,扩大符合条件的抵押品资产池会提高这些资产的可质押性等。金融抵押品未必是高评级的(AAA 级或 AA 级),但只要这些证券(如债券或股票)具有流动性、按盯市法计值并且属于合法跨境主协议的一部分,它们就可以被当作现金等价物。这种金融抵押品是金融管道的关键组成部分之一。随着时间的推移,抵押品的金融中介功能将变得更加重要。展望未来,市场参与者将对抵押品的安全性有更高的要求,因为安全性更高的抵押品可以支撑更大范围的金融合约。新的监管规定也使得对基于抵押品的业务的需求增加。

在传统的 IS-LM 框架中,自雷曼破产以来,金融抵押品市场的崩溃(估计为 4 万亿至 5 万亿美元)使得 IS-LM 模型中的 IS 曲线发生了显著的平移,这导致实际产出降低到 Y_B,并使得实际利率下降。在这个传统框架中,我们假设 LM 右移只与货币市场有关,而与抵押品市场无关。因此,我们有必要从抵押品的角度重新思考这个问题。

QE 和"新" IS-LM 框架

近年来,QE 正在使 LM 曲线右移,直到其在初始产出 Y_A 处与 IS 曲线相交。美国的 QE 给 LM 曲线带来了相当大的持续性影响,随着 IS 曲线左移,实际利率可能远低于零(但由于现实中的货币利率存在一定扭曲,我们并不能观察到低于零的实际利率)。在某种意义上,IS-LM 模型的框架过于简单了,所以很难通过对其"重新解释"来纳入被质押的抵押品市场。对 LM 曲线的标准推导过程如下述方程所示,其中 LM 曲线会受 M 的变动的影响:

$$M = f(Y, r)$$

这一模型以及大部分新凯恩斯主义宏观模型(如 DSGE)的问题在于,模型中通常只有一个实际利率 r,这使得以下几个利率都不加区分地被融为一体:(1)整个收益率曲线(隐含平行移动的假设);(2)借贷利率(隐含利差不变的假设);(3)不变和统一的风险溢价。在这一模型中引入抵押品的作用是改变传统模型中单一利率假设和利率对实体经济影响之间的关系。这可以抽象地表示为：

$$M = f(Y, r, C)$$

其中，C 是衡量抵押品效率的变量。给定 M，若抵押品效率变低，则让 Y 发生相同规模的变动需要 r 有更大的变动，即货币政策传导效率降低。因此，C 也可以被解释为货币政策传导效率的参数，这样，抵押品在传导机制中自然就以"润滑油"的形式出现了。

那么，C 也在 IS 曲线中起作用吗？IS 曲线由下述方程定义：

$$D(r) = Y$$

其中，D 是国内总需求，假设其对利率敏感，加入 C 后，方程扩展为：

$$D(r, C) = Y$$

这里，C 在 IS 曲线中的作用并不明显。例如，如果抵押品市场运行得很好，在给定代表性利率 r 的情况下，企业是否会增加投资？或者消费者是否会增加消费？这都不太可能，因为企业和消费者倾向于使用房地产或其他实物资产作为抵押品，而不是用政府证券。所以，只有 LM 曲线中需要引入 C。并且，C 的引入让我们能够解释实行 QE 后 LM 曲线斜率的变化。

图 4.3 解释了在雷曼破产后被质押的抵押品（用首字母缩写形式表示的各种 AAA 级或 AA 级的抵押品）市场的崩溃——抵押品的数量和价格都下降了，其规模从约 10 万亿美元减少到约 5.5 万亿美元（如第 1 章所示），"金融润滑油"的总体规模也在下降。图 4.4 表明，QE 对"金融润滑油"的影响主要包括两个效果相反的组成部分，即央行对货币的释放和对抵押品的吸收。所以，LM 曲线可能不会像传统 IS-LM 框架中所描述的那样，只发生平行移动，其还会出现旋转（即斜率的变化）。在此处，LM 曲线也反映了被质押的抵押品市场的变化。因此，LM 曲线与 IS 曲线的交点与传统模型不同，均衡状况将取决于 LM 曲线斜率的变化程度，或货币规模增加和抵押品规模减少的"净"影响。最近的

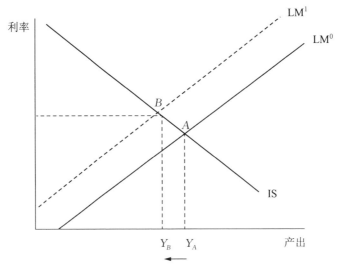

图 4.3　雷曼破产后抵押品市场的崩溃和 LM 曲线的移动

研究表明,QE 最初会对经济复苏有所帮助,即产出上升,但长期来看会出现规模报酬递减的问题,即产出没有变化或甚至有所降低(Geanakoplos and Wang,2019)。图 4.4 中的圆点说明了 QE 使得 LM 曲线斜率变化带来的产出变动。

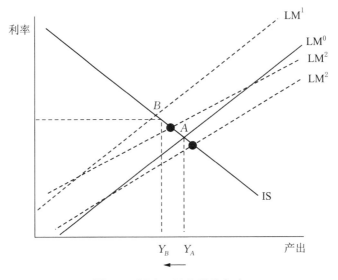

图 4.4　QE 与 LM 曲线的变动

实际利率周期

假如美联储的资产负债表保持在 8 000 亿美元的水平（与 2007 年年底相同），那么相对于正式宣布的调整后利率（其没有考虑到 QE 会带来类似利率下调的政策效果），实际利率会低得多（由于 QE 扩大了资产负债表）——图 4.5 中的两条线分别为经 QE 调整和未经调整的利率（Dudley，2012）。现在来看自 1994 年以来美国最近的三个紧缩周期，利率的平均涨幅接近 400 个基点。在利率涨幅为 400 个基点的紧缩周期中，如果周期开始时政策利率为－2％，则其最终会稳定在 2％左右。直观上来看，QE 导致了抵押品流通速度的降低。从"金融润滑油"（货币加上抵押品）的角度来看，较低的抵押品流通速度有助于紧缩政策的实施。因此，下一个（通过利率衡量的）货币利率紧缩周期无需经历一个完整的周期就能实现预期的政策效果。这可能就是美国目前的情况，因为自 2015 年 12 月以来，美联储的加息幅度都没有超过 2.25％或2.5％，并且于 2019 年 7 月再次开始了降息周期（美元走强和贸易摩擦可能也是降息的某些原因）。

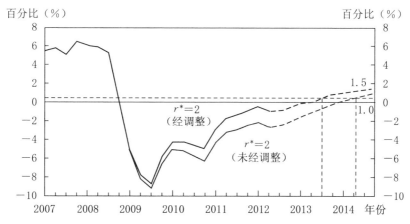

图 4.5　经过或未经美联储的资产负债表调整的实际利率（相对于泰勒规则下的利率）
资料来源：BLS, BEA, FRBNY Staff。

中央银行与抵押品市场

部分中央银行(如美联储、英格兰银行,以及最近的欧洲央行和日本银行)受其 QE 政策的影响,已经成为优质抵押品的大型储存库。但央行的超额准备金(或盈余存款)与可以在银行和非银行部门间流通(具有重复使用率)的优质抵押品不同。随着时间的推移,金融体系中的"银行—非银行部门"体系已经开始让位于一种新的"中央银行—银行—非银行部门"体系,这削弱了市场中金融管道的作用(比较图 4.6 和图 4.7)。

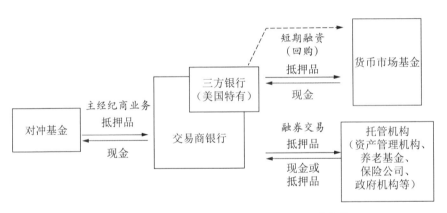

图 4.6　没有央行参与的市场管道(例如雷曼破产前)

关于"退出"QE 会有何种影响的说法有很多种,但其中一个重要观点是,它会对非银行部门与大型交易商银行间进行业务往来的市场产生影响,而抵押品的价格(例如回购利率、融券交易或主经纪商业务的隐含利率等)是在这一市场上决定的。目前,一些实施 QE 的央行在其资产负债表中持有大量的HQLA(或优质抵押品),其希望减少优质抵押品库存的部分原因是想要解决当前市场中优质抵押品短缺的问题(如欧洲央行或日本央行),这将导致市场发生

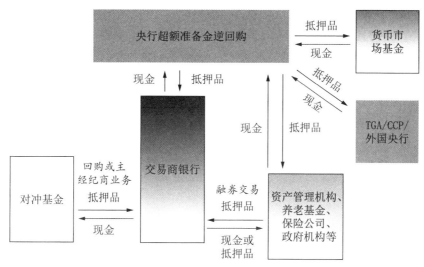

图 4.7　有央行参与的金融管道

重大调整[例如主要央行资产负债表调整政策将对新兴市场经济体产生溢出效应(见第 7 章)]。

　　诚然,这些央行迟早是要缩表的:要么央行主动释放抵押品和吸收货币,要么央行持有的证券被持有至到期后退出市场。无论央行采取何种方式缩表,(抵押品)回购利率都会上升。换句话说,如果央行缩表并让证券流入市场,抵押品就会变得更便宜,进而会推高回购利率,这就使得货币相对于抵押品的价格更高(类似于美联储近期的情况)。由于回购利率是交易商银行资产负债表空间的函数,市场利率(如回购利率)和货币利率[如超额准备金利率(IOER)]可能不会同步变化。如果存在对交易商银行资产负债表空间的约束,所有的抵押品换现金交易(和现金换抵押品交易)可能都不会存在,货币利率和抵押品利率之间也可能会出现差异(见第 6 章)。作为一个背景知识,在美国,美联储主要从非银行部门而不是银行处购买优质抵押品(Carpenter et al.，2013),这增加了银行存款(这部分存款是在实施 QE 过程中,非银行部门通过向美联储出售抵押品获得的)。因此,QE 的实施最终会将原本的优质抵押品转化为额外的银行负债(即非银行部门在银行的存款)。

展望未来，央行缩表计划能否成功的关键在于，在新的监管环境下，银行是否有现金换抵押品交易和抵押品换现金交易的资产负债表"空间"。随着《巴塞尔协议 III》的出台（尤其是其中影响"G-SIB 评分"的杠杆率、日内流动性和LCR），银行系统扩张其资产负债表的可能性大大降低了。

抵押品链条的一端是货币市场基金的投资者，即家庭部门和企业的财富池（资金供应者）；另一端是在经历了几番转换、折扣和对额外资本的劣后安排之后，借款人——即家庭部门（通过住房抵押贷款）或对冲基金——作出的支付承诺。银行在美联储的直接存款缓解了其资产负债表受到的约束，但却使抵押品链条"短路"。家庭部门和企业的财富池的状况变得更好了，因为它们可以直接在美联储存款，这在目前优于其他任何选择*。但由于资金会直接流向美联储，而不会转化为任何向家庭部门和企业提供的贷款，这会使借款人群体的状况变得更糟。

一个简单的例子就能给出对上述逻辑的直观解释。美联储可以通过为非银行部门开设逆回购（RRP）账户，直接从美国金融管道中的货币市场管道（货币市场基金等）中吸收资金。因此，这些非银行部门将从交易商或银行处撤回其先前提供的资金，交易商或银行将进而把证券（美国国债、MBS 等）归还给证券出借方，这些证券出借方通常是为了提高证券的收益率，才通过融券交易将证券借给交易商或银行的。交易商或银行也会将证券归还给对冲基金，因为它们可能没有多余的资金来通过回购为对冲基金提供融资。因此，上述证券（包括美国国债和 MBS）的需求量和价格会下跌。无论美联储是出售这些资产，还是与非银行部门开展 RRP，这类资产的价值都会下降。

事实上，超额准备金与"优质抵押品"并不相同（见第 5 章），原因主要是通过央行逆回购向非银行部门提供的抵押品不能被用于再抵押，即继续再质押，因此它们无法帮助润滑金融体系。清算银行（如纽约银行）只能通过所谓的一般抵押品融资（general collateral finance，GCF）来支持三方回购交易中的证券再抵押，

---

* 这里是指，若财富池的资金流向市场，市场中的资金相对抵押品会增多，从而导致回购利率下降。而美联储为财富池提供了一个更优的存储渠道。——译者注

GCF 是交易商间(即银行间)的三方回购业务,其服务对象是美国存管信托和结算公司(DTCC)政府证券部的成员。如果你不是 GCF 的参与者,你实际上仅有对其抵押品的"只读"权(违约的情况除外,违约时会通过单独的流程将证券发送给客户的托管机构来协助销售)。因此,为非银行部门开设的 RRP 账户不会带来"准备金流失",而会带来一种"会计流失",因为证券仍留在美联储资产负债表的负债方,只是从"非银行部门的超额准备金"科目改名为"非银行部门的 RRP"科目。只有银行才能通过 RRP 重复使用其收到的抵押品,但这需要满足以下两个条件:(1)银行资产负债表有足够的空间;(2)在一定程度上,从 RRP 中获得的抵押品是可以替代交易商银行在三方回购市场中质押的其他证券的,即 RRP 可以让原来在三方回购市场中被质押的证券进入双边回购市场(详见第 1 章)。

新的"央行—银行—非银行部门"关系对非银行部门是有利的,因为抵押品的对手方是中央银行。这意味着美联储将"看跌期权"(即隐性担保)延伸到了金融体系的其他角落,但这种关系正在锈蚀银行和非银行部门之间的金融管道(见图 4.7)。在实施 QE 之前,货币市场基金等非银行机构必须通过与可靠的交易对手进行交易来获得可观的回报;对于可以在美联储开设 RRP 账户的外国央行来说也是如此。但在实施 QE 后,大量美国财政部的政府账户(TGA)余额和 CCP 在央行日益增加的存款使得图 4.7 中所示的深色区域增加了。

出于一些合理的宏观经济方面的原因,央行一直在从市场中购入优质抵押品。但它们发现,将这些证券退回到私人市场并不容易,并且这样做会对回购利率(以及在主经纪商业务、衍生品和融券交易中的其他抵押品利率)产生影响,因为现金换抵押品(以及抵押品换现金)的交易需要通过银行资产负债表空间来实现(例如,在美联储对非银行部门实施的 RRP 方案中,非银行部门获得了证券所有权,但不能重复使用该证券;对他国央行实施的 RRP 方案也是相似的)。因此,当资金绕过金融管道直接进入央行时(例如来自上述两个逆回购计划、来自 TGA 以及来自 CCP 的存款),市场中资金与抵押品的比率就会发生变化。目前在美国,货币总量是低于抵押品总量的,因此回购利率高于政策利率。

而欧元区的情况正好相反，即其抵押品总量少于货币总量，因此其对德国国债等优质抵押品的回购利率仍低于政策利率。

结论

就像水往低处流一样，在市场中重复使用被质押的抵押品时通常也会获得它的经济租金。雷曼倒闭后的几年中，各大央行都用新印的货币从市场中购入优质抵押品。央行迟早会缩表，要么是央行自愿向市场释放抵押品并吸收资金，要么是央行持有的证券被持有至到期。本章提出的"新"IS-LM框架显示，央行缩表所吸收的资金和流入市场的抵押品之间的比率会影响LM曲线的斜率。政策制定者试图避免货币利率和抵押品利率之间出现差异，但这并不容易，这是因为主要的交易商银行（或 G-SIB）的资产负债表空间是受约束的。如果市场（即主要银行的资产负债表）不能从货币利率和抵押品利率之间的差异中套利，那么央行将必须使用其资产负债表来从中进行套利，这类似于 2019 年9 月中旬以来美国的情况。

专栏 4.1 ｜ 为什么美联储缩表会产生宽松效应

美联储的政策制定者最近讨论起何时开始逐步缩减其规模达 4.5 万亿美元的资产负债表。3月份的会议记录显示，"委员会（FMOC）的再投资政策在今年晚些时候可能会有适当改变"。美联储一直在谨慎地处理这个问题，因为它担心任何对资产负债表的收缩都会被当作紧缩性的货币政策。但我认为，实际上，缩表可能并不等同于货币政策的收紧。

为什么？首先,缩表将向市场释放美国国债等优质抵押品,同时减少商业银行存放在美联储的超额准备金。这些超额准备金产生的原因是,美联储为长期保持低利率和实施 QE 政策而购买了数万亿美元的证券。许多证券是从非银行机构(如养老基金、保险公司、资产管理机构)购买的,这些非银行机构将其售卖证券所得的收入存放在储蓄机构即银行当中。银行再把钱存入美联储来赚取利息(只有银行可以从超额准备金中赚取利息)。如此,央行缩表后非银行部门将重新使用优质抵押品,而不是使用闲置在银行的大量存款。

在之前的文章中我们指出,政策利率上调与央行缩表之间可能不存在一一对应的关系。为确保金融体系的安全性,新规定要求银行持有更多 HQLA。虽然美国国债和超额准备金都被视为 HQLA,但其相似之处也仅限于此。

重复使用被质押的优质抵押品,会带来类似于银行存款增加并发放贷款所引致的货币创造的效果。这就是优质抵押品对市场运行的影响机制不同于超额准备金的原因。两者之间的关系甚至可能不是同向的——即重复使用市场中的美国国债可以润滑金融体系;而超额准备金则一直处于闲置状态,因此不能起到"金融润滑油"的作用。

提高优质抵押品的可用性也会促进对其他相对次级抵押品的重复使用。市场上大多数的抵押品都是以证券投资组合的形式,而不是以单个证券的形式交易的。研究表明,目前的抵押品平均重复使用率低于 2,这低于雷曼危机前 3 左右的水平。目前抵押品重复使用率不太可能出现反弹,因为抵押品不能在"真空"中流动,而是需要借助银行的资产负债表。然而,由于 QE 的阻塞作用,私人部门的资产负债表仍然被存款阻塞。假设监管规定(如杠杆率)没有改变,随着银行资产负债表可用空间的增加,存款水平的降低会增加对抵押品的重复使用。

超额准备金和货币政策传导问题

存款占据了银行部门过多的资产负债表空间,目前,银行在美联储的超额准备金已经超过 2 万亿美元。这抑制了金融中介活动和货币政策的传导。就像润滑油只能用于润滑汽车发动机一样,超额准备金只能用于缓解金融体系对准备金的需求。雷曼危机前超额准备金的规模接近于零。现在我们仍未"更换润滑油",而是把润滑油存放在汽车后备厢或家里了。

市场目前能够消化优质抵押品的久期风险。从过去一年中可以观察到,加息政策并不会被反映到长期收益率曲线上,反之亦然,这是因为收益率曲线短端和长端的投资者群体差异很大。

例如,从 2015 年 12 月 16 日美联储加息 25 个基点,到 2016 年 11 月 8 日美国大选前夕,十年期美国国债的收益率实际上从 2.3% 下降至 1.8%,尽管许多新兴市场经济体在 2016 年卖掉了大量的美国国债,但市场消化了久期风险。

因此,央行缩表可能不会使得流动性收紧。抵押品将从美联储资产负债表的资产方被投放到市场中重复使用,对金融体系来说,这是比减少银行系统在美联储的存款(即准备金余额)更好的润滑油。尽管《多德—弗兰克法案》和《巴塞尔协议 III》提高了重复使用抵押品的成本,但是银行系统资产负债表空间增加的效应会超过监管的成本。因此,如果央行缩表不会产生紧缩效应,那么在本轮周期中,政策利率就可以设置得更高些。

正常情况下,更精简的资产负债表会使央行更专注于其核心任务,这是有充分的理论依据的(Bindseil 在 Jackson Hole 会议上的论文,2016)。随着各国央行正在考虑缩表的时机(例如,不对到期证券进行展期融资,或者直接卖掉证券),抵押品重复使用的视角是有用的。

资料来源:*Financial Times* Alphaville Column, April 24, 2017。

参考文献

Bernanke, Ben, Mark Gertler and Simon Gilchrist, 1998, "The Financial Accelerator in a Quantitative Business Cycle Framework", NBER paper 6455.

Dudley, William, 2012, "Conducting Monetary Policy-Rules, Learning and Risk Management", May 24.

Geanakoplos, John and Haobin Wang, 2019, "Quantitative Easing, Collateral Constraints, and Financial Spillovers", *American Economic Journal*: *Macroeconomics* 12(4), pp.180—217.

5 货币、抵押品和安全资产*

在 1980 年到 2008 年金融危机期间,美国和其他金融市场对抵押品的使用呈指数式增长。但是在危机之后,可用作抵押品的资产池规模大幅缩减,导致市场中的流动性短缺。为解决这一问题,政策制定者不能只考虑传统的货币指标,还必须考虑抵押品。

引言

关于银行系统,传统观点认为,位于资产负债表两侧的信用和货币基本上是相对应的。在期限转换过程中,银行能够自己创造流动性很高的合约(即货币),与货币相对应的则是流动性较差的贷款或信用。但实际上,银行创造的是类货币(money-like)的合约,而非货币本身。尽管如此,几个世纪以来,根据大数定律,只要市场对银行投资组合的安全性保持基本的信心,银行就能在流动

---

* 本章为作者与彼得·斯特拉(Peter Stella)合撰。

性储备很少的情况下安全地开展业务。

近几十年来,随着证券化、电子交易和结算方式的出现,通过充当抵押品,可以直接转化为高流动性资产或类货币资产的资产范围显著扩大了。可证券化资产范围的扩大在一定程度上受益于基本不受监管的影子金融体系的发展,也受益于从非存款机构借款的能力的提高。这意味着,银行存款将不再与信用一一对应(Schularick and Taylor,2012)。对这一新市场监管很松或不加监管的理由是,这个市场中的合约有充分的抵押而且抵押质量高,并且市场力量能确保风险被分散到具有一定风险承担能力和较高教育水平的投资者身上,而这些合约往往是为他们量身定做的。监管的一个不足之处是,他们未能意识到影子银行部门和被监管部门之间的相互关联性在日益增强,以及高杠杆导致的尾部风险在日益增加(Gennaioli,Shleifer and Vishny,2011)。

货币和(调整后的)货币乘数

付款的最终性是在合约中被界定的,也可理解为是在法律中被界定的。例如,在美国,美联储发行的钞票是所有债务(无论是公共部门的债务还是私人部门的债务)的法定结算货币。换言之,如果你欠某人1亿美元,除非在合约中预先规定,否则债权人不能拒绝你用美联储发行的钞票支付欠款。且依据市场惯例(或法律)的要求,出借方应当接受任何联邦银行的存款作为其所有债务合约的最终支付方式(因为任何联邦银行的存款总是可以转换成美联储发行的钞票)。这并不意味着在支付中不能接受其他类型的金融资产,只是出借方不能拒绝央行货币作为最终支付方式。央行货币更深层的优势在于,它在名义上是无风险的(但在实际购买力的意义上不是无风险的,因为通货膨胀仍会带来风险)。而包括美国国债在内的其他金融资产都存在一定程度的名义价格风险。因此,人们普遍以央行货币作为计价单位来衡量资产价格。例如,如果你在今天上午 10 点或下午 2 点以央行货币偿还 1 亿美元的债务,你所需的在美联储的存款数量是相同的。但是,如果有人用短期国债、长期国债或埃克森美孚股票进行结算,那么上午 10 点和下午 2 点你所需支付的数量一般会有所不同。这增加了市场定价过程的复杂性,同时也会扭曲市场价格,使某些人不当获利。

从国家记账单位的角度来看,央行货币的价值从未有过波动。你可以随时用 5 000 万美元的央行存款偿还 5 000 万美元的债务。如果以美国国债或埃克森美孚股票的形式支付 5 000 万美元的债务,那么所需国债或股票的数量会有所波动。当然,社会也许能从以央行货币结算转变为以埃克森美孚股票结算中获益,因为埃克森美孚股票的平均实际收益率为 4%,而央行货币的平均实际收益率为负数。因此,在用埃克森美孚股票结算时,埃克森美孚可以发行小面额的股票和硬币,我们可以设想所有的价格都以埃克森美孚股票报价。一般价格水平会随着埃克森美孚股票的价值、股份分割和合并等变化而发生改变。股东也将以股票(而非法定货币)的形式收到分红。这显然不是最优的方式。人们喜欢名义货币计价的合约是有原因的!

现在我们设想一个没有废除法定央行货币的经济体。但与此同时,市场上存在许多其他资产,如埃克森美孚的股票、短期国债、长期国债和证券化的收入流,它们在市场中被广泛接受和持有。因此,交易商通过借入和掉期高收益证券(或至少是正收益证券)来为其库存资产融资,他们会尽可能少地持有低收益的央行货币。金融市场中的投资者不喜欢持有过多的基础货币(即央行货币)。他们更喜欢持有货币市场基金(与银行存款不同,货币市场基金的价格是可变的)和各种其他共同基金或证券化资产上的合约。

货币乘数(m)反映了金融中介部门基础设施的效率。传统的货币乘数 m 被定义为总货币负债与基础货币的比率。基础货币包括中央银行的货币负债,即流通中的纸币和中央银行的存款负债,这些中央银行的负债(法定货币)是经济中最具流动性的资产。

然而,我们可以定义不止一种货币乘数,每种货币乘数代表金融服务提供效率的一个特定维度。[①]具体来说,现代经济中,货币持有方主要是家庭部门和非金融企业。为了更好地度量金融中介机构以其持有的少量流动资产为基础发放信贷的效率如何,在衡量货币乘数时需要在分母即基础货币总量中减去纸币的总量。我们还要考虑到在高通胀或不稳定国家的非美国居民也对美元有需求。剩余部分(基础货币减去纸币)包括中央银行的银行存款,即流动性储备(准备金)。在本章中,我们称这些存款为D。[②]

经调整的货币乘数(其中只有分母变为D,即调整后的基础货币总量)的计算方式是,金融体系对非金融私人部门的货币负债除以法定货币形式的流动性储备。直观上来看,所有货币乘数(M1、M2等)都是相对于某个基础货币的乘数。类似地,我们将D定义为与本章所讨论的抵押品相关的基础货币。图5.1显示了过去50年间美国传统的基础货币M0和调整后的基础货币(D)之间的差异。在此期间,直到危机发生,人们对货币的需求都在稳步上升,而银行对流动性储备的名义需求长期保持稳定。由于负债在增加,相对传统理论中定义的货币乘数,调整后的货币乘数出现了飙升。

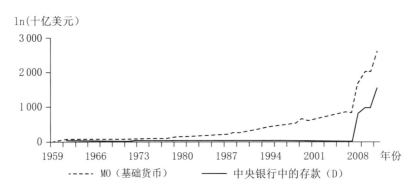

图 5.1 基础货币和在中央银行的存款(1959—2011 年)

资料来源:圣路易斯联邦储备银行 FRED 数据库和作者计算。

调整后的 m 可以被视为衡量银行业效率的指标。如果经调整的 m 很高,这意味着很高的放贷额度是由相对较少的准备金支撑的。如果 m 很高,那么某人在伊利诺伊州皮奥里亚存入现金,就会带来一连串的银行间贷款。如果调整后的 m 很低,那么增加的银行存款只会在银行金库中存放几个星期,然后就被运送到芝加哥联邦储备银行,进而使芝加哥联邦储备银行贷方中该银行的超额准备金增加。

若调整后的 m_i 等于 1,这就相当于米尔顿·弗里德曼的狭义银行理念:银行交易所用的存款是完全由其存放在中央银行的准备金支撑的。因此,从另一方面来看,调整后的 m 是一个衡量金融体系中流动性风险大小的简化指标。虽然银行系统中的流动性风险是一个值得我们关注的问题,但我们也希望从影子金融系统的角度出发去识别市场中风险的变化。从 20 世纪 80 年代初到 2008 年,美国金融深化过程中的全部增长几乎都来自影子银行的发展(图 5.2)。[3]

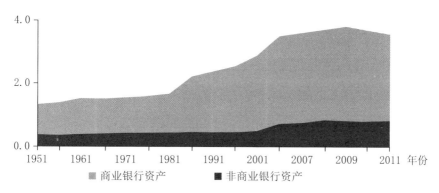

图 5.2　美国信贷市场总资产(占 GDP 的比例)

资料来源:作者根据美国资金流量表更新。

此外,由于只有银行可以直接在央行存款,整个金融体系(包括银行和影子银行部门)中经调整的 m_i 在同时期内急剧上升,这很大程度上是通过证券化和有抵押的贷款实现的。换句话说,金融体系的扩张依赖于有越来越多的抵押品被使用,抵押品成了除银行准备金(D)之外的另一种互补的"流动"资产(关于金融科技的讨论详见第 13 章)。

抵押品

接下来考虑金融体系中抵押品的使用效率。我们为此引入了乘数 c（类似于 m），并定义它为金融市场中（满足某些特征的）所有的负债，与在央行的存款总额（D）和在金融体系中流动的抵押品之和的比率，我们将分母中的后一部分定义为 C。C 与 D 的关键区别在于，D 至少在浮动汇率制度下完全由央行决定，而 C 在一定程度上是由市场决定的。

为说明这一点，我们把 C 分成 C1 和 C2，C1 是在所有状态下都可以被接受作为抵押品的资产，因为它们要么可以直接转换为 D，要么是财政状况健康的主权国家直接发行的债务。C2 由其他资产组成，在正常的市场条件下，这些资产可被用作抵押品，但在市场出现压力时其价值将会大幅下降。C1 的规模主要由主权国家和中央银行决定；少部分由市场决定，因为家庭部门和非金融企业（如养老基金、保险公司）会持有部分 C1 资产，这会限制金融体系中 C1 资产的供给。为了便于说明，我们使用美国资金流量表中的数据，定义 C1 仅包含中央政府的直接债务（例如，美国短期国债或美国长期国债）。C2 的规模完全由市场决定，它取决于市场情绪、交易对手风险态度、抵押品链条长度以及市场决定的折扣率。在 Gorton 和 Ordoñez（2012）的分析框架中，C1 和 C2 可分别被视为信息不敏感和信息敏感的资产。注意，政府支持企业和机构（如房利美和房地美）的债务有明确的事后担保机制，现在也被认为是安全资产，但它们仍无法与美国国债相提并论。事实上，房利美和房地美曾发生过信用事件，并触发了它们的信用违约掉期。

2008 年流动性危机的最直接原因是 C2 抵押品与 C1 抵押品之间的分化。世界上主要的中央银行和财政部通过增加基础货币的供给、用优质抵押品替换低质量抵押品来应对危机,这导致了金融部门总负债与本章定义的"最终流动性"(即银行持有的 D + C1)先呈指数式上升,随后出现暴跌。

非金融部门已经从持有银行负债,转变为直接持有包含证券化资产的多元投资组合。这些证券化资产不是由 D,而是由 C 支持的。只要人们对构成 C 的资产有信心,或只要 C1 在 C 中的占比很大,就可以认为这些合约是具有"流动性"的,即可以在相当短的时间内将其转换成中央银行发行的货币。近年来,金融体系将大量流动性不足的、基于未来收入的合约(贷款、应收账款等)转变为了具有高流动性的合约。在这个过程中,市场中出现了对其他各种形式的合约[例如,法定损害赔偿合约(legal damage claims)、奖赏(awards)和彩票奖金(lottery payouts)]进行证券化的需求。*

表 5.1　所用定义

条目	具体定义
D	银行在中央银行的存款(D 不包括纸币、库存现金)
C1	在所有状态下的优质抵押品;可以无折扣地转化为 D
C2	在市场正常时为优质抵押品的抵押品,在其他情况下其价值会降低
银行持有的 C1	只有银行可以将 C1 隔夜转化为 D。非银行机构不能将 C1 转化为 D
最终流动性	银行持有的 D 和 C1 的总和(第 4 章中表明 C1 可能比 D 贡献了更多的"金融润滑油")

当人们突然对埃克森美孚股票和其他证券化的收入流的潜在价值产生怀疑时,经济会发生什么改变? 显然,这些资产就失去了它们作为投资品的吸引力,也失去了类似货币的流动性方面的吸引力。突然间,人们会认为市场中流动性短缺,并且当人们认识到经济中的伪流动性资产(pseudo-liquid assets)与央行货币总量之比的扩张程度时,流动性短缺的问题还会恶化。其他抵押品或

---

　　* 这里的含义是:在雷曼破产前,任何可能获得 AAA 或 AA 评级的证券——不管评级是否正确——都很受欢迎。无论是对哪些标的进行证券化,哪怕是彩票、奖金等,只要证券化的资产评级能达到 AAA 级或 AA 级,它就都会被市场接受。——译者注

者货币(如美国国债和德国国债)可能会继续为市场所接受。因此,现金、某些安全抵押品和其他资产之间突然就出现了分化。后者的流动性消失了。

对危机前和危机后抵押品的分析

2008 年金融危机之前,C2 包含大量证券,且其涵盖的证券类型和总量都在不断增加。因为 D 非常小,最终流动性杠杆[即总负债除以(商业银行持有的 D＋C1)]呈指数式增长。D、C1 与 C2 之间仅存在很小的价格差异。因此,市场是在合理的流动性缓冲下运行的,即尽管最终流动性杠杆相当高,但总流动性杠杆[即总负债除以(D＋C1＋C2)]至少始终是充裕的。

危机期间,C2 中包含的证券数量和种类发生了巨大的变化,同时对流动性的需求激增。使用 C2 作为抵押品去融资的机构基本上都要去找 C1 或 D 以避免违约,因为它们不能再使用 C2 内的证券(它们已经变为了不良证券)。一些研究把所有抵押品都不加区分地加总在一起,这是有问题的。一些抵押品(即 C1)的价格将始终接近、甚至高于其票面价值,而不会低于其票面价值。人们竞相购买最高质量的 C1 抵押品,然后将其囤积起来。C 中信息敏感的部分(即 C2)遭受了逆向选择问题,即 C2 不再以完全信息下的市场出清价格或其他任何形式的价格被市场接受。如果央行不及时调整或者不愿调整其抵押品政策,它们就必须忍受某种形式的格雷欣法则。危机期间欧元区的经历就符合这一理论的描述。政策制定者的任务是增加市场中的 C1 抵押品数量。一种方法是接受 C2 抵押品(由于其被存放于央行,流通速度自然为零),并以受补贴的价格换取 D 或 C1。另一种方法是通过传统的 QE 政策发行货币,即用 D(大致相当于超额准备金,因为法定准备金仅占 D 的一小部分)来换取 C1,但这样并不会增加 D＋C1 的总量。事实上,如第 4 章所述,如果再抵押或抵押品流通速度受到约束,D 的作用甚至不如 C1 大。

说点也许离题的内容,近年来在对短期德国国债需求增加的背景下,也有过类似的关于流动性供给的讨论,但对短期德国国债需求的增加不仅是因为欧债危机,也是因为人们想要绕过政治或法律限制而获得优先偿付资格。然而,短期德国国债的收益率一直为负,这表明德国政府没有作出任何让步来迎合市场中对安全资产的需求。值得注意的是,日本的短期债券发行与其他货币政策变量(如日元对主要外币的汇率水平)交织在一起(这与美国 1981 年之前的政策有相似之处)。此外,这还提出了一个有趣的问题:以抵押品替换(C1 代替 C2)来提供流动性的方式所带来的财政风险,应当由财政部(财政机构)还是由中央银行来承担?④

虽然我们没有关于 C2 的长期时间序列数据,但通过资金流量表的数据,我们可以获得 D 和 C1 的时间序列。⑤ 如前文所述,我们称银行持有的 D 和 C1 之和为"最终流动性"。只有银行持有的 C1 被包含在最终流动性当中,因为只有银行可以在一夜之间将 C1 转换为 D。我们可以看到,在危机爆发前,金融中介机构总负债(衡量金融部门负债的最宽泛指标)与最终流动性之比呈指数式上升。目前,这一指标已回落到 20 世纪 70 年代的水平;之后的 80 年代初,MBS 引发了影子银行和证券化热潮。金融体系的最终流动性杠杆从 1951 年底的 4 上升到 2006 年底的 673,又在 2011 年底急剧下降到 33(见图 5.3)。相比之下,1981 年底的最终流动性杠杆为 36。最终流动性去杠杆的过程几乎完全是通过

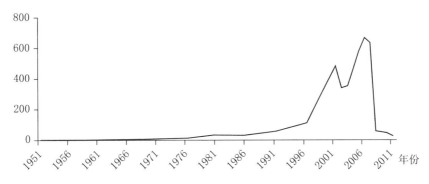

图 5.3　美国金融中介机构总负债与最终流动性之比

资料来源:美国资金流量表和作者的计算。

D 的增加来实现的。2007 年底至 2011 年底,D 增加了 1.5 万亿美元,而银行持有的 C1 只增加了 0.1 万亿美元。由于近年米美联储为这个市场提供了越来越多的支持,在上述计算总负债的过程中,我们排除了美联储的负债和国债持有量,并得出同期负债总额增加了 1.1 万亿美元。

接下来,我们开始分析银行和非银行部门的流动性杠杆。如图 5.4 和图 5.5 所示,银行和非银行部门的流动性杠杆在危机前后都经历了相似的上升和急剧下降的过程。尽管银行系统流动性去杠杆的过程是通过增加 D 来实现的,但对于非银行部门来说,增加 D 的做法是行不通的(注意,图 5.4 和图 5.5 的分母是不同的)。因此,非银行部门的流动性去杠杆化是通过增加 C1 的持有和减少总负债来实现的。在银行和非银行部门中,D 和 C1 之间的替代关系是十分重要

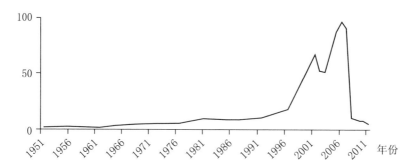

图 5.4　美国商业银行总负债与最终流动性之比

资料来源:美国资金流量表和作者的计算。

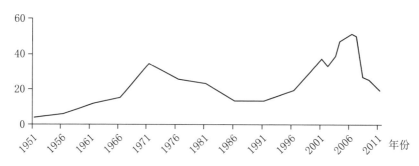

图 5.5　美国非银行金融中介机构负债总额与 C1 持有量之比

资料来源:美国资金流量表和作者的计算。

的。从 2007 年底到 2011 年底,非银行部门持有的 C1 增加了 1.4 万亿美元,而总负债减少了 2.7 万亿美元。图 5.3 是图 5.4 和图 5.5 中的分子之和除以图 5.3 的分母。直觉告诉我们,非银行金融部门持有大部分的 C1;在危机后时期,银行增持 D,非银行部门增持 C1。

显然,根据资产负债表恒等式,非银行部门必须减持 C2 资产。其中下降较明显的是住房抵押贷款,其减少了 1 万亿美元(这是由美联储的资产购买计划导致的),并且非银行部门持有的商业票据和银行承兑票据也减少了 0.6 万亿美元。

因此,在危机之前,在一个很小的货币和安全抵押品基础上存在一个倒金字塔。危机后发生的是一个金融脱媒的过程。人们开始从杠杆化的机构中撤出资金,并对什么是合格的抵押品重新进行了评估,提高了对该抵押品的折扣率,同时,人们也开始担心机构的资不抵债问题[例如,在回购中,希腊的抵押品不被伦敦清算所(London Clearing House,LCH)* 的回购清算部门接受]。在好的经济状态中,部分 C2 抵押品与 C1 抵押品是难以区分的。但在这次金融危机后,一些 C2 抵押品失去其市场出清价格。2011 年,无论以什么样的折扣率,伦敦清算所都不接受希腊债券。尽管欧洲央行接受以重组后的希腊债券作为抵押品,但这种 C2 抵押品在当时并没有市场出清价格,伦敦清算所也不接受。因此,银行间或机构间市场逐渐陷入停滞。这正是弗里德曼的狭义银行建议要克服的问题:支付僵局(gridlock)。危机期间,不仅银行间市场出现了流动性枯竭问题,其彼此间的风险敞口受到限制,而且银行流向非银行部门的信贷规模也出现了下降。

由于央行只是用央行货币来替代了那些作为抵押品的资产,因此并没有为市场增加多少流动性。要为金融体系提供有效的流动性缓冲,必须向市场中注入央行货币和具有流动性的抵押品以替代非流动性资产或不良资产(C2);必须

　＊　后来更名为 LCH Clearnet。——译者注

增加未抵押的(unencumbered)抵押品供给。这就要求政府或央行在其资产负债表上承担一部分风险。作为危机应对措施的一部分,英国、美国和挪威等国用政府债券与各种流动性较差的抵押品(包括 MBS)进行掉期。然而,并非所有的操作都提供了抵押品流动性。

货币政策与"金融润滑油"

更低的杠杆率和更短的抵押品链条降低了金融体系中的风险,监管者对此会感到欣慰。然而,从货币政策的角度来看,目前全球金融市场的传导机制正处于磨合期。对抵押品交易的约束降低了抵押品的可获得性,缩短了抵押品链条,从而减少了全球"金融润滑油"的数量,提高了实体经济的整体资本成本。

在美国和欧洲,美联储和欧洲央行在制定货币政策时都要考虑许多信息变量。基础货币或 M2 是"正统"货币政策工具箱中信息变量的重要组成部分,而使用这些信息变量的前提假设是货币流通速度是稳定的。[6]雷曼破产和上述传导机制的"传动齿轮"受到摩擦后,随着各国央行逐渐向"零"利率下限靠拢,传统操作变量(如隔夜利率)和指导原则(如泰勒规则)已充满争议。相反,人们越来越多地求助于基于数量的货币政策或 QE 政策(Hanoun,2012)。

但在考虑央行扩表的力度应当多大时,我们要认识到,迄今为止主要央行所采取的措施,可能都不足以解决金融抵押品的流失问题,因为传统的 QE 可能只是用 D 替代了 C1。在制定货币政策时,我们需要考虑被质押的抵押品市场的状况,同时实行 QE 时需要考虑更多因素,例如用 D 或 C1 替代流动性较差的资产。[7]一个例子是 2012 年原英国金融服务管理局(现已关停)所采取的措施:允许银行与保险公司或养老基金进行流动性掉期交易。通过这种方式,银行可以使用 C2 抵押品(例如 MBS 或基础设施债券)同保险公司或养老基金进行掉期,进而获得英国政府债券或高流动性抵押品(C1)。在大型银行提供金融中介服务的过程中被质押的抵押品与量化的货币政策工具之间产生了联系。例如,在许多市场中,现金和未抵押的抵押品可以相互替代——某些 CCP 并不关心现金和(合格的)抵押品之间的区别。各国央行试图通过 QE 为全球金融市场提供"润滑油",但这会导致优质抵押品被货币(即央行准备金)所取代。

被质押的抵押品与货币总量

总体而言,全球流动性仍低于雷曼破产前的水平。这并不意味着雷曼破产前的全球流动性水平就是最优的。尽管自 2006 年以来美联储已经停止发布 M3 的数据,但英国和欧洲央行仍在公布 M3 的统计数据。当 M3 公布时(2006 年 3 月之前),只有一些一级交易商和美联储之间的回购交易被包括在了这个指标中。因此,M3 中的回购交易数据是不完整的。

大型银行的年度报告表明,其持有的金融抵押品(包括重复使用的抵押品)数额仍相当可观,可能与 M2(即广义货币总量)相当。当我们不仅考虑美国、英国和欧元区的 M2 或基础货币的总量,也考虑抵押品或重复使用的抵押品的总量时,在雷曼破产前,市场中起金融润滑作用的资产规模就已经超过了 30 万亿美元(其中三分之一是通过被质押的抵押品实现的)。日本政府债券(JGB)通常不用于跨境的被质押的抵押品市场,因此日本没有被纳入我们的考虑范围。然而,如果优质抵押品变得稀缺,而全球所有地区的回购利率仍接近于零或负值,那么优质抵押品之间的可互换性(fungibility)将会提高。因此,展望未来,日本国债可能会在欧元区找到市场,而德国国债可能会在美国找到市场(但考虑到日本央行最近购买日本国债的规模,这种现象出现的可能性不大）。

市场中可用的抵押品及其重复使用量的下降幅度相当大（估计为 4 万亿至 5 万亿美元）。这就是图 5.6 中点线和虚线之间的差异。图 5.6 中虚线的拐点显示出 M2 正在扩张，这是由实施 QE 带来的基础货币增加造成的。截至 2018 年底，整体"金融润滑油"已反弹至约 40 万亿美元，但这种"金融润滑油"在构成上会更倾向于采用货币的形式（约占上述"金融润滑油"总量的 80%，而只有 20% 是以被质押的抵押品的形式起到"金融润滑油"作用的），货币的流通速度不仅低于被质押的抵押品，而且大部分"躺在"中央银行的超额准备金账户中［关于为什么所有的 M2 并非有意义指标的讨论，见第 3 章图 3.2（a）和图 3.2（b）。这里的重点是，与 2007 年相比，2018 年市场中对被质押的抵押品的使用相对于货币的使用下降了］。因此，在缓解金融市场流动性约束方面，被质押的抵押品市场的反弹可能比进一步实施 QE 更有效。更重要的是，当中央银行需要权衡决定在何时缩表（或者不主动缩表，而继续持有抵押品至到期）时，上述对 QE 的成本—效益分析会变得更清楚。

图 5.6 "金融润滑油"（货币及抵押品）（2007—2018 年）

资料来源：各国央行网站和作者计算。

结论

货币政策目前仍是一个未知的领域,抵押品维度将改变我们对货币政策和宏观金融政策之间关系的一些基本假设。各国央行正在考虑是否以及如何强化这一已经明显失灵的传导机制,在此过程中需要考虑抵押品作为"金融润滑油"的作用。优质抵押品与劣质抵押品之间的掉期可能成为标准货币政策工具箱的一部分。自雷曼危机以来,各国央行一直以承担风险的中介身份介入市场,或采取量化干预措施直接作用于某些长期利率,以绕开上述失灵的传导机制。

如果是这样的话,这些新政策的财政维度及其相关风险是重要且不容忽视的。在传统 QE 下央行货币对国债的掉期中,这些风险几乎为零。此外,在民主社会,实施这些政策的制度性问责和权威问题触及了中央银行独立性的核心。⑧

这些与新政策工具和制度设计相关的基本问题,是伴随着发达国家发行大量新债务出现的。尽管纯铸币税融资这一传统的"魔鬼方式"(即为大量购买政府债务而发行货币)可能已经从中央银行的阴暗角落里消失,但这并不意味着通胀已经被永远控制住了。所以,一个国家的央行可能"立场坚定",但其通胀水平仍然可能上升,这也许是因为"国债的市场价值要跟其预期的实际背书一致"。⑨因此,目前关于财政政策对货币政策存在潜在约束的担忧是有充分根据的;类似的担忧在发展中国家和二战前"成熟"的市场经济国家中也存在了几十年,只有不熟悉这类问题的人才会感到新奇。⑩

最近的许多金融监管规定关注的是,在大型银行建立足够的资本缓冲并降低其杠杆率,而没有完全考虑到非银行部门与银行之间在融资方面的关联。研究者和政策制定者使用银行部门股权和杠杆的不同指标进行了许多实证研究,都没有将非银行部门融资中隐藏的脆弱性纳入其分析框架；因此，他们的研究（和相关的实证结果）很容易存在模型错误设定的问题。直到最近人们还认为，非银行部门对银行部门提供的资金是具有黏性的，主要体现为家庭存款的形式。但是，与"非银行部门与银行部门之间融资"相关联的规模和弹性也是政策制定者应该重点考虑的方面（Borio and Disyatat，2011；详见第 3 章）。

专栏 5.1 | 货币政策常规化后，央行是否需要大量准备金？

在这篇客座文章中，《抵押品市场与金融管道》一书的作者、国际货币基金组织高级经济学家曼莫汉·辛格称，美联储没有经济理由在其资产负债表上保留 5 000 亿美元或更大规模的准备金，而美联储似乎以这个数字作为其目标规模。本文所表达的观点仅为作者本人的观点，并非国际货币基金组织的观点。

在一些研究央行资产负债表的经济学家看来，如果货币政策正处在常规化的过程中，那么央行没有必要持有大量的超额准备金。正如彼得·斯特拉在 2015 年所写的那样，银行体系作为一个整体将无法处置大量的超额准备金……因为那样的话整个银行体系都要听命于美联储。在正常情况下，发达经济体的支付系统在低准备金（远低于 500 亿美元）的情况下可以良好运行，在金融危机前美国就是如此。在雷曼破产前的很长一段时间里，较低规模的准备金就足以消除短期利率的任何偏差，进而可以保持联邦基金有效利率与隔夜市场利率同步。随后的金融危机说明了银行流动性的重要性，并带来了对 HQLA 的监管要求。

但值得注意的是，尽管银行准备金可以被算作 HQLA，但美国国债或德国国债等证券也可以被算作 HQLA。它们之间如果有差别，那也是很小的：抵押品的货币性提供了一些好处，弥补了在监管机构"净稳定资金比率"（net stable funding ratio，NSFR）的要求下对现金的偏好（NSFR 要求对政府证券收取 5% 的费用,而对现金收取零费用)。此外,当准备金规模减少时,私人部门银行的资产负债表空间增加,这是金融市场管道中一种独特的变化机制,因而准备金规模减少未必会带来紧缩效果。

为了确定美联储资产负债表的最佳规模,我们需要列出负债一侧的一些关键科目。负债一侧中的主要科目是"流通中的货币"。在中期正常化后,目前美联储 1.6 万亿美元的资产负债表可能会扩张到 2 万亿美元——因为有言论和研究认为国外对高面额美元的需求等其他因素将影响流通中的货币数量。再加上 5 000 亿美元的超额准备金,我们估计美联储的资产负债表将保持在 2.5 万亿美元。

TGA 在美联储的存款,是资产负债表负债一侧的另一科目,它不会锈蚀金融管道。这些存款不会进入市场以赚取回报。因此,从货币与抵押品互动的这个角度来看,TGA 在美联储的存款是中性的。例如,在美联储的 TGA 存款会以股息的形式回到财政部,形成一个"财政部—美联储—财政部"之间的闭环。如果最近的市场利率变动与 TGA 有关,这更可能是(并将是)缩表使得 TGA 中一部分流入市场的结果。因此,就像流通中的货币一样,这一科目在货币政策常规化的进程中并不重要。

由于美国财政部即将发行大量短期国债,再加上企业也在出售相关的债券,因此相对于现金而言,抵押品的供给将会增加。这有助于增加抵押品的有效供给(包括对抵押品的重复使用),并将会使 GCF 的利率超过 IOER(这是美联储向存款机构提供的最高利率)。目前,GCF 的利率已经徘徊在 IOER 附近,甚至在其之上。

两个隔夜逆回购(RRP)(即针对外国政府机构的国际账户和针对非银行机构的账户)的科目允许资金从金融体系中流出,但其并没有向市场释放抵押品。这更像是一种会计的流失,而非准备金的流失,因为在美联储的资产负债表上,只有负债一侧的结构发生了变化而已(https://www.newyorkfed.org/newsevents/speeches/2015/pot150415.html"(Potter,2015)。

资料来源:*Financial Times*,April 5, 2018。

注　释

① 因此,我们将货币乘数定义为 L(i),即满足特征 i 的金融机构的货币负债总额与基础货币的比值。即m_i = L(i)/基础货币。

② 因此,L(即金融机构货币负债总额)/M0 < L/D。

③ 对于非商业银行资产,我们采用资金流量表中的数据,用其中金融业务表(financial business)(L108)中的资产减去货币当局(L109)和美国商业银行(L110)两部分资产之和,来衡量其在信贷市场的总资产。

④ 在 2008 年至 2009 年期间,美国财政部和美联储都实施了 MBS 购买计划;换句话说,这些活动使得央行资产负债表的财政成本更难识别了。

⑤ 我们使用资金流量表数据中的表 L108 和表 L109,"用金融业务表中的总负债减去货币当局的总负债"(资金流量表中的金融业务表是包括美联储在内的所有类型金融业务的总和,所以我们需要减去属于美联储的部分)——见图 5.3。对于图 5.4,我们采用资金流量表的表 L110"美国持牌的商业银行的总负债"。对于图 5.5,我们使用表 L108、表 L109 和表 L110,"用金融业务表中的总负债减去货币当局总负债,再减去美国持牌的商业银行总负债"(资金流量表中的金融业务表是包括美联储在内的各类机构金融业务的总和;我们减去属于美联储和商业银行的部分,从而得到属于非银行金融部门的部分)。

⑥ Ricks(2011)在法律上区分了法定货币和其他类似货币的工具。

⑦ 一些美联储的政策制定者最近倾向于购买 MBS,而非国债。财政部原则上也可以采取类似的活动,相应的财政风险可能会得到更适当的管理和预算规划。其他 FOMC 成员则反对继续购买 MBS,并主张迅速回归其只购买国债的政策方式。

⑧ 关于这个问题的分析,详见 Lacker(2009)、Plosser(2012)和 Shirakawa(2009)。

⑨ 在价格水平的财政理论模型中(如 Leeper and Walker,2011),通货膨胀源于财政问题,即使没有政府债务的货币化,通货膨胀也会发生。

⑩ Sims(2003)讨论了财政当局不支持中央银行时出现的问题。

参考文献

Borio, Claudio, and Piti Disyatat, 2011, "Global Imbalances and the Financial Crisis", BIS Working Papers No.346,available at www.bis.org/publ/work346.pdf.

Dudley, William C., 2011, "Securing the Recovery and Building for the Future", remarks at the United States Military Academy,West Point,New York,November 17.

Duffee, Gregory R., 1996, "Idiosyncratic Variation of Treasury Bill Yields", *Journal of*

Finance 51(2), pp.527—551, June.

Garbade, Kenneth D., 2007, "The Emergence of Regular and Predictable as a Treasury Debt Management Strategy", Federal Reserve Bank of New York, Economic Policy Review, March.

Gennaioli, Nicola, Andrei Shleifer and Robert Vishny, 2011, "A Model of Shadow Banking", NBER Working Paper No.12115, available at www.nber.org/papers/w17115.

Gorton, Gary B., Stefan M. Lewellen and Andrew Metrick, 2012, "The Safe-Asset Share", available at http://ssrn.com/abstract = 1986945.

Gorton, Gary B., and Guillermo L. Ordoñez, Guillermo L., 2012, "Collateral Crises" (January), NBER Working Paper No.w17771, January.

Gourinchas, Pierre-Olivier, and Helen Rey, 2016, "Real Interest Rates, Imbalances and the Curse of Regional Safe Asset Providers at the Zero Lower Bound", ECB Forum on Central Banking, Sintra, June.

Greenwood, Robin, Samuel Hanson and Jeremy Stein, 2010, "A Comparative-Advantage Approach to Government Debt Maturity", Working Paper, Harvard University.

Hanoun, Herve, 2012, "Monetary Policy in Crisis-Testing the Limits of Monetary Policy", Bank for International Settlement speech, January 27, available at www.bis.org/speeches/ sp120216.pdf.

Lacker, Jeffery M., 2009, "Government lending and Monetary Policy", speech at the National Association for Business Economics", Washington Economic Policy conference, Alexandria, Virginia, March 2.

Leeper, Eric M., and Todd B. Walker, 2011, "Perceptions and Misperceptions of Fiscal Inflation", BIS Working Paper No.364.

Plosser, Charles I., 2012, "Fiscal Policy and Monetary Policy: Restoring the Boundaries", speech to the US Monetary Policy Forum, University of Chicago Booth School of Business, New York, February 2, available at https://www.bis.org/review/r120228a.pdf.

Ricks, Morgan, 2011, "Regulating Money Creation After the Crisis", *Harvard Business Law Review* 1, p.75.

Schularick, Moritz, and Alan M. Taylor, 2012, "Credit Booms Gone Bust: Monetary Policy, Leverage Cycles and Financial Crisis, 1870-2008", *American Economic Review*, Vol.102 No.2.

Shirakawa, Masaaki, 2009, Unconventional Monetary Policy-Central Banks: Facing the Challenges and Learning the Lessons", remarks at a conference co-hosted by the People's Bank of China and the BIS, Shanghai, August 8.

Sims, Christopher, 2003, "Limits to Inflation Targeting", available at www.princeton. edu/~sims.

Singh, Manmohan, 2011, "Velocity of Pledged Collateral-Policy and Implications", IMF Working Paper 11/256.

Stein, Jeremy, 2012, Interview, Study Center, Gerzensee, Swiss National Bank, available at www.szgerzensee.ch/fileadmin/Dateien.../Newsletter_January_2012.pdf.

6 "反向"货币政策传导机制[*]

本章可能是第一篇关于"反向"货币政策传导机制的分析性文章。将长期证券作为短期交易的抵押品(例如在融券市场、回购市场和主经纪商融资业务中),会影响收益率曲线上的风险溢价(或货币性)。我们的研究结果表明,央行缩表将加强对货币政策的传导,因为交易商的资产负债表空间比央行更容易产生市场信号。

QE(或变相的 QE)使得央行的资产负债表扩大,这会将央行置身于决定短期利率的金融市场管道之中。鉴于央行大规模地介入抵押品市场,它们要想摆脱这一角色将非常困难。因此,分析这一渠道及其对货币政策传导的潜在影响是至关重要的。

历史上,货币政策领域的研究多是用未来短期利率的预期变动路径来解释期限溢价的。这符合央行通常以短期利率为目标的标准货币政策传导机制。由于投资者对收益率曲线上不同期限处的偏好(也被称为特定期限偏好假说),以及一些经济基本面因素,这些短期利率最终会"传递"到长期利率上。诸多文献对这一传导渠道进行了研究(Adrian et al.,2013;del Nego et al.,2017)。我们都知道,短期政策利率影响着整个收益率曲线;特别地,市场对隔夜联邦基

---

[*] 本章为作者与罗希特·戈尔(Rohit Goel)合撰。

金利率未来走势的预期会反映在 10 年期及更长期限的收益率上。

近年来,这种传导机制已经逐渐开始走向失灵,短期政策利率的上调并没有传导到收益率曲线的长端。自 2015 年 12 月美联储从零加息至 2.5%,到 2019 年 7 月美联储最近的一次降息前这段时间,10 年期美国国债收益率反而从 2.3%降至了 2.0%左右。

人们不太了解从长期债券到短期利率的反向传导机制。这一机制的出现是由于长期债券在回购业务、主经纪商业务、衍生品业务和融券交易中被重复用作抵押品。在货币市场上使用长期债券作为抵押品,可以改变长端的"有效供给"和需求的动态均衡,然后再反馈到短期利率中。例如,如果回购市场上可供抵押的长期抵押品的供给增加,货币市场基金就会增加隔夜贷款,减少购买美国国债,从而导致短期利率上升。[①]最近的一些研究试图证明 QE 会限制对长期债券抵押品的重复使用(例如,Moench and Jank,2019;Arratta et al.,2018),这是一个正确的研究方向,但这些研究所使用的数据仅限于欧元区,而被质押的抵押品市场是一个全球性的市场。

我们的研究表明,被质押的抵押品规模每变化 1 万亿美元可以使短期利率变动 20 个基点;然而,这种反向传导机制最近也失灵了。2008 年的金融危机导致了抵押品市场的结构性变化。雷曼破产前,被质押的长期抵押品市场规模增长到了大约 10 万亿美元。雷曼破产后,这个市场的规模立即跌至峰值水平的一半左右,直到 2016 年也没有改善。被质押的抵押品市场规模的下降最初是由于金融危机提高了折扣率、增加了交易商的对手方风险,而后因 QE 和监管规定的变化而得以维持。

最初,QE 降低了长期债券利差,因为各国央行剥离了市场中的久期风险。这也意味着抵押品市场上可供抵押的长期债券数量减少,因此会降低短期利率。然后,LCR 等监管改革也产生了类似的效果(LCR 要求银行持有足够的HQLA 储备,以应对可能出现的资金大量流出的问题)。

在雷曼危机爆发后的近 10 年时间里,由于 QE、监管规定变化和对大型交易商银行资产负债表的约束,抵押品的重复使用持续减少。在这一期间,长期债券对短期利率的传导效果仍然是微弱的(muted)。上述影响在收益率曲线上的 6 个月至 12 个月这一部分最为显著,这部分抵押品有足够长的期限可供重复使用,并且其久期风险有限,所以它们作为抵押品的效用在所有期限中是最高的。我们记录了抵押品需求对收益率曲线上风险溢价的影响。[②]我们对 3 个月、6 个月、12 个月和 24 个月的风险溢价变量[即实际收益率减去隔夜指数掉期(overnight index swaps,OIS)的远期利率],在我们测度的全球性抵押品规模和其他相关代理变量上进行回归:

$$风险溢价 = \alpha + \beta \times 全球性抵押品 + \sum \gamma \times 代理变量 \ *$$

图 6.1 显示了期限为 3 个月至 24 个月的抵押品供给变动 1 万亿美元时风险溢价的变化。6 个月至 12 个月上的拐点体现了被质押的抵押品市场中的"货币性"(见专栏 6.1)概念(Jiang,Krishnamurthy and Lustig,2019)。长期债券的价格波动降低了它们作为抵押品的价值,而期限非常短的债券作为抵押品又必须以一定成本经常"更换"。因此,离到期日有 6 个月至 24 个月的证券是抵押品期限的"有效区间"(sweet spot),这也反映在了证券的风险溢价变动上。

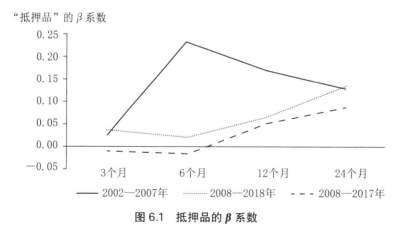

图 6.1 抵押品的 β 系数

---

* 包括预期的经济增长和通胀、对不确定性的衡量指标、对预算赤字的预测、与安全资产供给相关的指标、债券收益率的波动性以及债券收益率和股票收益率的相关性。——译者注

雷曼破产前,抵押品的市场价值改变了 1 万亿美元(见图 6.1 黑实线),导致该有效区间发生了大约 20 个基点的变化。雷曼破产后,这种关系基本上消失了,在统计学上也不显著(见图 6.1 的点线和虚线)。换句话说,与雷曼破产前相比,长期抵押品市场中反向货币政策的传导更弱,甚至到了几乎消失的程度。

专栏 6.1 | 货币性

如前文所述,文献中使用的回归模型是不对称的,因为它们忽略了长期债券的供求变化可能会影响短期市场利率,进而会影响央行对政策利率的管理。长期债券的期限溢价反映了长期债券向养老基金、保险公司、主权财富基金、对冲基金和银行业系统提供的用作抵押品、用作存款的替代品、满足对HQLA 和久期的监管需求等方面的服务,以及对未来短期利率水平的不确定性而带来的补偿。

证券作为抵押品的价值[抵押品这种工具可以很容易地为某些(持续的)风险敞口提供信贷支持]本身有几个方面的特点。这包括:(1)全球范围内的交易对手方对其的接受度;(2)易用性——突然变成特殊抵押品的可能性有多大,及其供给的稳定程度;(3)价格的稳定性(即预期提交和收回保证金的频率)。

每个人都接受短期国债,但不是每个人都接受长期国债,所以短期国债比长期国债更受青睐(指标 1)。为满足抵押品的要求,抵押品持有人将需要每周替换其持有的、期限为一周的国债。与持有未到期的证券相比,替换即将到期的证券的操作规模更大、成本更高——因此期限较长的证券拥有更高的抵押品价值(指标 2)。但与此同时,长期国债的价格波动也要大得多,这降低了其抵押品价值(指标 3)。因此,期限为 6 个月至 2 年的票据或短期息票占据了一个"有效区间",这些期限的抵押品很容易被交易;它们提供了最高的抵押品价值——即有效区间存在一个"拐点"。

在收益率曲线的长端,抵押品价值会被其价格波动所侵蚀。因此,在确定期限溢价时,这些证券为养老基金和人寿保险投资者所带来的久期匹配服务的价值,往往会超过其抵押品服务的价值。例如,按照上述理论,对长期本金债券* 3‰的收益率要求似乎应当是长期美国国债利率的上限,而最近 10 年期美国国债达到了 3‰的利率就证明了这一点。在欧元区,德国国债一般隔夜抵押品的利率约为－50 个基点。③如果不是因为欧洲央行最近的融券交易活动,这些利率将会更负。融券交易通过向市场提供类似的抵押品和"货币性"服务,实际上替代了央行通过 QE 购入的长期债券——这有助于抑制负利率的出现。在收益率曲线的最短端(例如 3 个月),对非银行部门来说,这些证券作为银行存款直接替代品的价值(即"货币性"),通常超过了重复使用这些抵押品所带来的价值。

因此,一般来说,中短期抵押品对抵押品的重复使用和金融体系的整体流动性的贡献最大。虽然我们提到的"货币性"与短期证券有关,但是需要注意的是,货币性是连续分布的,而不是非此即彼的。

自 2017 年以来,抵押品市场在金融体系中的地位开始得到改善。在全球积极兜售抵押品的大型银行,正在优化自己的业务,以适应对其资产负债表的新监管规定。伴随着超额准备金的流出和证券的释放,央行退出 QE(截至 2019 年 7 月)促进了抵押品市场的复苏。这对市场来说应该是个好消息,并且也预示着收益率曲线上 6 个月至 24 个月期的短期利率将上升。

一般来说,以所有权转让方式被质押的优质债券会不断地被重复使用,这一过程类似于银行吸收存款和发放贷款时产生的货币创造过程。④央行持有的超额准备金和可供质押的抵押品对市场产生的影响截然不同。在市场上中重

---

* 本金债券(P-STRIP)是本息分离债券中由本金部分组成的债券,没有利息。其对应的利息部分组成的债券被称作利息债券(C-STRIP),在市场中,对本金债券的需求和定价一般会高于利息债券。——译者注

复使用抵押品,可以对市场起到润滑作用,而超额准备金近年来一直处于闲置状态(见第2章;FSB,2017;BoE,2016)。如果抵押品的重复使用或其供给增加,短期利率的变动将更大且更有弹性。由于美国财政部准备发行大量短期国债,抵押品相对于现金的供给将会有所增加(最近市场利率的变动显示了这一趋势)。⑤

例如,如果没有各国央行的融券交易活动,欧元区的隔夜利率将会更负。因此,融券交易有助于抑制负收益率的出现,因为它实际上可以为市场提供类似的抵押品和"货币性"服务,从而替代因实施QE而被央行购入的长期债券。

活跃的抵押品市场的复苏,也对央行维持其规模庞大的资产负债表的必要性提出了新的问题。⑥如果中央银行继续充当金融管道的一部分,并直接从非银行部门吸收资金,那么依赖这些资金的金融管道就会生锈——这是2019年9月中旬出现危机的关键原因,当时货币/抵押品比率下降(导致回购利率等市场利率飙升)。这些"直接管道"(如外国回购资产池、财政部的政府账户、CCP)绕过市场管道,直接将资金送到美联储,并断开了交易商银行与资金池和抵押品池的连接,而二者间的连接是决定市场利率的重要因素*。

在许多方面,充足的抵押品和超额准备金都有助于货币市场的良好运转。传统上,以市场为导向的前者能发挥出更显著的作用。新的流动性法规(如解决流动资金需求**和当日压力测试)表明对准备金的需求比对美国国债的需求更高。但目前尚不清楚准备金比类似货币的美国国债或德国国债更受欢迎的原因。

全球性银行持有的HQLA各不相同,一些银行偏向于持有抵押品,另一些

---

* 抵押品不能在"真空"中被定价,对抵押品的定价需要让抵押品和资金"相遇"。如果抵押品池与资金池的关联变弱,即能进入抵押品市场的资金越来越少,那么抵押品的价格作为市场信号的作用也就越来越不明显。如果资金可以直接流向美联储,那么可以进入抵押品市场的资金就会越来越少,进而出现上述的弱化抵押品价格在市场信号方面的作用。——译者注

** 该规定进一步限制了银行对国债的要求,即监管机构更倾向于让银行持有超额准备金而不是持有美国国债。——译者注

银行则偏向于持有准备金。这有一些原因，其中一个原因是，一些银行偏好准备金是因为它们是在准备金市场做市的（Kaminska，2019；Ihrig et al.，2017；Williamson，2014），而其他银行更偏好抵押品及其重复使用的潜力，而非准备金。⑦美联储的研究表明，消除准备金持有的不对称性会降低金融体系对准备金的总需求（Afonso，Armenter and Lester，2018）。美联储的常设回购工具（standing repo facility，SRF）利率略高于市场利率，如果设计得当，它可以降低日内支付中的系统性透支风险；这可能会消除银行对现金的偏好（相对于美国国债）。SRF 仍是一项使用美联储的资产负债表向市场提供流动性的政策工具，但其主要限于危机期间。然而，由于目前交易商的资产负债表比金融危机以来的任何时期都更具弹性，央行减少在抵押品市场上的干预将改善金融体系中的管道，进而改善货币政策的传导效率。⑧

一些政策问题

展望未来，各国央行会减少资产负债表中的哪些条目，以及即将到来的监管调整会如何影响货币市场利率？首先，增加超额准备金不是满足 HQLA 监管要求的唯一途径；美国国债或德国国债等优质抵押品也可以被当作 HQLA。其次，我们发现，将美国国债或德国国债等优质抵押品从央行资产负债表上转移到市场上，可以改善长期证券对短期货币市场利率的传导。⑨交易商的资产负债表仍受到约束（银行体系需要消化实施 QE 之后倍增的存款，这限制了银行的非储蓄活动）；⑩然而，银行已经根据新的监管规定进行了调整，以最大化每单位资产负债表空间的利润。

在新的监管时代，人们倾向于从事融券交易、主经纪商业务和衍生品交易这些有抵押品的交易，因为它们比使用美国国债的回购交易更具吸引力（从银行的损益角度来看，对美国国债进行回购的这类交易的利润率较低，因此对银行缺乏吸引力）。由于交易商的资产负债表空间确实是除了央行资产负债表以外支持回购市场的唯一选择，监管应进行"外科手术式"的调整，以使现金（即央行准备金）和美国国债尽可能地被等量齐观（Qurales，2020）。这方面的建议包括，流动性测试中要求美国国债的最高折扣率不能高于贴现窗口中的折扣率（即银行模型会对最坏情况或危机情况重新校准，从而减少它们对持有准备金的需求，腾出资产负债表空间为美国国债做市）。

央行主张稳态下的大规模资产负债表的原因值得进一步研究。要求活跃于该市场的全球性银行更频繁地披露全部抵押品流方面的信息，将是一个受欢迎的举措，这有助于我们更好地理解从长期债券到短期市场利率的传导机制。货币政策的传导对央行来说是很重要的——不论是从短期政策利率到长期债券的传导，还是从长期债券到短期政策利率的传导，都是重要的。

注　释

①　这在后全球金融危机时代尤为重要，此时抵押品市场规模急剧下降，预期的短期利率也因 QE 而被限制在接近于零的水平。作为背景，在实施 QE 或变相的 QE 之后，央行扩大了其资产负债表，大量持有美国国债、英国政府债券、日本政府债券、德国国债和其他 AAA 级（或稍低评级）的欧元区抵押品，这将央行置于了决定短期利率的市场管道之中。鉴于它们在此类抵押品市场上的巨大影响力，各国央行将很难脱离这一角色。因此，围绕这一渠道及其对货币政策传导的潜在影响进行思考是至关重要的。

②　我们采用了改编自 2018 年 10 月《全球金融稳定报告》（Global Financial Stability Report，GFSR）（附录一）的方法来理解从长期债券到短期政策利率的传导机制。我们重点关注央行的缩表和即将到来的监管调整可能会对货币市场利率产生的影响。我们认为，超额准备金并不是满足对 HQLA 需求的唯一途径，美国国债或德国国债这类优质抵押品也可以替代 HQLA（Quarles，2018）。更重要的是，我们还发现，央行从其资产负债表向市场释放优质抵押品，将改善从长期债券向短期货币市场利率的传导。这一发现尤其重要，因为全球性央行，尤其是主要发达经济体的央行，正处于其货币政策过渡的关键时点。

③　通常情况下，如果 10 年期美国国债的收益率超过 3%，久期风险就会相对较高，其收

益也会超过重复使用抵押品的收益。所以，如果收益率曲线趋陡，而 10 年期美国国债的收益率走高（例如超过 4%），那么 HQLA 的需求就会从美国国债转向央行准备金。市场或资产管理机构应该在美国国债和准备金之间作出选择。央行准备金类似于美国国债，但其利率比存款利率更高。因此，市场机构的资金部可能不想减少准备金。如果久期的边际价格是一个加杠杆的价格，那么可以想象，久期的边际价格可能会对抵押品服务更敏感（相对于久期）。

④ 对于活跃于被质押的抵押品市场的全球性银行来说，向银行系统提供被质押的抵押品的主要来源有两种：对冲基金和其他金融中介机构。在 2007 年，抵押品流通速度（即重复使用率）是 10 万亿美元除以 3.3 万亿美元，约为 3。2018 年底，这一比率为 8.1 万亿美元除以 3.7 万亿美元，略高于 2，这一比率自雷曼危机以来持续下降，但近年来有所上升。

⑤ 支撑这两个 RRP 的 DTCC 三方回购市场框架不会向市场释放抵押品。所以，资金进入美联储，但抵押品不会被释放到市场上以供重复使用；例如，抵押品不能在 CCP、双边衍生品或双边回购市场进行交割，也不能针对空头头寸交割。它只能留在三方回购系统中（并作为所有者的 HQLA）。美联储资产负债表上的负债部分没有变化——这是一种会计流失，而不是准备金流失，因为这只是让减少的准备金有了一个新名字：RRP。

⑥ 因此，连接资金池和抵押品池的交易商银行将解除二者之间的联系。在缺少资金的情况下，交易商银行进而会将美国国债和政府支持机构 MBS 退还给证券出借人，以换取公司债券或股票。交易商银行也将把证券归还给对冲基金，因为银行将不能从货币市场中获得融资。所以，对冲基金等非交易商机构在双边抵押品市场上的多头头寸的融资成本将上升，对证券的需求（和证券价格）将下降。因此，被质押的抵押品（如美国国债）的价值会下降——无论美联储是出售其资产负债表上的抵押品，还是直接与非银行部门进行逆回购。未来央行在市场管道中扮演的角色将影响其货币政策，因为其庞大的资产负债表抑制了抵押品的流通速度。

⑦ 打个比方，就像润滑油只能用于润滑汽车发动机一样，超额准备金只能用于缓解金融体系对准备金的日内需求。雷曼危机前超额准备金的规模接近于零。但是现在，我们仍未"更换润滑油"，而是把润滑油存放在汽车后备厢或家里了。

⑧ 欧洲央行的 Bindseil 在 Jackson Hole 会议上的论文（2016）中提出，精简的资产负债表将反映出央行对其核心任务即货币政策的关注。因此，央行大规模的资产负债表应与特殊时期挂钩，在这种特殊时期，短期利率的有效下限约束是紧的（尽管危机后央行的资产负债表正常化需要一定时间）。用他的话来说，"央行的资产负债表非常精简且效率很高，就像美联储在危机前那样，资产负债表总规模只有流通中银行纸币的 1.1 倍左右。一般来说，央行在未来的长期操作框架中应坚持以建立精简且高效的资产负债表为目标，虽然货币和外汇政策以及某些情况下央行的其他次要目标可能会延长实现建立精简资产负债表目标的时间……也有人认为，央行可以通过在其资产负债表中长期大量持有期限较长、流动性较差并可能存在一定信贷风险的资产组合，向市场中永久性地注入货币，从而达到宽松的政策效果。但这种观点似乎不够令人信服"。

⑨ 雷曼倒闭后，美国的银行存款翻了一倍。自 20 世纪 50 年代以来，通常每年存款的增长率与家庭部门可支配收入一致（约 5%）。然而，对于银行体系来说，存款翻倍意味着它们

需要 3 年至 5 年时间对其多出的存款进行消化。资产方面的增长也必须与存款的增长保持一致，而新的监管规定（例如对杠杆率的要求）为资产负债表留下了"很小的空间"，因此限制了银行的非存款活动（如回购交易）。

⑩ 三方回购市场在 2019 年第四季度的趋势表明，交易商的资产负债表中所有类型的抵押品流都是受到约束的；因此，三方回购市场正在填补这个缺口，并且其规模也在缓慢地上升（Gabor，2019）。

参考文献

Adrian, Tobias, Richard Crump, and Emanuel Moench，2013，"Pricing the Term Structure with Linear Regressions"，*Journal of Financial Economics*，Vol. 110.

Afonso, Gara, Roc Armenter, and Benjamin Lester，2018，"A model of the Federal Funds Market：Yesterday，Today，and Tomorrow"，Staff Report 840.

Arrata, William, Benoit Nguyen, Imene Rahmouini-Rousseau, and Miklos Vari，2018，"The Scarcity Effect of Quantitative Easing on Repo Rates：Evidence from the Euro Area"，IMF Working Paper 18/258，（Washington：International Monetary Fund）.

Bank of England，2016，"The Role of Collateral in Supporting Liquidity"，Baranova，Yuliya，Zijun Liu，and Joseph Noss，Working Paper No. 609.

Bindseil, Ulrich，2016，"Evaluating Monetary Policy Operational Frameworks"，Federal Reserve Bank of Kansas City Presentation on "Designing Resilient Monetary Policy Frameworks for the Future".

Del Negro, Marco, Domenico Giannone, Marc P. Giannoni, Andrea Tambalotti，2017，"Safety，Liquidity and the Nature Rate of Interest"，Federal Reserve Bank of New York，May.

Dudley, William C.，2017，"The Importance of Financial Conditions in the Conduct of Monetary Policy"，Remarks at the University of South Florida Sarasota-Manatee，Sarasota，Florida，March.

Financial Stability Board，2017，"Transforming Shadow Banking into Resilient Market-Based Finance：Re-Hypothecation and Collateral Re-Use：Potential Financial Stability Issues，Market Evolution and Regulatory Approaches"，January.

Gabor, Daniela, FT Alphaville，October 2019，"How RTGS Killed Liquidity：US Triparty Repo Edition".

Ihrig, Jane, Edward Kim, Ashish Kumbhat, Cindy M. Vojtech, and Gretchen C. Weinbach，2017，"How Have Banks Been Managing the Composition of High-Quality Liquid

Assets?", Finance and Economics Discussion Series 092.

International Monetary Fund (IMF), 2018, Global Financial Stability Report: A Bumpy Road Ahead. Washington, DC, April. Box 1.2.

Jank, Stephan and Emanual Moench, (Forthcoming 2019), "Safe Asset Shortage and Collateral Reuse".

Kaminska, Isabell, 2019, "Don't Fear the Year-End Funding Squeeze", *Financial Times* Alphaville, January.

Quarles, Randal K., 2018, "Liquidity Regulation and the Size of the Fed's Balance Sheet", Remarks at the Hoover Institution Monetary Policy Conference, Stanford University, California, May 4.

Qurles, Randal K., 2020, "The Economic Outlook, Monetary Policy, and the Demand for Reserves", Speech given at New York University, New York, February 6.

Williamson, Stephen D., 2014, "Scarce Collateral, the Term Premium, and Quantitative Easing", Federal Reserve Bank of St Louis, March.

7 中央银行资产负债表政策与新兴市场经济体[*]

自全球金融危机以来，许多发达经济体(本章简称为 AE)的短期政策利率一直保持在低位。为了促进经济恢复和重振经济增长，全球几家主要央行(例如，美联储、英格兰银行、欧洲央行和日本银行)都实行了几轮 QE 或资产负债表扩张政策。

我们发现，在一些 AE 的货币政策中，传统利率政策和资产负债表调整政策是两个独立的维度。此外，这两类独立的政策工具对新兴市场经济体(本章简称为 EM)产生的金融溢出效应也有所不同。AE 的传统利率政策会通过利差渠道对 EM 产生影响，而 AE 的资产负债表调整政策会影响私人部门投资组合中国际资产的构成，从而会对市场产生更微妙的影响。例如，在 QE 的背景下，一些 AE 中的经济主体选择用 EM 的资产，来替代 AE 的资产，以对冲 QE 带来的冲击，而另一些经济主体则可能选择主动吸收央行新增的准备金供给。接下来，我们还分析了 EM 在应对 AE 潜在的资产负债表调整压力时所采用的政策存在的局限性，并讨论了能够克服这些局限性的可能的政策选择。

虽然 QE 可以通过多种渠道对其他经济体产生国际溢出效应，但本章主要

---

[*] 本章为作者与王浩斌合撰。

关注的是抵押品渠道,这不同于传统的金融加速器模型。在当前的背景下,抵押品渠道是至关重要的,原因有二:首先,自启动 QE 以来,AE 央行收购的美国国债等资产中,有很大一部分是由常被用作抵押品的债券组成的,其中包括了大量方便跨境抵押融资的债券。例如,AE 政府债券的国际投资者可以将该债券作为抵押品,通过回购、融券交易、主经纪商业务和衍生品业务的方式轻松获得跨境融资。全球金融危机后,市场中风险厌恶情绪的增加和监管环境的变化,导致市场对 HQLA(即优质抵押品)的需求不断增加,这强化了 AE 政府债券的"抵押品属性"。其次,QE 中涉及央行对这类抵押品的大量购买,以及 AE 央行从私人市场吸收高质量抵押品,这些也引发了人们对 QE 可能会扰乱抵押品市场正常运转的担忧。

在本章后续的讨论中,我们用短期美国国债、中期美国国债或长期美国国债来代表 AE 政府债券,并称其为美国国债(UST),且它们有特定的期限。虽然存在各种估算,但众所周知的是,大部分美国国债一直由美国以外的外国投资者和各国央行持有(见图7.1)。而且,美国国债一直是跨境融资市场中最受欢迎的抵押品。因此,研究美联储的资产负债表调整如何通过抵押品渠道与跨境抵押融资互动,是很有必要的。

在本章的发展框架中,包含两个简化的经济体——AE 和 EM,它们发行的债券可用作抵押品的能力不同,而在接下来的讨论中,AE 特指美国。[1] 每个经济体都由私人部门的经济主体和中央银行组成。两个经济体都发行有风险的国债,分别表示为 UST(即美国国债)和 EMB(即新兴市场债券)。私人部门的经济主体可以通过发行无风险债券来进行借款,但所有借款必须由一定的抵押品担保;在国际金融市场中,只有 UST 可以被用作跨境融资市场中的抵押品。[2] 美联储不仅可以(通过传统货币政策)有效控制短期政策利率,还可以通过 QE 直接购买 UST(通过发行无风险的中央银行准备金来为 QE 融资),进而影响长期利率。因此,我们的框架中只涉及三种资产:有风险的 UST、有风险的 EMB 和无风险债券。

在我们的模型中，由于面临抵押品约束的经济主体可以使用 UST 作为抵押品以获得融资，因此经济主体也会更偏好于 UST。在其他条件不变的情况下，全球对抵押品和由抵押品支持的金融合约的需求支撑了 UST 的抵押品价值，并导致其相对于 EMB 有更高的价格。因此在均衡中，相对于 EMB，UST 有抵押品溢价。在我们的模型中，抵押品溢价有两个可能的来源：(1)EM 对其经济主体实施的资本管制，限制了他们对 UST 的购买；(2)央行的 QE 和新的监管要求提高了对 UST 等优质流动性资产的需求。③

我们假设私人部门的经济主体承担 QE 的财政后果：因 QE 而被转移到美联储资产负债表上的风险由 AE 中的经济主体所分担。换句话说，美联储购买资产的损失或收益将以税收的形式转移给 AE 中的经济主体。因此，QE 使得 AE 中的经济主体需要优化调整其投资组合，以对冲 QE 可能带来的风险。例如，美联储在 QE 下购买 UST，会促使一些私人部门的经济主体出售 UST 并转向购买 EMB。经济主体投资组合中国际资产的转换，会削弱甚至逆转规模越来越大的 QE 干预对资产价格的影响。

与私人部门的经济主体不同的是，美联储可以通过有弹性地发行中央银行准备金来为其资产购买计划融资，而不受任何抵押品的约束。④这使得在私人部门受到对抵押品的紧约束时，美联储仍可以提高 UST 的价格。尽管全球对抵押品和由抵押品支持的金融合约的需求支撑着 UST 的抵押品价值，但规模足够大的 QE 会导致：(1)国际利差的扩大；(2)随后 AE 中经济主体的投资组合会转向配置回报率更高的 EMB。这种投资组合中国际资产的转换，将削弱甚至逆转规模越来越大的 QE 干预对 UST 价格的边际影响。

本章另一部分是研究 QE 的收缩及其对 EM 的影响。这里考虑了两种情况：(1)AE 的央行只调整短期政策利率(同时维持其资产负债表规模不变)；(2) AE 的央行通过出售其持有的 UST 来缩表。我们的分析表明，这两项政策对 EM 有着不同的影响。在前一种情况下，EM 的央行可以通过简单地调整其短期政策利率，来缓解金融溢出效应。然而，在后一种情况下，EM 则无法通过某些简单的短期政策利率调整,来抵消 AE 带来的跨境金融溢出效应和金融风险。我们使用这个模型来说明,在后一种情况下,资本管制和宏观审慎政策是如何成为 EM 可行的政策选择的。⑤

总体而言,我们的分析表明,许多 EM,尤其是那些与美元挂钩的国家或地区(如中国香港和海湾国家),或在亚洲美元区内的几个与美元准挂钩的经济体(即其汇率钉住一个 AE,如美国),可能需要重新评估其政策工具,以应对 AE 货币政策可能产生的跨境金融溢出效应(本章没有分析使用浮动汇率制度的 EM)。我们的分析还表明,EM 的央行对其国内收益率曲线几乎没有控制能力(Naudon and Yany,2016)。

展望未来,一些 AE 的货币政策会有两个维度——传统的政策利率和资产负债表调整政策。但许多钉住汇率的 EM 可能继续依赖单一货币政策工具,即钉住 AE 的短期政策利率。"三元悖论"假说表明,即使在资本自由流动的情况下,通过放弃货币政策独立性、保持短期利率与锚定国一致,EM 也可以维持固定的名义汇率。我们的分析表明,在 AE 使用资产负债表调整货币政策的情况下,仅仅调整短期政策利率将不再足以保护 EM 免受外部货币政策溢出效应的影响。即使短期利率保持稳定,AE 的资产负债表调整也将造成额外的长期利率缺口,并在货币和金融稳定方面带来额外的溢出效应。

在本章中,我们讨论的政策问题与大量关于 QE 的金融溢出效应的实证文献相关。其中,Fratzscher 等(2011)发现,QE 在早期往往会对跨境资产的价格产生更强的影响。Chen 等(2015)发现,美国的 QE 对 EM 的影响比对其他 AE 的影响更显著。然而,其对不同经济体的影响程度也存在相当大的异质性。Cho 和 Rhee(2013)分析了 QE 对亚洲各经济体的影响程度,他们发现,在 QE 时期,资本市场越开放和越发达的经济体的跨境资本流入的波动越大,而汇率越稳定的经济体往往会经历更严重的资产价格通胀。总体而言,实证研究表明,AE 的 QE 政策会产生相当大的跨境溢出效应。

尽管有大量的实证文献对 QE 进行了研究,但目前只有有限的理论研究对

QE 的国际溢出效应进行了考察。[最近,美联储的 Brainard(2017)提出,如果加息政策和央行缩表政策不是等价的,那么跨境溢出效应将产生重要影响。]本章遵循 Geanakoplos(1997)、Geanakoplos 和 Zame(2013)提出的抵押品均衡模型,该模型关注的是抵押品对资产价格和实际投资的影响。这两项研究都表明,现代经济中的大部分贷款都是由某种形式的抵押品支持而实现的,而传统经济模型经常忽略这一特征。

本章还研究了 EM 用以缓解来自外部的金融溢出效应和提高金融稳定性的可能政策工具箱。Forbes 等(2015)发现,某些宏观审慎政策有助于解决与金融脆弱性相关的问题(如银行杠杆率、银行信贷增长和对外负债敞口)。同样,人们发现资本管制有助于遏制私人部门信贷规模的扩张。Blanchard(2016)得出结论认为,资本管制能比外汇干预政策更有效地实现预期的宏观经济目标。

此外,我们认为,一些 EM 可能需要使用资本管制和宏观审慎政策工具,以减轻 AE 央行缩表对其带来的影响。然而,使用这些工具的 EM 会付出一些成本。由于对于每个 EM 来说,使用上述工具的成本与收益都是不同且随时间变化的,因此还需要进行相关的福利分析,以确定在何种情况下才需要运用这些工具。

定量结果:模拟和证据

关于模型建立的细节见本章附录。本节介绍了模型主要的定量估计结果。首先我们证明了,在 QE 开始后,AE 的中央银行能够在保持短期利率不变的情况下直接影响长期利率(即 π_{AE})。

接下来我们证明了,AE 的央行在其资产负债表上持有的 Y_{AE} 的 UST 资产,并可以在 QE 收紧期间部署两个维度的货币政策:(1)短期政策利率的调整;(2)资产负债表规模的调整。我们发现,AE 使用不同维度的货币政策对

EM 产生的金融溢出效应是不同的。在 AE 对短期政策利率进行调整的情况下，EM 可以简单地通过维持其短期政策利率与 AE 央行的变动趋势一致来对冲一些潜在的金融溢出效应。然而，在 AE 进行资产负债表调整（如缩表）的情况下，EM 不能通过这种简单的方式来对冲上述金融溢出效应。

模型的结果

在我们的模型中，图 7.2 说明了 QE 是如何影响 UST 和 EMB 的价格的——详见本章附录。[6]随着美联储开始购买 UST，市场中出现了对 UST 的超额需求，这使得 UST 的价格相对于 EMB 有所上涨。注意，UST 和 EMB 之间价差的变化反映了市场对抵押品的需求带来的"抵押品溢价"的变化，也反映出了市场中抵押品的紧缺程度。从 A 点到 B 点，UST 和 EMB 之间的价差不断扩大，说明 QE 会加剧全球市场抵押品约束。

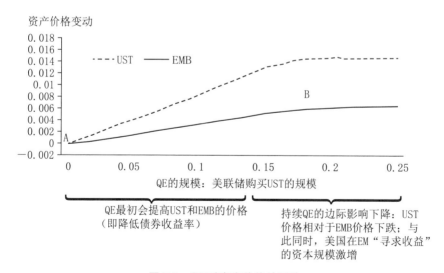

图 7.2　QE 对资产价格的影响

资料来源：作者的模型估计。

尽管全球对抵押品和由抵押品支持的金融合约的需求支撑着 UST 的抵押品价值,但规模足够大的 QE 会导致国际利差的扩大,并导致 AE 中的经济主体在其投资组合中配置更多有着更高回报率的 EMB(B 点以上)。因此资金会从 AE 流入 EM,这使得 UST 的价格曲线上出现拐点(见虚线)。〔详见 Geanakoplos 和 Wang(2017)关于非单调性资产价格变动背后的详细机制。〕

图 7.2 的一个重要政策含义是,即使 AE 的短期政策利率保持不变,QE 也可以独立地影响两国之间的长期利差。[⑦]如果 EM 不作出恰当的政策回应,这些长期收益率缺口的变化将转化为跨境资金流动。一般来说,EM 可以根据 AE 央行的短期政策利率变动,相应地调整其短期政策利率,进而抵消 AE 央行给其带来的一些潜在金融溢出效应。然而,EM 无法通过这样简单的政策调整,来缓解 AE 央行资产负债表调整所带来的长期利差变动。

上述定量结果说明了在我们的模型中 QE 政策会带来怎样的影响。我们的下一个目标是研究 QE 政策的收缩及其对 EM 的影响。更具体地说,我们将说明加息政策与缩表政策有何不同。

我们首先证明资产价格会对 AE 短期政策利率上升作出怎样的反应。(注意,在我们的模型中,AE 央行通过调整其对央行准备金的利息支付,来控制短期政策利率。)如图 7.3(a)所示,短期利率的上升导致 UST 的价格直线下降。这是因为,UST 的价格在边际上主要是由杠杆投资者推动的,这些投资者通过被质押的抵押品为其投资进行融资。[⑧]因此,短期利率的上升会导致杠杆投资者的借贷成本上升,这进而又降低了 UST 的价格。在我们的模型中,在默认情况下 EM 会将其短期政策利率调整至与 AE 保持一致(因为我们假设汇率是固定的)。[⑨]图 7.3(a)表明,EM 与 AE 的简单政策对冲可以确保 EMB 的价格与 UST 的价格有相似的变动。

接下来,在图 7.3(b)中,我们说明了如果 AE 央行在保持短期政策利率不变的情况下缩表(即将 UST 释放回市场),资产价格将如何变化。在这种情况下,美联储在市场中释放 UST 并没有导致其价格立即下跌。相反,由于投资于

EMB 的 AE 经济主体开始反过来投资 AE 央行释放的 UST(现在收益率提高了),这种类型的国际投资组合转移伴随着 EMB 价格的轻微下降。加息与资产负债表调整的关键区别在于,前者只影响 UST 的资产价格,而后者还会改变 UST 的供给。

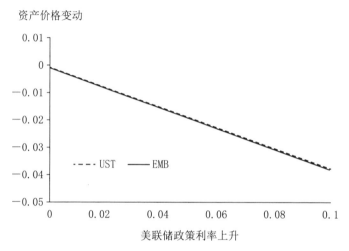

(a) 退出 QE 的影响:加息(实线与虚线重叠)

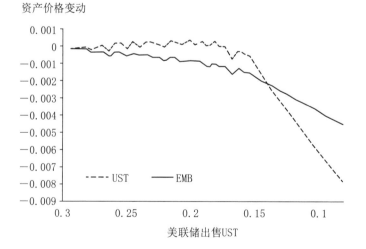

(b) 退出 QE 的影响:央行缩表

图 7.3   政策利率变动 vs.央行缩表

资料来源:作者的模型估计。

UST 供给增加产生的效应最终超过了回流到 AE 证券投资者对 UST 的需求增加所产生的效应,这使得 UST 的价格开始下跌。同时,UST 价格的下跌又会加速 EMB 价格的下跌。在 AE 央行缩表的情况下,EM 无法通过简单的政策回应,来使得 UST 和 EMB 的价格同步变动。下面我们将阐明,为何资本流动管理和宏观审慎政策有助于缓解这种金融溢出效应。

在说明资本管制和宏观审慎政策如何有助于补充 EM 的政策工具箱,以应对 AE 央行缩表政策之前,我们有必要讨论一下,在实践中上述 AE 的货币政策是如何对抵押融资市场产生影响的。

抵押品价值的不确定性和风险

我们的模型表明,尽管短期政策利率保持不变,但美联储的资产负债表调整政策可以直接影响 UST 的价格。鉴于 UST 是抵押融资市场使用最广泛的抵押品之一,任何与 UST(抵押品)价值相关的不确定性或风险的增加,都可能对抵押融资市场的短期利率产生影响。例如,如果抵押品价值的风险增加(例如可能是由于美联储对资产负债表进行调整),贷款人将会要求更高的利率(或更高的折扣率),以补偿有抵押合约违约风险概率的增加。因此,美联储政策对收益率曲线的长端的影响也可以通过抵押品风险渠道对收益率曲线的短端产生影响(见第 6 章)。因此,QE 政策的收缩所导致的抵押品价值的风险或不确定性的增加,可能会对抵押融资市场产生重大影响。

新兴市场经济体的政策选择——资本管制 vs.宏观审慎政策

尽管一些经济学家(如 Bernanke, 2015;Greenwood, Hanson and Stein,

2016)认为,AE 央行可以维持其庞大的资产负债表,并没有必要缩表;但对于 EM 来说,比较谨慎的做法是配备必要的政策工具,以对其锚定经济体央行的缩表政策(其货币政策的一部分)做出应对。

在雷曼破产前,美联储从未为超额准备金支付利息,但在美联储的法律修订后,其从 2008 年 10 月就开始为超额准备金支付利息了。展望未来,如果政策制定者认为有必要让市场利率与政策利率保持同步,那么银行系统肯定会出现准备金短缺的现象,而这与目前银行系统中超额准备金超过 2 万亿美元的情况相距甚远 *。只有真正的缩表,才能减少超额准备金的规模。第 5 章提出,超额准备金和优质抵押品是不同的,并且由于美联储缩表,交易商的资产负债表空间扩大会促进对抵押品的重复使用,并产生宽松政策的效果。因此,缩表和上调政策利率并不等价。

图 7.4(a)描述了随着代表 EM 资本管制程度的参数变大,资产价格会发生怎样的变化。结论表明,EM 的资本管制加强,会对 UST 与 EMB 之间的相对价格施加下行压力。换句话说,EM 的资本管制政策可以有效地提高 EMB 与 UST 的相对价格。

同样,图 7.4(b)说明了 EM 的资产价格对紧缩性宏观审慎政策的反应。在我们的模型中,宏观审慎政策的形式是对抵押品要求的调整。EM 通过提高对抵押品的要求,使杠杆投资者更不愿购买 UST,这将为 UST 相对于 EMB 的价格带来下行压力。

显然,EM 的资本管制和宏观审慎政策都会提高 EMB 相对于 UST 的价格。换句话说,这两种政策工具都可以被用来缩小 UST 和 EMB 之间的价差[如图 7.3(b)所示]。

我们可以通过改变资本管制参数来缩小 UST 和 EMB 之间的价差[如图 7.5(a)所示]。图 7.5(a)表明,改变 EM 资本管制的强度,可以在很大程度上

---

* 在全球金融危机发生前,美联储货币政策框架中对联邦基金利率的调整依赖于银行系统超额准备金的稀缺性。——译者注

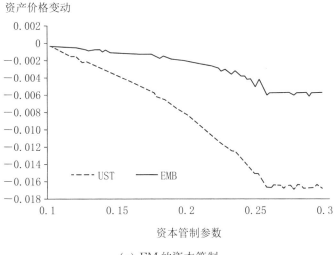

（a）EM 的资本管制

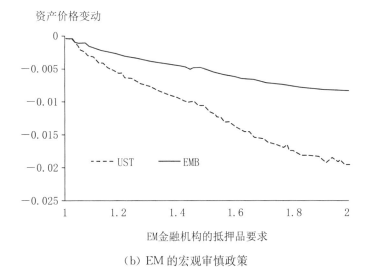

（b）EM 的宏观审慎政策

图 7.4 提升资本管制力度和收紧宏观审慎政策对 EM 资产相对价格的影响
资料来源:作者的模型估计。

减轻 AE 央行缩表对其资产价格产生的影响。我们还可以通过调整资本管制
参数,使其与 AE 央行缩表所产生的价差正相关[见图 7.5(b)]。即当 UST 和
EMB 之间的价差扩大时,资本管制参数较高(即资本管制收紧)。同样,我们发

现宏观审慎政策也能够以一种抵消美联储缩表的大部分相对价格效应的方式来实施,如图 7.5(b)所示。

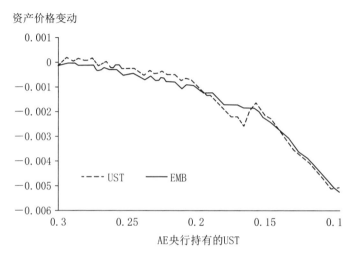

（a）以资本管制变动应对 AE 央行缩表的对策

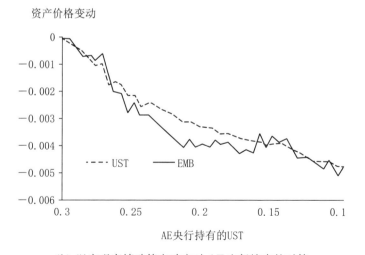

（b）以宏观审慎政策变动应对 AE 央行缩表的对策

图 7.5　以资本管制和宏观审慎政策应对 AE 缩表

资料来源:作者的模型估计。

结论

展望未来,一些 AE 的央行将充分使用两个维度的货币政策:传统的短期利率政策和资产负债表调整政策。我们的模型表明,这有利于其央行分别对短期和长期利率进行有效的控制。钉住 AE 的 EM 可能需要评估其政策框架,并纳入宏观审慎和资本流动管理措施来补充其金融稳定工具箱。此外,EM 需要认识到,AE 央行缩表与上调政策利率对其产生的影响并不相同。

注 释

① 为了方便解释,我们将美国作为 AE 的代表。但本章的模型是一般性的,适用于其他 AE(如欧元区)和 EM 之间的情况。

② 为简单处理,我们假设所有借款都必须有抵押,但在不影响关键结果的情况下,我们还可以放松该假设。例如,我们同样可以假设只有部分私人部门的借款必须提供抵押品。类似地,只要 UST 的抵押品价值高于 EMB,就可以放宽只有 UST 可以作为抵押品的假设。

③ 该模型的扩展表明,EM 取消资本管制将进一步增加 UST 的抵押品溢价。

④ 在这里,美联储充当了金融中介,能够影响资产价格,因为它不受任何抵押品要求的约束,这代表了其相对于私人金融中介的显著优势。抵押品要求是模型中的一种金融摩擦形式,因此,“华莱士(货币)中性”(Wallace Neutrality)并不成立。

⑤ 尽管我们将资本管制与资本流动管理(capital flow management, CFM)替换使用,但国际货币基金组织的机构观点认为 CFM 是一个更广泛的概念,包括基于属地的影响跨境金融活动的税收和法规设定。CFM 还包括不基于属地的限制资本流动的措施。宏观审慎政策旨在限制与资本流动相关的金融稳定风险。

⑥ x 轴表示 AE 的央行通过 QE 获得的 Y_{AE} 份额。

⑦ EMB 与 UST 之间价差的变化(即 $\pi_{EM} - \pi_{AE}$)与长期收益率利差的变化类似。

⑧ 这类投资者包括从期限转换中获利的金融机构,以及其他以短期利率借款进行投资以赚取长期期限溢价的投资者。

⑨ 正如前面提到的,这是为了模型尽可能简洁,因为我们关注的重点是 QE 的影响。

参考文献

Bernanke, Bens S., 2015, "Monetary Policy in the Future, Speech at the IMF's Rethinking Macro Policy Conference III", April 2015.

Blanchard, Olivier, 2016, "Currency Wars, Coordination and Capital Controls", NBER Working Paper No. 22388.

Brainard, Lael, 2017, "Cross-Border Spillovers of Balance Sheet Normalization", Speech at NBER's Monetary Economics Summer Institute, New York, NY, July 13, 2017.

Carrière-Swallow, Yan, Luis Jacome, Hamid Faruqee and Krishna Srinivasan (eds), (Washington: International Monetary Fund) https://www. newyorkfed. org/newsevents/ speeches/2016/pot160222.

Chen, Qianying, Andrew Filardo, Dong He and Feng Zhu, 2015, "Financial Crisis, U.S. Unconventional Monetary Policy and International Spillovers", IMF Working Papers 15/ 85 (Washington: International Monetary Fund).

Cho, Dongchul, and Changyong Rhee, 2013, "Effects of Quantitative Easing on Asia: Capital Flows and Financial Markets", in Asian Development Bank Working Paper Series No. 350.

Forbes, Kristin, Marcel Fratzscher and Roland Straub, 2015, "Capital-flow Management Measures: What Are They Good For?", *Journal of International Economics*, Elsevier, Vol. 96, S1, pp. S76-S97.

Geanakoplos, John, 1997, "Promises, Promises", in W. B. Arthur, S. Durlauf and D. Lane (eds), The Economy as a Complex, Evolving System, II, Reading, MA: Addison-Wesley, 1997.

Geanakoplos, John and William R. Zame, 2013, "Collateral Equilibrium: A Basic Framework", Cowles Foundation Discussion Paper No. 1906, August 2013.

Geanakoplos, John and Haobin Wang, 2019, "Quantitative Easing, Collateral Constraints, and Financial Spillovers", *American Economic Journal* (forthcoming).

Greenwood, Robin, Samuel G. Hanson and Jeremy C. Stein, 2016, "The Federal Reserve's Balance Sheet as a Financial Stability Tool", 2016 Economic Policy Symposium, Jackson Hole: Federal Reserve of Kansas City.

Naudon, Alberto and Andrés Yany, 2016, "The Impact of the U.S. Term Premium on Emerging Markets", in Challenges for Central Banking-Perspectives for Latin America.

Singh, Manmohan, 2011, "Velocity of Pledged Collateral-Analysis and Implications", IMF Working Paper No. 11/256 (Washington: International Monetary Fund).

附录:抵押品约束和货币政策下的两国一般均衡模型

本附录在 Geanakoplos 和 Wang(2017)模型的基础上进行了简单扩展。[①]考虑一个简单的两经济体模型,其中,一个是 AE,一个是 EM。时间是离散的:t = 0,1。时期 1 有两种可能的状态:U 和 D,其中 U 表示"上"状态,D 表示"下"状态。两个经济体均购买同一种消费品 C。

每个经济体都可以发行两种政府债券。一种是类似于短期政府债券的无风险债券,如短期国债,在 U 和 D 的情况下,它均为价值一单位的货币,其收益来自发行债券的经济体政府的税收收入。简单起见,我们假设 AE 和 EM 之间保持固定汇率 1,记无风险债券为 B。另一种是类似于长期政府债券的有风险实际债券,其收益在 $t = 1$ 的不同状态下可能不同。[②]记两个经济体发行的长期政府债券分别为(Y_{AE}, Y_{EM}),两者的收益向量分别由(d_U^{EM}, d_D^{EM})和(d_U^{AE}, d_D^{AE})外生给出。这里的 Y_{AE} 类似于 UST,Y_{EM} 类似于 EMB。Y_{AE} 与 Y_{EM} 的一个关键区别在于,当经济体在跨境市场上获得抵押融资时,只有 Y_{AE} 可以作为抵押品。[③]

初始禀赋

AE 和 EM 中都存在一个有限的经济主体集合,分别用 $\mathcal{H}$ 和 $\mathcal{H}^*$ 表示。每个经济体中的经济主体都被赋予了 e 单位用于第 0 期消费的消费品,AE 和 EM 中的经济主体分别获得为 $e_{C_0}^h$ 和 $e_{C_0}^{h*}$;此外,它们还持有风险债券 Y_{AE}(即持有 $e_{Y_{AE}}^h$)和 Y_{EM}(即持有 $e_{Y_{EM}}^{h*}$),以及用于第 1 期消费的消费品 C。经济主体的禀赋向量如下式所示:

$$\text{对 } h \in \mathcal{H}, (e_{C_0}^h, e_{Y_{AE}}^h, e_B^h, \{e_{C_s}^h\}_{S \in \{U, D\}})$$

$$\text{对 } h^* \in \mathcal{H}^*, (e_{C_0}^{h^*}, e_{Y_{EM}}^{h^*}, e_B^{h^*}, \{e_{C_s}^{h^*}\}_{S \in \{U, D\}})$$

所有右上角带 * 的变量代表 EM 的经济变量。

场外交易金融合约

经济主体可以以发行金融合约的形式相互借款。我们用 j 表示可行使的金融合约。金融合约 $j \in J$ 规定了 (U, D) 两种状态下的名义还款 (j_U, j_D)，以及合约所需的抵押品数量 Y_{AE}。简单起见，我们假设所有金融合约都是不取决于状态的（non-contingent），因此 $j_U = j_D = j$。进一步来看，假设每一单位的金融合约必须由一个单位的 Y_{AE} 担保。那么，一单位金融合约 j 可以表示为 $((j, j);$ 一单位 $Y_{AE})$；记单位金融合约的价格为 q_j。

因此，经济主体可以通过发行或出售一个单位的金融合约 j，以在第 0 期借到 q_j 单位的资金。经济主体承诺在第 1 期偿还名义金额 (j, j)，并且需要有一单位 Y_{AE} 作为担保。经济主体能以有竞争力的单价购买或出售任意数量的特定金融债券。

正如 Geanakoplos 和 Zame(2014) 所指出的，经济主体不能被强迫还款，除非以扣押用于支持金融合约的抵押品作为威胁。因此，在第 1 期，金融合约 j 的实际偿付金额为：$\min\{j, p_s d_s^{AE}\}$，其中 $p_s d_s^{AE}$① 代表抵押品的价值。我们用 ψ_j^h 代表经济主体 h 购买的金融合约 $j \in J$ 的数量，用 φ_j^h 代表经济主体 h 发行的金融合约 $j \in J$ 的数量。

识别货币政策

我们假设 AE 中存在一个央行，它可以通过发行无风险和可生息的央行准备金,以购买有风险的 Y_{AE} 的形式来实施 QE。央行准备金的利率决定了经济中的无风险回报率,这在本章模型中代表了传统的利率政策。AE 央行收购的 Y_{AE} 的数额用 y_{AE}^{CB} 表示。在 ASW(2015)中,我们假设 AE 央行是一个货币—财政当局,其有义务在第 1 期(即最终期)征税,以清偿所有公共债务,并补偿或弥补其资产购买的任何收益或损失。

由于这是一个有限期的模型,AE 央行必须在最终期确定货币的价值(用消费品衡量)——为了达到对 AE 央行承诺在第 1 期支付的利率 i 的实际价值的预期,这是必要的。我们假设 AE 央行能够将第 1 期的消费品价格固定在 $\{p_s\}_{s\in\{U,D\}}$。

最后,如前所述,我们假设,在默认情况下 AE 和 EM 之间有一个等于 1 的固定汇率,这意味着 $i = i^*$。在本章中,我们不考虑 EM 央行的资产购买行为。

因此,经济体中完整的货币识别可以写成:

$$(i, b^{CB}, y_{AE}^{CB}, \{p_s\}_{s\in\{U,D\}})$$

在 ASW(2015)及 Geanakoplos 和 Wang(2017)中可以找到对本章模型设置的更详细的解释。

AE 的经济主体效用最大化

$$\max_{c^h\geq 0,\, \psi^h\geq 0,\, \mu^h\geq 0,\, y_{AE}^h\geq 0,\, y_{EM}^h\geq 0} u^h(c^h) \quad \text{s.t.}$$

$$p_0 c_0^h + \sum_{j=1}^{I} q_j(\psi_j^h - \varphi_j^h) + \pi_{AE} y_{AE}^h + \pi_{EM} y_{EM}^h + (1+i)^{-1}\mu^h$$
$$\leq p_0 e_{C_0}^h + \pi_{AE} e_{Y_{AE}}^h + (1-i)^{-1} e_B^h \tag{1}$$

$$p_s c_s^h \leq p_s(e_{C_s}^h + y_{AE}^h d_s^{AE} + y_{EM}^h d_s^{EM}) + \sum_{j=1}^{J}(\psi_j^h - \varphi_j^h)\min\{j, p_s d_s^{AE}\} +$$
$$\mu^h - \theta^h(\mu - p_s y_{AE}^{CB} d_s^{AE}), \ \forall s \in \{U, D\} \tag{2}$$

$$y_{AE}^h \geqslant \sum_{j=1}^{J} \varphi_j^h \tag{3}$$

其中，$p = (p_0, \{p_s\}_{s \in \{U, D\}})$ 是各国消费品的价格；$q = \{q_j\}_{j \in J}$ 是 J 中金融合约的价格；$\pi = (\pi_{AE}, \pi_{EM})$ 是 (Y_{AE}, Y_{EM}) 的价格；μ^h 是 h 的无风险资产持有总量，包括无风险的政府债券和无风险的央行准备金；$\mu = \sum_{h=1}^{\mathcal{H}} \mu^h$ 是未偿的公共债务总额（无风险的政府债券和央行准备金）；θ_h 是经济主体 h 的税率。

式(1)表示经济主体 h 在第 0 期的预算约束，表示消费支出和资产组合支出（ψ^h，ϕ^h，μ^h，y_{AE}^h，y_{EM}^h）不能超出初始禀赋的总价值。注意，当 $\sum_{j=1}^{J} q_j (\psi^h - \phi^h) \geqslant 0$ 时，经济主体 h 是金融合约的净购买方或买方，即它实际上为贷款人。当 $\sum_{j=1}^{J} q_j (\psi^h - \phi^h) \leqslant 0$ 时，经济主体 h 是金融合约的净发行方或卖方，即它实际上为借款人。

式(2)表示在第 1 期状态 s 下的预算约束，其含义是消费支出不能超过消费禀赋值 + y_{AE}^h 和 y_{EM}^h 的支付 + 金融合约的净支付 + 无风险资产的支付 - 税收义务。

式(3)表示抵押品约束，它表明经济主体需要持有足够的 y_{AE}^h 作为抵押品以支持金融合约的历史发行。

EM 中的经济主体效用最大化问题与 AE 中的经济主体效用最大化问题相同，只是 EM 中的经济主体在购买 AE 资产时受到资本管制和宏观审慎政策限制。提高 τ[⑤]相当于收紧资本管制，而提高 k 相当于收紧抵押品要求，反之亦然。

EM 中的经济主体效用最大化

$$\max_{c^{h^*} \geqslant 0, \, \psi^{h^*} \geqslant 0, \, \mu^{h^*} \geqslant 0, \, y_{AE}^{h^*} \geqslant 0, \, y_{EM}^{h^*} \geqslant 0} u^{h^*}(c^{h^*}) \quad \text{s.t.}$$

$$p_0 c_0^{h^*} + \sum_{j=1}^{I} q_j (\psi_j^{h^*} - \varphi_j^{h^*}) + (1+\tau)\pi_{AE} y_{AE}^{h^*} + \pi_{EM} y_{EM}^{h^*} + (1+i)^{-1} \mu^{h^*}$$

$$\leqslant p_0 e_{C_0}^{h^*} + \pi_{AE} e_{Y_{AE}}^{h^*} + (1-i)^{-1} e_B^{h^*} \tag{4}$$

$$p_s c_s^{h^*} \leqslant p_s (e_{C_s}^{h^*} + y_{AE}^{h^*} d_s^{AE} + y_{EM}^{h^*} d_s^{EM}) + \sum_{j=1}^{J} (\psi_j^{h^*} - \varphi_j^{h^*}) \min\{j, p_s d_s^{AE}\} +$$

$$\mu^{h^*} - \theta^{h^*} \mu, \ \forall s \in \{U, D\} \tag{5}$$

$$y_{AE}^{h^*} \geqslant k \times \sum_{j=1}^{J} \varphi_j^{h^*} \tag{6}$$

其中 τ 为资本管制参数，k 为宏观审慎政策参数。

均衡的定义

给定禀赋和货币规格：

$$\text{对 } h \in \mathcal{H}, \ (e_{C_0}^h, \ e_{Y_{AE}}^h, \ e_B^h, \ \{e_{C_s}^h\}_{s \in \{U, D\}})$$

$$\text{对 } h^* \in \mathcal{H}^*, \ (e_{C_0}^{h^*}, \ e_{Y_{EM}}^{h^*}, \ e_B^{h^*}, \ \{e_{C_s}^{h^s}\}_{s \in \{U, D\}})$$

$$(i, \ b^{CB}, \ y_{AE}^{CB}, \ \{p_s\}_{s \in \{U, D\}})$$

经济的均衡是一个矢量：

$$[(\bar{c}, \bar{\psi}, \bar{\varphi}, \bar{\mu}, \overline{y_{AE}}, \overline{y_{EM}}); (\overline{c^*}, \overline{\psi^*}, \overline{\varphi^*}, \overline{\mu^*}, \overline{y_{AE}^*}, \overline{y_{EM}^*}); (\bar{p}, \bar{q}, \bar{\pi})]$$

另外还满足以下条件：

（1）给定价格 $(\bar{p}, \bar{q})$ 和利率 i，$(\bar{c}, \bar{\psi}, \bar{\varphi}, \bar{\mu}, \overline{y_{AE}}, \overline{y_{EM}})$ 和 $(\overline{c^*}, \overline{\psi^*}, \overline{\varphi^*}, \overline{\mu^*}, \overline{y_{AE}^*}, \overline{y_{EM}^*})$ 各自为 AE 和 EM 中经济主体效用最大化问题的解；

（2）$\sum_{h=1}^{\mathcal{H}} c_0^h + \sum_{h=1}^{\mathcal{H}^*} c_0^{h^*} = \sum_{h=1}^{\mathcal{H}} e_{C_0}^h + \sum_{h=1}^{\mathcal{H}^*} e_{C_0}^{h^*}$；

（3）$\sum_{h=1}^{\mathcal{H}} \overline{C_s^h} + \sum_{h=1}^{\mathcal{H}^*} \overline{C_s^{h^*}} = \sum_{h=1}^{\mathcal{H}} e_{C_s}^h + \sum_{h=1}^{\mathcal{H}^*} e_{C_s}^{h^*} + \sum_{h=1}^{\mathcal{H}} e_{Y_{AE}}^h d_s^{AE} +$

$\sum_{h=1}^{\mathcal{H}^*} e_{Y_{EM}}^{h^*} d_s^{EM}, \ \forall s \in \{U, D\}$；

（4）$\sum_{h=1}^{\mathcal{H}} \overline{y_{AE}^h} + y_{AE}^{CB} + \sum_{h=1}^{\mathcal{H}^*} \overline{y_{AE}^{h^*}} = \sum_{h=1}^{\mathcal{H}} e_{Y_{AE}}^h$；

(5) $\sum_{h=1}^{\mathcal{H}} \overline{y_{EM}^{h}} + \sum_{h=1}^{\mathcal{H}^{*}} \overline{y_{EM}^{h^{*}}} = \sum_{h=1}^{\mathcal{H}^{*}} e_{Y_{EM}}^{h^{*}}$ ；

(6) $\sum_{h=1}^{\mathcal{H}} (\psi_{j}^{h} - \varphi_{j}^{h}) + \sum_{h^{*}=1}^{\mathcal{H}^{*}} (\psi_{j}^{h^{*}} - \varphi_{j}^{h^{*}}) = 0, \ \forall j \in J$ ；

(7) $\sum_{h=1}^{\mathcal{H}} \overline{\mu^{h}} = \mu \equiv \sum_{h=1}^{\mathcal{H}} e_{B}^{h} + (1+i) \pi_{AE} y_{AE}^{CB}$ ；

(8) $\sum_{h^{*}=1}^{\mathcal{H}^{*}} \mu^{h^{*}} = \mu^{*} \equiv \sum_{h^{*}=1}^{\mathcal{H}^{*}} e_{B}^{h^{*}} - (1+i) \sum_{h^{*}=1}^{\mathcal{H}^{*}} \tau \pi_{AE} y_{AE}^{h^{*}}$ 。

该模型可以作为一个非线性方程组进行数值求解。参见 Geanakoplos 和 Wang(2017)关于模型求解的进一步推导。

附录注释

① 关于模型设置的更多细节,读者可以参考 Geanakoplos 和 Wang(2017)。该模型是抽象化的,可能不适用于所有现实中的政策选择。

② 我们不追求建立长期政府债券期限结构的模型。相反,我们关注的是其相对于短期政府债券的风险(风险溢价)。

③ 这里的假设是为了简化,没有该假设我们也可以得到本附录的关键结果。

④ 我们假设一单位的 Y_{EM} 在第 1 期状态 s 下提供了 d_{s}^{AE} 单位的消费品。p_{s} 是状态 s 下消费品的价格。

⑤ 为简单起见,这里的资本管制只包含 EM 对资本外流的管制,我们可以对 EM 的资本流入管制做类似的分析,能得到相似的结果。事实上,许多 EM 采取的资本管制政策是不同的。

8 抵押品托管机构

本章将讨论当前全球金融体系主要面临的一些挑战:包括如何在分散的全球基础设施中调动合格抵押品,以及全球托管机构在抵押品市场中扮演什么样的角色。同时,本章也将论述金融市场如何进入一个新的抵押品范式。这个新的抵押品范式要求为微观的金融机构和宏观的全球金融体系提供更具结构性和一致性的抵押品管理方法。为了与本书的主题保持一致,本章将从抵押品的角度出发,分析抵押品托管机构在未来会如何影响金融管道。

引言

众多监管方案的总体目标是,增强全球金融市场抵御系统性风险的韧性。自 2008 年以来,监管机构开始逐渐认识到抵押品在金融市场中的重要性,并且已经在一些地区解决了抵押品短缺的问题。而且,监管机构意识到了,抵押品的润滑作用对金融管道来说是至关重要的,并为此采取了一些切实有效的政策措施(例如,在一定条件下对回购进行净额结算),尽管目前对杠杆率的要求仍是金融机构面临的紧约束,其限制着市场中的抵押品发挥作用。这方面的主要驱动因素是,金融市场从无抵押交易向有抵押交易的持续转变,以及金融市场透明度的总体提高。

　　每个机构或市场都是不同的,金融管道中也因此存在许多摩擦,这使得抵押品可能会在某一环节被"阻滞"。此外,有些摩擦是金融机构有意为之的结果:例如当客户不想再抵押其抵押品时,他们会刻意制造出一些市场摩擦来限制再抵押。整体来看,市场中出现摩擦的可能性是相当大的,这解释了抵押品理论上的数学加总余额与市场实际余额并不一致的问题。近来,监管机构加强了对抵押品稳健性管理的重视程度,以控制和降低全球金融体系的脆弱性,特别是在市场承压的时期。在流动性风险管理领域,与抵押品相关的监管政策出现了重大新变化,其中包括:引入强制集中清算机制(mandatory central clearing)和要求为非集中清算双边交易(non-cleared bilateral transaction)提供初始保证金;对保证金的计算、存货的管理、公开披露、对账和最终处置规则做出了统一规定(见图8.1)。

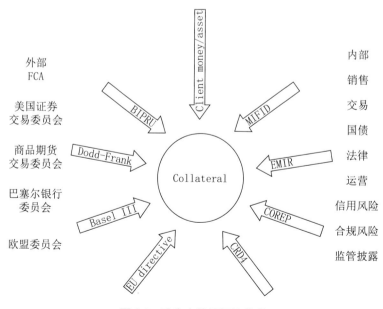

图8.1　改变中的抵押品范式

为了遵守新监管政策,市场参与者开始重视抵押品。能否有效地管理和使用抵押品,已成为金融服务业中能否进行更广泛的监管合规和能否取得商业成功的先决条件。这些高标准的监管要求影响了如何思考各种抵押品问题及其相关成本。目前,满足新监管要求所需的合格抵押品供给的充足性问题仍没有定论,但我们可以清楚地看到,托管机构中可得的抵押品数量减少了。由于LCR 等监管要求的实施,许多贷款机构减少了其放贷活动或缩短了其贷款的期限。监管政策的改革重新定义了抵押品管理机构的职能,并在金融机构内部及其各种职能领域(包括交易、信贷和市场风险、财务和合法经营)中引入了对抵押品更加集中化的管理方法。

抵押融资市场的脱节,促使央行在这方面亲自充当金融中介,直到市场稳定为止。目前,欧元体系内任何国家的央行都接受欧元区内发行的合格抵押品。因此,一家德国银行可以将西班牙、法国或比利时发行的债券作为抵押品向德国央行借款,而德国央行将把现金分配给在它这里存债券的机构。欧元体系内依靠两种跨境机制来接收抵押品:跨中央证券存管机构(central security depository,CSD)的参与资格;中央银行结算代理模式(correspondent central banking model,CCBM)和跨境业务的连接。其目标是扩大欧元区发行的抵押品池规模,改进金融机构与中央银行的互操作性或净额结算,鼓励金融机构向各央行以及央行之间通过 CCBM 直接借贷。

主要的变化如下:

● 对高质量流动性抵押品的需求增加:合格抵押品包括:(1)高质量流动性资产(HQLA),它们符合《巴塞尔协议 III》的 LCR 要求中对一级资产和二级资产的定义;(2)高质量资产(HQA),通常是具有流动性的投资级证券,或能满足抵押品要求的主要币种的现金,尤其是在压力事件中。对合格抵押品的需求正在增加,例子如下:为符合 LCR 的要求持有 HQLA,以降低流动性风险;通过CCP 进行强制集中清算,以降低交易对手方风险;有抵押融资的广泛使用;出现了从无抵押交易转向有抵押交易的总体趋势。

● 合格抵押品的供给减少：一方面，可能是因为对合格抵押品的资格标准设定更严格了；另一方面，更严格的资本管制制度、更低的边际回报、金融交易税的引入等因素也导致合格抵押品进入该市场的倾向有所下降。

● 合格抵押品的流通速度降低：对未抵押的抵押品再抵押或重复使用减少，这将对供给方产生不利影响。造成抵押品流通速度下降的主要原因是，客户抵押品的隔离，以及从金融体系中流出的抵押品被滞留在 CCP、央行、托管机构等机构的账户当中（详见第 2 章"抵押品流通速度"）。

● 通过公开披露与抵押品相关的数据提高市场的透明度：这需要提供未抵押资产（"未抵押"在这里是指使用证券和现金作为抵押品的能力和合法性）的识别度、所处位置、总市场价值、对调动该抵押品所需时间的估计，以及对已被再抵押的抵押品的跟踪记录。在讨论日内流动性问题时，这会反映在流动性充足率监管框架中。

● 加强对追加保证金催缴的频率和执行力度，并要求留存凭据：若催缴追加保证金的频率从季度或月度缩短到日度或日内，我们需要确保对追加保证金数额计算的准确性。这也是《多德—弗兰克法案》和《欧洲市场基础设施监管条例》的重点改革领域。

● 整体性方法：这要求我们能够统一管理抵押品空间内跨产品、部门和法人机构的数据和流程，以便在市场发生压力事件期间进行适当的流动性管理。这一点在欧盟的《资本要求指令 IV》（Captial Requirements Directive IV）中的"抵押品框架文件"中有详细说明。

全球市场基础设施和托管机构

本节重点介绍抵押融资市场的参与者、它们的视角，以及它们在全球金融体系中所扮演的角色。根据风险管理协会的数据（该数据涵盖了养老基金、保险公司和政府机构等客户托管的资产，但不包括对冲基金），约 80% 的抵押品没有进入金融管道，而是留在了托管机构的手中。相反，对冲基金最大化了对抵押品的重复使用，因为抵押品在其融资活动和杠杆构成中有十分重要的作用（见第 2 章和第 3 章）。对冲基金与活跃在被质押的抵押品市场的交易商和银行之间的交易活动，使得被质押的抵押品基本都得到了重复使用。

卖方（如投资银行）需要在抵押品空间内采取协调一致的方法，并且需要决定为其客户提供何种服务。买方（如资产管理机构、保险公司）也需要为其通过 CCP 进行的交易（尤其是衍生品交易）提供抵押品。这意味着它们必须确保合格的初始保证金和追加保证金有充足的供给，或能够通过抵押品转换交易获得合格的抵押品。这些就需要该多边体系中的托管机构、清算机构（中介机构）和金融市场基础设施机构（FMI）的参与。

简而言之，理想的情况是迅速将抵押品从一个平台转移到另一个平台。但这需要抵押品市场的主要参与者之间相互合作，解决结算周期不同、因时区差异而造成的业务处理时间差异、市场规定差异（如交易有预匹配或无预匹配）等因素带来的问题，以及通过更好的协调机制和更高的成本透明度来提高市场效率。第三方机构也在考虑使用数字代币来处理跨境和跨时区交易带来的问题（见第 13 章）。

监管机构和市场应对金融危机的方式形成了三大主题。

● 抵押品最优化*：这对解决抵押品的成本、可得性和配置问题是最有效的，同时也尽可能减少了对资本和资产负债表等有限资源的影响。

● 获取抵押品的能力：我们如何确保合格的或未抵押的抵押品有充足的供给？

---

* 抵押品最优化已成为整个行业的一个常用短语。它本质上是一套企业以最具成本效益的方式寻找、管理、替代和质押合格抵押品资产，以满足各种流动性和风险管理需求的抵押品管理方案。——译者注

● 可互换性：这意味着可以在全球金融机构中跨境调动抵押品，以确保供需平衡。

全球托管机构

欧洲市场上三方回购代理服务的三大主要提供者是两家国际中央证券存管机构（international central securities depository，ICSD）——欧清银行和明讯银行，以及美国的清算银行——纽约梅隆银行在欧洲的分支机构。作为固定收益证券的主要存托机构，ICSD 推动了大多数使用流动性相对较高的固定收益类抵押品的三方回购业务的发展，股票型抵押品的业务也在增加。

在美国，托管碎片化的问题并不严重，因为纽约梅隆银行同时拥有在联邦电子资金转账系统（Fedwire）和 DTCC 的账户，纽约梅隆银行用于三方回购市场结算的证券都存放于其中。随着证券结算系统 T2S 的引入，欧洲结算系统的效率只会比美国更高。

在欧洲，欧清银行和明讯银行是向市场参与者提供三方回购服务的最大供应商；但是，在操作层面，这些 ICSD 之间并没有能很好地连通在一起，并且它们也没能很好地与每个国家的 CSD 相连通。市场参与者若想要通过 ICSD 进行三方回购融资，就必须将证券从一个 CSD 账户转移到另一个 ICSD 账户中。但由于欧洲证券结算市场的碎片化，此类转移是相对昂贵和耗时的。

但是在过去几年里，一些国家的 CSD 已经进行了重组，并与欧清银行或明讯银行的结算平台进行了整合，改善了它们与其所附属的 ICSD 的连通状况，从而降低了证券在两者之间流动的成本。例如，明讯银行卢森堡公司通过与所有欧洲 CSD 的连通来实现对不同种类证券的整合，然后将合并后的证券池连接到明讯银行卢森堡公司和明讯银行法兰克福公司。同样，欧清银行集团（Euroclear Group）也为欧清银行外的 CSD 提供库存管理解决方案（inventory man-

agement solutions，IMS）。很大一部分交易是在同一家三方代理银行的借款
人和贷款人之间进行的，很少有交易会在这两个服务提供商之间进行结算。增
强三方回购结算机构之间的互操作性是由欧洲回购委员会（European Repo
Council）提出的一项方案，并且该方案得到了欧洲央行的支持，但该方案的落地
可能还需要时间。

TARGET2 证券结算系统

监管机构已经开始认识到，从连通性、标准化和市场碎片化角度看，当前的
市场基础设施仍然效率低下。但已经出现了一些解决这些问题的重要方案。
例如，美国开始对其三方回购市场中的结算系统进行改革，以大幅减少清算银
行日内信贷的扩张。欧洲的两种方案分别是建立 TARGET2 证券结算系统
（T2S）和发布《欧洲市场基础设施监管条例》来进行相应的监管，后者为所有
CSD 的结算期、交易记录、业务和审慎要求制定了统一的标准；T2S 是一个为泛
欧市场的跨境结算提供标准化服务的证券结算系统。通过仔细研究 2015 年
6 月推出的 T2S，我们就能看到市场分散化问题有多严重。这是欧元体系迄今
为止启动的最大的基础设施项目之一。T2S 将通过为以央行货币进行结算的
证券提供统一的结算平台，来完善欧洲的交易后服务基础设施，并将在欧洲所
有国家间整合证券基础设施价值链条中最基本的部分——结算。这将是一个
向整个欧盟提供结算服务的系统。T2S 的主要特点是，它将使跨境结算与国内
结算在成本、技术处理上保持一致，并且扩展了以央行货币进行净额结算的业
务范围（例如，欧洲债券可通过 T2S 结算）。

T2S 处理的是运营方面的问题，因此其作用是存取抵押品资产并协助将
这些资产转移到需要它们的地方。然而，从交易的角度来看，客户存放在托

管机构中的抵押品可能并不在抵押品出借池中。而且，即使客户的抵押品进入了抵押品出借池，借入该抵押品的成本也可能会高于借入方的支付意愿（这是因为，考虑到现金为低利率以及回购利率为负，借入现金可能比借入抵押品成本更低）。

托管机构的抵押品和可贷的抵押品

托管机构中必然有大量未被使用的抵押品，但对这些抵押品的重复使用是受到限制的，原因有三：(1)缺乏有效的工具来清楚地了解它们的全球性抵押品；(2)不完整或碎片化的金融基础设施，无法动用全球抵押品池，且不能最优地配置抵押品；(3)有些客户不需要质押抵押品。

参与代理融券交易项目的客户通常只向大型经纪交易商出借证券，并只接受优质资产作为其出借证券的抵押品。为了进一步释放代理融券交易中抵押品的供给，客户需要与新型对手方进行交易，例如批准非传统的借券机构，接受不同市场风险水平和较低质量的抵押品。但是最终，服务费用必须足以让客户接受风险调整后的回报，同时还能使对冲交易省钱。

在某种程度上，监管和合约也造成了抵押品的"筒仓"现象：当作为代理贷券人时，托管机构会在资本方面受到约束，基金（如 UCITS 基金）也可能被禁止参与某些交易，也不被允许重复使用借来的资产作为抵押品。

欧洲的所有交易都将使用一套统一的规则和标准，这会大大降低当前市场基础设施的复杂性。欧洲央行的这一方案旨在让所有 CSD 和 ICSD 统一以欧元货币在同一个实时框架内，进行现金和抵押品的交易结算，这与现有的 TAR-GET 结算系统（现金结算系统）的创设目标完全一致。欧洲各市场中均存在日内结算业务，但不同市场的业务分散于不同的 CSD；而 T2S 解除了 CSD 分散化对跨境业务的限制。欧清银行和明讯银行总共为客户托管着超过 43 万亿欧元的资产。例如,欧清银行集团托管着价值 28.8 万亿欧元的资产。其中,约 13.5 万亿欧元的资产是存放在欧清银行当中的(其中约 7.3 万亿欧元是欧洲债券*),欧清银行英国公司(EUI)**中有约 5.3 万亿欧元,ESES(法国、荷兰和比利时的 CSD)中约有 7.5 万亿欧元。尽管欧洲债券符合在 T2S 中结算的条件,但流动性仍是留在 ICSD 中的,交易商也是利用其在 ICSD 的库存来满足其全球性融资需求的。此外,欧清银行英国公司还没有加入 T2S,因此 5.3 万亿欧元的资产不在 T2S 的范围之内。然而,欧清银行最近宣布,它们的客户可以自由选择用商业银行还是用央行货币进行欧元结算。因此,流动性问题将得到改善。

一些全球托管机构之所以想将自己转变为 CSD 或指定的证券结算系统(securities settlement system,SSS)的其中一个重要原因是,对 CCP 的审慎监管要求使得 CCP 优先考虑将抵押品存入证券结算系统中的账户,除非没有其他办法。而全球托管机构不符合托管 CCP 中抵押品的条件,所以它们希望获得成为证券结算系统的资格。由于许多场外交易业务正转向在 CCP 中清算,因此抵押品将向证券结算系统流动。这可能导致微观目标和宏观目标上出现一些细微差别。一方面,从商业角度来看,如果抵押品进入证券结算系统,托管机构将失去托管费用这部分收入,因此,托管机构希望转变为 ICSD,以将抵押品保留在它们的业务范围内。另一方面,欧洲央行也有其切身利益,因为抵押品的匮乏会影响到央行货币政策的实施,从而会损害 T2S 的利益。

《另类投资基金经理人指令》(Alternative Investment Fund Managers Directive,AIFMD)和拟实施的《欧盟可转让证券集合投资计划-V》(Undertakings for Collective Investment in Transferable Securities-V,UCITS-V)中的相关条款均规定,基金托管人将其证券交由《结算最终性指令》(Settlement Finality Directive)指定的证券结算系统安全保管,后者并不为之承担托管责任。因

<hr>

* 欧洲债券(Eurobond),是指票面金额货币并非发行国家当地货币的债券。——译者注
** Euroclear Ireland 已经更名为 Euroclear UK & International,简称仍为 EUI。——译者注

138

此,基金托管人或其分托管人别无选择,只能将证券存放在 ICSD 当中。此外,在 CSD 发生的风险事件仍由基金托管人负责。并且,欧盟所有 CSD(包括 ICSD——欧清银行和明讯银行卢森堡公司)都是《结算最终性指令》中指定的证券结算系统。

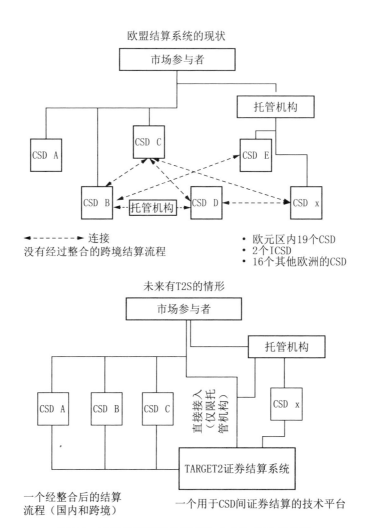

图 8.2 欧盟结算系统的现状和未来有 T2S 的情景

资料来源:ECB。

法律上的连通性

当交易涉及抵押品时,客户需要签署一份信用担保附约,这是一份基于英国法律或美国法律的标准化抵押品交易文件。

日内流动性:T2S 和美国三方回购市场

T2S 目前只处理用欧元结算的交易。欧清银行和明讯银行在超过 45 个 CSD 运营,并允许以超过 50 种符合条件的结算货币在其中进行结算。由于时区的差异,如果不向系统注入日内信贷,结算不会及时完成。关键问题在于如何向 T2S 系统提供信贷。对欧清银行和明讯银行来说,它们向其成员提供的所有信贷都有其成员提供的抵押品作为担保,因此,欧清银行和明讯银行不会提供无抵押的信贷。

困扰美国三方回购市场的主要问题是,抵押品每天都会被结清头寸。这意味着抵押品在早上就会被归还,但现金通常只有在当天晚些时候才能通过联邦电子资金转账系统转移,这就产生了日内透支问题。日内信贷一直是纽约梅隆银行的主要关注点,也是摩根大通退出三方回购业务的主要原因*。在欧洲三方回购市场,或至少在欧清银行和明讯银行三方回购市场中,抵押品在整个交易期限内都保持被质押的状态,因此不会被每日结清头寸。欧洲三方回购市场的投资者每天

---

　　* 雷曼危机前,三方回购市场中的大型交易商银行可以从纽约银行和摩根大通获得免费的日内信贷。这些日内信贷会锁定摩根大通的流动性,从成本收益分析的角度看是不值得的。因此,摩根大通退出了三方回购市场。——译者注

都需要按盯市法对其抵押品计值和替换。此外,由于现在银行可以通过三方回购市场接入欧洲央行,向欧元体系提供各种合格抵押品的管道得到了显著改善。这一点尤其有用,因为这6 000家银行中,大多数都没有有效的抵押品管理系统。

 欧元体系内的各国央行[确切地说是《中央证券存管规定》(CSDR)]也施加了压力,它们要求大型ICSD不能向客户提供无抵押的日内信贷。这又将迫使用户要么通过商业银行*,要么通过欧元体系的各家中央银行筹集资金。设立T2S和对三方回购市场进行改革的方向是正确的,然而,所有市场参与者的参与和执行意愿是否都得到了充分的筛查和跟踪,以确保这两个方案都为市场带来了有效的改变呢?

美国和欧洲三方回购市场的差异

 美国和欧洲三方回购市场的主要区别在于,在很大程度上,欧盟的三方回购市场似乎是其银行间市场的延伸。相比之下,美国的三方回购市场主要是经纪交易商进行融资的市场。欧洲的三方回购业务过去集中于非政府债券和股票(政府债券的比例现在则超过50%),而美国的三方回购业务主要集中于国债和政府支持机构债务。

专栏8.1 | 全球金融体系中的托管机构

 纽约梅隆银行和两家已建成的ICSD(即欧清银行和明讯银行)托管着大部分资产。现在,这些托管服务供应机构面临的压力是,要确保它们

---

 * 由于欧洲不允许ICSD向客户提供日内信贷,因此客户可以向商业银行借款满足资金需要。——译者注

与每一个主要市场的基础设施都有连通，以便全球金融体系能够有效和及时地最优化它们的资产组合。出于交易的目的，这些资产已经被借给了许多经纪交易商。然而，新监管规定将增加对抵押品升级交易的需求（即用股票或公司债券等质量较低的证券作为抵押品，来借入美国国债这种优质抵押品）。

如融券代理机构＊同意向客户补偿＊＊融券合约中抵押品价值与更换证券的成本之间的差额（即向客户或证券出借方提供了一项保险），融券代理机构将因此面临越来越高的资本成本，这也会随之提高借入抵押品的成本。例如在美国，标准化方法下用股票型抵押品来进行抵押品升级交易时，用于补偿的资本支出，通常在股票面值的 9％至 10％之间（假设保证金为 10％）。

如果融券代理机构通过代理融券交易项目借出证券或者直接借出证券，其面临的资产负债表成本将是巨大的，尤其是对杠杆资本回报率的要求，带来了一定的费用，这会使对冲交易变得不经济。此外，由于大多数衍生品的期限都很长（5 年至 30 年），因此存在期限错配的问题；许多客户被要求立即终止出借活动，并且无法进行长期交易。

全球概览

尽管美国仍处于相对孤立的状态，但俄罗斯、波兰、智利、秘鲁和阿根廷等新兴市场经济体正在积极与 ICSD 建立联系，从而开启了新的流动性范式。由于当地市场监管问题，亚洲和一些新兴市场经济体在这方面仍然落后，但随着时间的推移，这些市场有望放松监管，允许证券跨境流动，并由 ICSD 托管证券，进而使得市场中出现更多的抵押品来源。其他地区的同质化程度甚至不如欧洲，其中个别国家希望通过 ICSD 与全球金融基础设施连接起来。

＊ 在融券交易业务中，大多数证券出借方会将融券业务委托给一个代理中介机构进行。这些中介机构可以是证券出借方的托管机构、专门从事代理出借项目的第三方机构（非托管机构）或其他从事第三方代理证券出借项目的托管机构。这些代理机构收取融券交易收入中的一小部分来作为提供代理证券出借服务的报酬。——译者注

＊＊ 补偿（indemnification）融券代理机构是保护客户（出借方）免受对手方（借入方）信用风险的一项保险政策，其意味着：如果对手方违约，融券代理机构会首先使用对手方提供的可用的抵押品（一般抵押率为 102％至 105％）购回其客户提供的证券，或返还给客户等价的现金。若对手方提供的抵押品不足以弥补客户的损失，那么融券代理机构就需要使用自身的资金为客户提供相应补偿。——译者注

欧洲对合格抵押品的调动可能有所改善,但在亚洲,除非当地法律支持跨境证券再抵押,否则抵押品将会被困在"筒仓"当中。亚洲和中东的客户需要同意接受评级较低的抵押品,因为现金和美国国债之间的转换并非抵押品升级。来自市场的信息表明,亚洲客户现在正直接借出美国国债以获得较低评级的政府债券和资产支持证券(asset-backed security,ABS)。这些交易的规模和数量都在增加,因此一些客户正在考虑由此带来的风险—回报问题。亚洲的地方规则(如产权转让、税收等)仍然是分割的,这阻碍了证券跨境可互换性的实现。除此之外,中国香港、新加坡、韩国、澳大利亚和日本也有规模庞大的流动性和高评级离岸证券市场。

了解复杂的欧洲回购市场环境,特别是其复杂的结算框架,是十分重要的。在欧洲发生的交易涉及多个不同的时区和多种不同的主权货币,因而不同国家的结算系统有不同的结算时间限制,在欧洲回购市场中发生的交易也可能是跨货币的,这都大大增加了欧洲回购市场框架的复杂程度。此外,如前文所述,欧洲的清算和结算模式正在发生变化。每个国家都建立了自己的 CSD,并且通过 T2S 的连接,这些国家的结算系统已经与 ICSD 建立了联系。从这个意义上说,欧洲的三方回购市场是一个统一的现金市场,并且正在向统一的抵押品市场发展。目前,在欧洲,现金可以借出到任何地方;但是,有些债券(例如意大利或德国的债券)通常只能通过 ICSD 或其国家 CSD 借入。T2S 是一项正在进行的旨在整合欧洲的结算系统、简化欧洲借款人跨境调动抵押品的能力的一体化方案。在欧洲三方回购市场内符合条件的抵押品不限于欧洲证券,还包括美国和亚洲的抵押品。因此,在欧洲的三方回购体系中,一直存在真正的定期回购市场。

服务提供商已经开发了先进的技术,以方便自动撤出证券,并同时将其他证券替换到现金出借人的清算账户中,这样,抵押品提供商基本上可以随时提取其账户中的证券,以履行必要的偿付义务。同时在回购合约到期之前,这样也为现金出借方提供了充分的抵押。

欧洲三方回购市场的现金投资者包括各国央行、跨国机构和存款丰足的商业银行。在某些情况下,非金融企业也会在欧洲三方回购市场中提供现金。据报道,养老基金和保险公司进入这个市场是为了进行期限较长的现金投资。与美国相比,货币市场基金在欧洲金融体系中的影响更小,现金投资者在欧洲三方回购市场中所占的份额也更小。此外,在雷曼破产之前,欧洲的融券交易主要是通过以证券作为抵押品来进行的;因此,欧洲的融券交易机构没有与其在美国的同行规模相当的现金抵押品池(在美国,这些现金抵押品池被用于三方回购等工具)。自欧洲的这次金融危机以来,越来越多的融券交易开始以现金作为抵押品;不过,欧洲央行最近鼓励各国央行有抵押地借出抵押品,以减少欧洲央行资产购买计划对欧元区金融管道产生的不利影响。虽然许多现金投资者只在一家清算银行有账户,但最大的现金投资者通常在欧清银行和明讯银行这两家清算银行都有账户,因此它们可以向任何抵押品提供者放贷。

在美国,很多交易商依赖三方回购市场为自己和客户的证券投资组合融资。交易商利用这个市场以低成本获得短期融资,并且这一市场也或多或少地保留了交易商调用其证券的权力,以便于交易商对证券进行交付和接收。这个市场上的现金提供者主要是货币市场基金、证券出借方、共同基金、保险公司、公司资金部以及州和地方政府的财政部门。这些投资者寻求短期合约的利息收入。对一些投资者来说,隔夜回购是银行存款的一种有抵押的替代选择。总的来说,货币市场基金和证券出借方在三方回购贷款中占一半以上。

上述欧洲和美国业务实践之间的差别可能部分反映出欧洲金融服务业中全能银行模式的盛行,其银行体系持有的证券比例高于美国;而在美国,加杠杆的经纪交易商持有大部分的美国证券。此外,欧清银行和明讯银行这两个参与三方回购清算业务的ICSD,都制定了相应的会员标准,它们仅允许有限的非银行参与者参与其业务。而没有直接参与ICSD的出借方通常只能通过银行作为其代理机构从事三方回购交易。

专栏 8.2 | 融券交易正在反弹

尽管大型银行不太可能为高交易量、低利润率的融券交易业务腾出资产负债表空间(由于资本使用规则),但通常人们认为,主要的托管机构,如纽约梅隆银行、花旗银行、道富银行、北方信托、欧清银行和明讯银行,是有资产负债表空间来调配抵押品的(即进行融券交易)。托管机构代表受益所有人贷出的资产并没有被纳入托管机构的资产负债表。然而,对客户的补偿要求则需要代理客户出借证券的机构(即托管机构)提供额外的资金,而在一般抵押品交易的情况下,这是不划算的。在雷曼破产前,交易商将迫使托管机构使用一般抵押品(如 IBM 或默克集团的股票)和交易商真正想要(现在仍然想要)的"特殊抵押品"。在这个时代,托管机构设定的一般抵押品与特殊抵押品之间的比率高达 5:1,甚至 13:1。当时借款人(和代理贷款人)的资产负债表受到的约束更少,而且自 21 世纪头十年中期以来,一般抵押品与特殊抵押品之间的比例就没有被绑定在一起了。

资产管理部门不断进行再投资(通过融券交易),以实现到期收益最大化。回购协议包含了当下指定证券的出售和未来购回该证券的具体价格与日期。另一方面,融券交易一般没有固定的终止日期和价格,尽管固定期限交易市场正在发展。借入证券通常有着明确的目的。并且在许多情况下,相关部门需要对该目的的合法性进行测试。因此,融券市场通常被用来借入特定证券,而回购市场通常不会指定借入证券的类型。2007 年,融券市场的交易规模为 1.7 万亿美元。目前,融券市场的交易规模已恢复到 2007 年的水平——根据风险管理协会的数据,约为 1.6 万亿美元(详见第 2 章表 2.2)。在新的监管环境下,一些提升融券市场的交易规模和效率的建议有:

● 更多地动用股票,推进股票与美国国债的掉期交易,但对这类交易的监管规则可能需要做出调整[如美国证券交易委员会的 15c(3)规则]。

● 海湾地区和一些亚洲国家中持有优质抵押品(如美国国债)的大机构不能借出证券,因为它们的规则禁止对主权国家客户进行净额交割(从主权豁免的角度）*。但这种情况正在改变,随着银行法律部门开始允许净额结算,亚洲和海湾地区的账户现在已开始进行融券交易。在美国,几乎所有州都允许净额结算,这使得大型养老基金或保险公司更容易与国内大型银行进行融券交易。注意,非现金（即抵押品）交易属于表外业务。回忆下,在第 2 章中我们提到,融券交易在欧元区得到了支持和发展,各国央行的融券交易规模从大约 200 亿欧元增加到了 700 亿至 800 亿欧元（自 2017 年 1 月以来,欧洲央行的新规定开始允许以现金置换抵押品）。

● 虽然供给方（即中央银行和主权财富基金）可能很想增加出借证券的规模,需求方（即对冲基金）可能很想增加借入证券的规模,但双方融券交易的规模都受到法规的约束。银行面临杠杆率和流动性比率约束;托管机构受单一交易对手方信用限额和保守的基于风险的资本规则所约束,但（在 2020 年）其“客户存款”的免于监管将放松其杠杆率的约束,并为其提供更多的资产负债表空间。

如果这个市场的规模继续增长,将会有更多不受监管的机构参与进来,这个市场会在没有中介的情况下平衡供求关系,尽管这种情况会发生（金融稳定委员会已经成立了一个工作小组,研究非银行部门与非银行部门间抵押品的变动）,但它与在雷曼破产前非常不同,在当前的融券市场中,负责信用及久期管理和中介功能的机构可能会与之前不同,并且它们还可能受到新规则的约束。总而言之,通过主经纪商业务做多做空股票看起来是迄今为止最好的做法——这是因为,抵押品流是基于“净”头寸结算的,其弹性为 140%（见第 2 章图 2.1）;其次是衍生品业务,因为它是按照净值提供抵押品的（见第 10 章表 10.1）;然后是融券交易（在交易是净额结算的情况下）（见第 2 章）;最后是回购,特别是在保证金要求足够小的情况下（如美国国债）。

---

* 主权豁免使得向这些主权国家客户出借证券的合约无法执行。——译者注

结论

综上所述,欧盟回购市场的规模要大于美国回购市场。而欧盟的三方回购市场规模要小得多,其在融资方面的作用也不如美国;然而,相对于美国(美国只有纽约梅隆银行),它的集中度和相互关联性较低。但需要注意的是,由于缺乏回购交易的政府披露数据,我们所用的欧盟三方回购市场数据可能是不完整的。

最后,监管层面有要求设定最低折扣率的趋势,即规定计算标准和数值下限,以限制杠杆的顺周期性。然而,监管机构不应(也不能够)任意干预跨境回购和融券交易协议,或主经纪商业务和衍生品保证金率——因为在这些交易中,折扣率是由交易双方议价决定的。

9 变化中的抵押品空间

抵押品不是在真空中运行的，它在金融体系中的流动依赖于资产负债表或表外的空间。本章提供了一个对不断变化的抵押品空间的概览，并且解释了它会如何影响全球抵押品的供求关系。相对于雷曼破产前存在的"旧的"抵押品空间，我们首先识别出了关键的抵押品池。然而，在雷曼破产后，政府部门的QE对抵押品空间产生了显著的影响。此外，《巴塞尔协议 III》《多德—弗兰克法案》《欧洲市场基础设施监管条例》等监管要求，新债券发行和通过托管机构建立的抵押品连通性，也将影响抵押品流动。

引言

几支相互关联的理论文献已经研究了抵押品的重要性。其中一支文献主要关注的是"折扣率"和"甩卖"会对抵押品和违约产生怎样的影响（Geanakoplos，2003；Krishnamurthy，Nagel and Orlov，2010）。另一支文献是关于资产证券化的，抵押品被用来支持特定的资产价值（Shleifer and Vishny，2011）。然而，本章关注的重点并不是折扣率、甩卖或证券化，而是可重复使用的抵押品是如何进入抵押品市场的，以及有哪些新参与者进入了该市场。

从这个意义上讲，本章更接近于对安全资产供求的讨论。Gorton、Lewellen 和 Metric（2012）仅使用全球资金流量表数据得出了实证结论：安全资产的份额一直保持相对稳定。过去十年间，人们对安全资产供给不足的担忧有所上升。国际货币基金组织在 2012 年的《全球金融稳定报告》（Global Financial Stability Report）中估计，安全资产的规模为 74 万亿美元，这似乎表明安全资产是很丰裕的。然而，这些安全资产中的很大一部分是由投资者买入并持有的（即这些安全资产被"封存"在投资者的账户中），这一部分抵押品并不能在金融市场上被重复使用。因此，人们对优质抵押品是否紧缺这一问题仍持有不同的观点：一些市场参与者认为，几乎没有证据表明优质抵押品存在供给短缺的问题。其他人则持相反的看法，他们认为目前市场中可能存在优质抵押品短缺的问题，并且认为安全资产应该以公共产品的形式提供给市场，以避免出现私人部门提供安全资产可能带来的金融不稳定问题（Gourinchas and Jeanne，2012）。目前，各国在安全资产的持有方面并不是对称的，部分国家存在安全资产短缺的问题，而有的国家安全资产过剩。在美国，因为美国政府在 2018 年和 2019 年进行了大规模的债务发行（财政刺激），抵押品相对于现金仍是过剩的。并不是所有现金换抵押品或抵押品换现金的交易都能通过交易商的资产负债表实现。正如第 2 章所讨论的，美联储正在提供"货币"或准备金来弥补抵押品和现金之间的缺口，以确保抵押品利率不会飙升（回想 2019 年 9 月中旬的事件）。在欧洲，优质抵押品（德国国债和法国财政部的可替代债券）的供给仍然不足，回购利率通常比存款利率低 50 个基点。然而，各国央行的融券交易创造了优质抵押品（由欧洲央行的资产购买计划购买），并让其可以重返市场（见第 8 章专栏 8.2 和第 2 章表 2.2）。

旧的和新的抵押品空间

大量的短期融资通常是由私人经济主体通过接受金融抵押品而提供的。在"旧"的全球金融体系中,非银行机构可以比较自由地重复使用其抵押品。第2章中指出,向"华尔街"(或者大型银行或交易商)提供被质押的抵押品的机构主要包括:(1)对冲基金;(2)养老基金、保险公司、政府部门账户等的托管机构(图9.1)。[①] 在这个包含银行与非银行部门的关联中,通常是大型银行或交易商的中央抵押品交易室接收被质押的抵押品的"供给",并对它们进行重复使用,来满足金融体系对抵押品的"需求"。

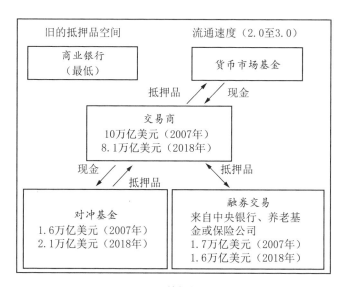

图 9.1　旧的抵押品空间

图 9.1 中间的矩形描述了旧的抵押品空间的规模,并阐明了相对于 2007 年底,2018 年底抵押品空间规模有所减少。金融危机使得交易对手风险升高,并

因此导致市场不完全和抵押品池中的抵押品被"闲置"。此外,一些央行购买优质抵押品的行为也导致被质押的抵押品市场规模从雷曼危机前(2007年底)的10万亿美元缩减至2018年底的8.1万亿美元左右。金融危机之后(2008年至2016年),该市场规模曾暴跌至5.5万亿至6万亿美元,但随着交易商银行对新监管规定的适应,该市场规模自2017年开始有所回升。

我们之前强调过,被质押的抵押品市场(在过去的抵押品空间)不同于一些"受约束"的抵押品市场。例如,对特定抵押品拥有留置权的基于证券化的结构化产品(例如SIV等)就不能被再质押。此外,三方回购市场是美国的银行融资的主要渠道,2019年其规模已经达到了2万亿至2.5万亿美元。三方回购是在有抵押的基础上向银行提供资金的,随着摩根大通退出这一市场,抵押品只能通过唯一的清算银行(即纽约梅隆银行)提交给货币市场基金等放贷机构。然而,这些抵押品"躺"在托管机构中,并没有在双边市场上被使用,而且很难将它们的所有权转移到"华尔街"上来对其再抵押(见第1章)。在识别"新的"抵押品空间时,我们忽略了旧的抵押品空间中这些受约束的市场,因为这些市场中的抵押品被限制在三方回购市场中,而不能被重复使用。

"新的"抵押品空间不仅涵盖了银行与非银行部门之间的关联(在这里产生了抵押品流通速度),还涵盖了目前对抵押品可得性产生重要影响的其他参与者。央行、监管机构和抵押品托管机构在抵押品领域中的影响日益增强,并正在显著改变抵押品市场的格局。这些新维度包括:(1)一些发达经济体央行推行的非常规货币政策将优质抵押品从市场上转移到它们的资产负债表中,并将其封存起来;(2)《巴塞尔协议III》《多德—弗兰克法案》《欧洲市场基础设施监管条例》等监管规定要求银行、CCP等机构建立抵押品缓冲机制;(3)抵押品托管机构正努力与CSD建立联系,以向市场释放抵押品;(4)AAA或AA评级的证券发行人的净债务发行。

在对图9.2中不断变化的抵押品空间进行讨论时,我们假设发达经济体的债务和GDP不会大规模增加(否则,讨论抵押品短缺的话题是没有意义的)。

151

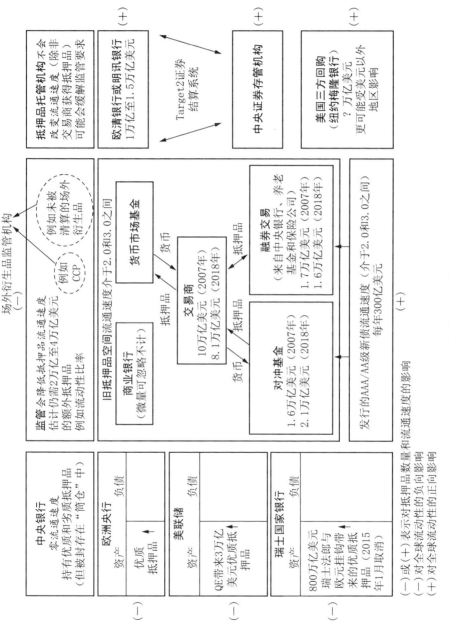

图 9.2 抵押品空间的变动

（一）或（＋）表示对抵押品数量和流通速度的影响
（一）对全球流动性的负向影响
（＋）对全球流动性的正向影响

此外,我们还假设监管和抵押品的标准不会变得过于宽松,避免垃圾债券在经过象征性的折扣后也能被视为"优质抵押品"。并且随后,我们关注的是对流入市场中的抵押品的重复使用,因为无论优质抵押品存量有多少,都只有其中的一小部分会流入市场以寻求获得经济租金。

近期内改变抵押品市场的因素

虽然抵押品空间有许多新的市场"参与者"和发展,但在本章中,我们将重点讨论四个对抵押品市场有重大影响的市场参与者。

中央银行(图 9.2,左边区域)

尽管欧洲央行努力将欧盟金融市场中的优质抵押品与劣质抵押品之间的比率维持在较高水平,但瑞士国家银行(Swiss National Bank,SNB)和其他国家的央行的行为却与欧洲央行的目标相左。[②]自 2011 年 9 月瑞士法郎与欧元挂钩到 2015 年 1 月取消与欧元挂钩期间,瑞士央行的资产负债表规模大幅增长至约 5 000 亿美元,并且当前其资产负债表规模已经超过 8 000 亿美元。其中大约一半的资产(截至 2020 年已降至 40%)是由短期、"核心国家"欧元债券和股票组成的。这反映了瑞士央行审慎的资产负债管理态度。然而,瑞士央行的债券购买活动使得欧元区最优质的、流动性最强的抵押品数量减少。这会使得抵押品的重复使用率下降,因为这些债券被瑞士央行"封存"而不能流入市场中被重复使用。

根据定义,被"封存"的抵押品的流通速度为零。在危机阶段,欧洲央行对抵押品采取了两种措施:第一种方式是扩大合格抵押品的范围,包括降低对资产支持证券的门槛要求和放松对基于外币的抵押品的要求（也就是说，非欧元抵押品也可被视为合格抵押品）。相对于德国国债等优质抵押品，这使得一些质量较低的抵押品被转移到了欧洲央行——这会增加市场中优质抵押品的供给。第二种方式是 QE，但这也会将优质抵押品"封存"起来，进而对市场供给产生不利影响。

自雷曼危机以来，由于 QE 的实施，美联储坐拥超过 3 万亿美元的"优质抵押品"——主要是美国国债和 MBS。这对抵押品的流通速度以及全球抵押品的需求和供给产生了直接的影响（见第 4 章和第 5 章）。然而，正如已经讨论过的，在美国，目前抵押品的供给相对于货币更充足，这不仅是因为有新债券发行，还因为一些"货币"可以直接流入美联储（通过美联储的两个逆回购计划、美国财政部的政府账户和 CCP 在美联储开设的账户）。当货币绕过管道进入央行时，货币与抵押品的比率会受到影响（进而影响抵押品利率，例如回购、融券交易或主经纪商业务融资对应的利率水平）。

英国央行的 QE 已经将约 3 750 亿英镑的英国政府债券纳入了其资产负债表；然而，展望未来，如果英国脱欧后 QE 的力度加大，那么英国央行将对市场中的抵押品供给产生负面影响。此外，日本央行每年购买 80 万亿日元（8 000 亿美元）包括日本国债在内的资产，并采取了"利率曲线控制"（yield control）的政策工具，这个政策会控制日本国债的供给和需求，且会对市场管道产生不利影响。然而，在过去，日本国债的流通速度非常低，这是因为日本国债不被用于"升级"交易，且通常由国内投资者持有，因此日本国债对国际抵押品市场不会有太大影响。

新的监管（图 9.2，中间顶部区域）

《巴塞尔协议 III》和《多德—弗兰克法案》中的监管要求会产生大约 2 万亿

至 4 万亿美元的对抵押品的新需求。一些关键性的监管新规,如提高银行的流动性比率以及 CCP(和非集中清算场外衍生品)对抵押品的要求,会对抵押品市场产生影响。这些要求金融机构设立安全缓冲的监管新规会将相关的抵押品"封存"起来,这会大幅减少流入金融市场的抵押品数量。

托管机构(图 9.2,右侧区域)

2011 年,欧洲央行表示,欧元区有 14 万亿欧元的抵押品,其中大部分被锁定在存管机构中,因此这些抵押品不容易被跨境使用。然而,欧清银行和明讯银行正积极推进与地方和国家的 CSD 合作,以缓解对抵押品的约束。T2S 系统将为中央银行货币的证券结算提供一个统一的泛欧平台(详见第 8 章),从而促进欧清银行和明讯银行与 CSD 之间相互关联性的建立。在美国,考虑到三方回购市场的结构,以及最近对货币市场和三方回购透支方面的改革,纽约银行不太可能提高美国国内的抵押品重复使用率,但对美国之外的市场提高其抵押品重复使用率是有可能的。

初步估计表明,托管机构通过优化抵押品使用、建立抵押品高速公路或者全球流动性中心,可以在中期释放高达 1 万亿至 1.5 万亿欧元的 AAA 级或 AA 级优质抵押品。虽然这些抵押品不太可能流入市场,但可以在会计上改进借方和贷方的抵押品 *,以打破抵押品的"筒仓"。然而,处理和管理数以万亿计的抵押品余额所需的内部"管道"(即运营、工作流程、技术、员工等)必须是畅通无阻的。

---

* 例如,如果欧清银行和明讯银行等大型 ICSD 与某国的 CSD 连通起来(注意,该国可能不允许抵押品跨境转移),就能提高抵押品的流动性。虽然抵押品仍是被存放在托管机构中,但是可以通过 ICSD 实现抵押品的跨境转移了。因此,这些抵押品不仅能够缓解监管上的要求,实际上也提高了抵押品的流动性。——译者注

每个机构或市场都是不同的；市场的管道中也存在很多摩擦。尽管从法律上讲，抵押品是允许被重复使用的，但如果抵押品链条上的交易对手没有建立起统一的系统来使用抵押品，那么抵押品就会被"卡在"管道中。目前市场中的摩擦可能相当大，这也许就是理论上的抵押品余额与实际数字上加总的余额不一致的另一个原因。

即使这些抵押品没有流入大型银行和市场，它们也允许这些抵押品脱离CSD的"筒仓"（即无法流动的抵押品），提高市场效率，在会计上改进借方和贷方上的抵押品，并减轻因 LCR 或与 CCP 相关的监管要求而为市场带来的负担。欧洲三方回购市场中的一些机构（即欧清银行和明讯银行）也持有其客户的抵押品，因此它们也可以缓解一部分对抵押品的需求。

在美国，纽约银行可能也改善了美国三方回购市场内部的抵押品流动。货币市场基金是美国金融管道系统的重要动脉，它支撑着约三分之一的三方回购市场。自 2016 年 10 月以来随着美国法规开始要求货币市场基金改为按照资产净值管理，这一货币管道开始收缩。由于道富银行和纽约银行这些托管银行在货币市场基金行业有着"最后的资产负债表"的地位，监管改革后对资产负债表空间的约束意味着，它们将得到进一步发展（除非美联储的逆回购体系导致货币市场基金集体从三方回购市场转移到美联储；尽管美联储在 2016 年 12 月宣布加息，并允许一些获批账户将高达 2 万亿美元的资金投资于逆回购工具，但情况并非如此）。

一般来说，央行、主权财富基金和长期资产管理机构（人寿保险和养老基金）希望抵押品保持低波动性，但并不一定要求其具有高流动性。这些机构应当作为流动性的净供给方，向市场提供现金或抵押品。但更关键的原因是，它们对抵押品的需求是相对稳定的（或者，作为流动性的提供者，它们可以规定对手只能借固定的数量）。另一方面，对冲基金、货币市场基金（以及新规定下的交易商银行）对抵押品的需求和其大量的交易对手发生了急剧变化，它们对具有流动性的抵押品的需求增加了。因此，从理论上讲，我们可以建立一个抵押品升级方面的市场。

新增（净）债务发行（图 9.2，中间底部区域）

假设评级为 AAA 级或 AA 级的国家的 GDP 约为 25 万亿美元,赤字约为 GDP 的 4％至 5％,它们每年（平均）提供了约 1 万亿美元的新增（净）债务——主权债务和企业债务。来自数据库和市场的证据表明,平均而言,大约 30％至 40％的 AAA 级或 AA 级的抵押品存量是通过托管机构进入市场被重复使用的（抵押品是由准备金管理机构、主权财富基金、养老基金、保险公司等机构提供的）;不过,大部分抵押品库存仍由"买入并持有"的投资者持有。因此,如果发达国家的债务与 GDP 之比保持原有趋势（即比率没有显著增加）,"分子"每年可能向市场提供多达 3 000 亿美元的新债务。另外 5％至 10％的新增（包括股票）可能来自对冲基金。近年来,抵押品的重复使用率约为 2.0,因此新增净债务发行每年可提供约 6 000 亿美元抵押品来缓解抵押品的短缺。

一些政策问题和新抵押品空间

评级为 AAA 级或 AA 级的机构的数量不断减少,以及借款人和其质押的抵押品之间的潜在相关性,在看似充足的资产供给（如欧元区提供的政府债券）和人们对某些国家的债券作为抵押品的接受程度之间,制造了相当严重的供需不匹配问题。尽管现在已经有了相关的监管规定,但是一些低于 AAA 级或 AA 级的债券会被认为是合格抵押品。此外,如果有对抵押品的需求,抵押品转换将增加所需抵押品的供给。

欧洲央行持有许多优质抵押品(例如,德国、荷兰和法国的债券以及其他AAA级或AA级证券)。随着QE的继续,欧洲央行在其近5万亿欧元的资产负债表中将持有更多优质抵押品(如德国国债)。事实已经证明,这对欧元区的金融管道来说是一个挑战,回购利率(已低于零)与其他政策利率(存款利率和EONIA利率)之间已经出现了差异。最近,欧洲央行开始允许各国央行"出租"其持有的优质抵押品,或用这些抵押品进行融券交易,这一政策的目标可能是"在市场上"保持较高的优质与劣质抵押品比率。最近的证据表明,欧元区的融券交易正将价值约为700亿至800亿欧元的优质抵押品释放回市场(见专栏8.2和第2章)。其他欧盟国家的央行也持有优质抵押品。不过,要注意的是,欧盟其他一些国家的央行(如瑞士央行、英国央行 *)并不像欧洲央行那样,有着相同的既得利益来支持欧盟抵押品市场。

总而言之,在过去的十年中,对抵押品的重复使用在显著下降——见专栏9.1。要想在金融体系中调动抵押品,私人部门资产负债表就必须留有一定的空间;但由于新法规的出台,这种"空间"现在却在减少。此外,在MF Global和Peregrine事件之后,因为对"在法律上隔离"一些客户(资产管理机构、对冲基金等)账户的需求越来越大,抵押品的重复使用率也会下降。市场中一个很好的例子来自澳大利亚储备银行(Reserve Bank of Australia,RBA):与其他政策界所讨论的方案不同,澳大利亚储备银行的方案试图在无需发行更多债券的前提下,应对即将到来的监管变化,并为市场提供大量额外的HQLA(或优质抵押品)。它所采用的这种承诺流动性便利(committed liquidity facility,CLF)类似于支付一笔费用,然后从澳大利亚储备银行获得优质抵押品的担保。这一方法类似于抵押品转换,不同之处在于,它可以防止抵押品重复使用率下降。换句话说:

对抵押品的需求 = 抵押品的供给 × 抵押品流通速度

---

* 2020年1月3日,欧盟正式批准了英国脱欧。自此,英国不再是欧盟国家。——译者注

专栏 9.1 | 抵押品流通速度在反弹

在金融危机之前,抵押品的使用(和重复使用率)与 M2 等货币总量指标下的流通速度相当。自 2011 年首次估计出抵押品流通速度以来,英国央行、荷兰央行和最近的德国央行等的研究人员,以及金融稳定委员会、DTCC 等公共和私人部门的监管机构,一直在对这个问题进行研究。对于外行来说,抵押品流通速度可以看作大型银行收到的全部被质押的抵押品(有资格被重复使用)除以基础抵押品(即通过逆回购、融券交易、主经纪商业务和衍生品保证金获得的)的比率。

从本质上讲,这一比率衡量的是银行与非银行部门之间的金融中介活动(也被称为"抵押品链条")带来的抵押品重复使用率。对于活跃在这个市场上的全球性银行来说,银行系统有两个抵押品的主要来源:(1)对冲基金;(2)其他类型的机构投资者。如表 9.1 所示,在 2007 年雷曼危机之前,大约有 10 万亿美元的抵押品被抵押,3.4 万亿美元的抵押品"来源"或基础证券。用这个比率衡量的抵押品流通速度(即重复使用率)约为 3。

表 9.1 显示了这个数字在不同的抵押品提供者之间是怎样细分的。

表 9.1　抵押品来源与重复使用率

年　份	抵押品来源 对冲基金	融券交易	总　计	被质押的抵押品规模	重复使用(或流通速度)
2007	1.7	1.7	3.4	10.0	3.0
2010	1.3	1.1	2.4	6.0	2.5
2011	1.4	1.05	2.5	6.3	2.5
2012	1.8	1.0	2.8	6.1	2.2
2013	1.85	1.0	2.85	6.0	2.1
2014	1.9	1.1	3.0	6.1	2.0
2015	2.0	1.1	3.1	5.8	1.9
2016	2.1	1.2	3.3	6.1	1.8
2017	2.2	1.5	3.7	7.5	2.0
2018	2.1	1.6	3.7	8.1	2.2

资料来源:风险管理协会,IMF 工作论文 11/256;更新后包括了加拿大的银行。

这一领域的研究认为,自雷曼危机以来,抵押品流通速度一直在降低;其大幅度的下降,最初是由于 G-SIB(即全球系统重要性银行)规避交易对手风险的结果。自 2008 年以来,由于欧债危机、各国央行(通过购买债券)限制优质抵押品可得性的 QE 政策以及新的监管规定的出台,抵押品市场在近十年内没有出现反弹。被质押的抵押品数量仍保持在 6 万亿美元左右,抵押品流通速度也降到了 2.0 以下。

然而,在过去的两年里(2017 年底和 2018 年底),主要银行收到的可继续再质押的抵押品总计为 8.1 万亿美元,比 2016 年底增加了 33%。如本书彩图所示,全球几乎所有银行的抵押品规模都有所增加(换算成美元进行了调整)。抵押品的主要来源是价值 3.7 万亿美元的标的证券,这意味着抵押品流通速度约为 2.2。

第 1 章图 1.1 和图 1.2 概述了美国的银行(图 1.1)和非美国银行(图 1.2)收到的被质押的抵押品。

最近的趋势表明,交易商的业务重心逐渐转向了主经纪商业务和融券交易。这表明,交易商正在对其业务进行优化(和重新布局),以适应新的监管规定和对资产负债表空间的约束,整体资产负债表弹性会更高。未来几年,被质押的抵押品的流通速度可能会缓慢上升,尤其是考虑到最近的监管政策有所放松之后。

因此,我们认为有一些政策方面的问题需要注意:

(1)既然交易商银行的资产负债表空间断断续续地在扩大(即比雷曼倒闭和新监管规定出台后更具弹性),它们是否仍有必要通过市场管道来利用央行的资产负债表?目前央行资产负债表的规模和覆盖范围降低了货币市场的效率,这会影响货币政策的传导效果。

(2)在央行缩表后,银行对 HQLA 缓冲的需求将会带来有意思的变化。因为除了摩根大通以外,大多数交易商银行通常更偏好可被重复使用的优质抵押品,如美国国债和 MBS(见 Ihrig et al., 2018)。

(3)尽管各国央行正在启动一个紧缩周期,但抵押品流通速度的提高将改善金融状况。然而,目前尚没有一个常用的金融状况指数(FCI)将抵押品流通速度纳入考量(Singh, 2017)。

资料来源:*Financial Times* Alphaville column, May 22, 2019。

注 释

① 对冲基金通过允许其主经纪商重复使用其抵押品,作为从交易商那里获得杠杆或资金的交换条件。其他提供抵押品的非银行部门通常会提供不同期限的抵押品,以优化它们的资产管理。商业银行在这一领域并不活跃,因此是可以忽略不计的。

② 风险管理协会的数据库总结了市场上借贷合约的存量。请参阅巴克莱银行的 AAA/AA 指数和风险管理协会网站(www. rmahq. org),前者提供了包含所有权转移的融券交易数据。

参考文献

Geanakopolos, John, 2003, "Liquidity, Default and Crashes", Cowles Foundation Paper No.1074.

Gorton, Gary, Stefan Lewellen and Andrew Metric, 2012, "The Safe Asset Share", *American Economic Review: Papers and Proceedings* 102(3), May.

International Monetary Fund, 2012, "Global Financial Stability Report", Annex 2.1, April.

ISDA, 2012, "Initial Margin For Non-Centrally Cleared Swaps", November.

JPMorgan, 2012, "Flows and Liquidity-No Shortage of Collateral", October 5.

Krishnamurthy, Arvind, Stefan Nagel and Dmitry Orlov, 2010, "Sizing up Repo", Working Paper, Northwestern and Stanford Universities.

Shleifer, Andrei, and Robert Vishny, 2011, "Fire Sales in Finance and Macroeconomics", *Journal of Economic Perspectives*, Winter.

附录：抵押品托管 vs.抵押品再抵押

本附录讨论对冲基金最近将抵押品与其主经纪商隔离开来的举措。我们发现，通过第三方托管将超额抵押品"封存"起来，抵押品的流转和流通速度降低了。然而，将交给主经纪商母公司的抵押品存放在一个被隔离的法人机构中，从而使得主经纪商母公司（非主经纪商业务部门）可重复使用该抵押品，可以降低对冲基金支付的主经纪商业务费用。

有抵押的融资（其中主经纪商会保留对冲基金提供的抵押品）与无抵押的融资在主经纪商业务费用上差异可能很大。如果允许超额抵押品留在交易商的伞式组织内（如在高盛集团下面的一个被隔离的机构内），主经纪商业务费用可能为零，或低至 Libor + 50 个基点。如果对冲基金选择将超额抵押品保留在第三方托管机构中（如纽约银行），所需的 Libor + 250 个基点的主经纪商业务费用显然没有 Libor + 50 个基点有吸引力（见图 9.3）。[①] 交易商可以重复使用或周转其隔离账户中的抵押品，以用于收益较高的融券交易或回购业务；如果抵押品转移到如纽约银行等第三方托管机构（那里是抵押品的一个"筒仓"）当中，抵押品将不会再进入市场流转（同上，自 2013 年 9 月以来，在美联储开展的逆回

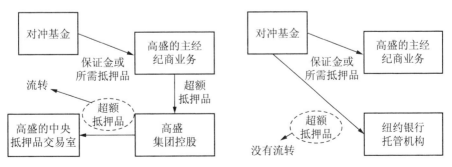

图 9.3　大型银行对对冲基金抵押品的使用

购业务中,非银行部门不能再抵押从中获得的抵押品,只能将其交由美联储保管)。许多中小对冲基金宁愿将扣除费用后的回报率提高 2 个百分点(即 Libor ＋250 个基点 vs.Libor ＋50 个基点),也不愿采取额外措施,将多余的抵押品交给第三方托管机构,因为这将使它们承担更高的主经纪商业务费用。[2]

附录注释

[1] 请注意,"隔离"结构(即高盛集团的超额抵押品)尚未在法律中经受检验。

[2] 举例来说,假设有两家对冲基金,它们为客户管理资产的年回报率都是 8％(支付主经纪商业务手续费之前)。其中一家允许全额再抵押其抵押品的对冲基金,将支付 0.75％的主经纪商业务费用,并给予其客户 7.25％的年回报率(扣除主经纪商业务费用后)。第二家对冲基金将所有的超额抵押品都交给第三方保管(也就是说,不会给予主经纪商任何超额抵押品的再抵押权),这样一来,它的客户的年回报率将为 8％减去 2.75％的主经纪商业务费用,即仅为 5.25％。

10 场外衍生品市场的抵押品

本章简要介绍场外衍生品市场，以及目前将衍生品市场中的合约转移到中央对手方（CCP）中进行清算这一监管方案存在的缺陷。随着金融市场中与跨境结算相关的问题不断涌现，人们对 CCP 的讨论只会有增无减，特别是在当前一些关于 CCP 的关键议题（如 CCP 的恢复和处置方案）尚无定论的情况下。

引言

作为危机后监管改革方案的一部分，新的监管规则将大幅增加抵押品在金融体系中的使用。市场和政策机构的估计结果表明，《多德—弗兰克法案》《巴塞尔协议 III》《欧洲市场基础设施监管条例》将会要求市场提供价值 2 万亿至 4 万亿美元的未抵押的抵押品，用于满足 CCP 对场外衍生品交易的保证金要求、《巴塞尔协议 III》下的流动性比率监管要求以及在《欧洲市场基础设施监管条例》和《偿付能力监管标准 II》（Solvency II）下并行产生的对抵押品的额外需求。

与此同时,由于全球金融危机以及美国和欧洲 QE 的实施,大量抵押品已流出金融体系并被"封存"在各国央行当中。此外,由于与大型银行进行交易所带来的交易对手风险以及客户的风险厌恶情绪,抵押品的重复使用率(或流通速度)也降低了。事实上,截至 2016 年底,决定抵押品市场出清价格的双边质押市场的规模已从约 10 万亿美元萎缩至约 6 万亿美元,并在 2018 年底反弹至 8.1 万亿美元。更重要的是,许多拟议实施的监管规定(例如将场外衍生品转移至 CCP 中清算)尚未生效,一些关键政策的实施日期也被推迟了 *。

雷曼破产和美国政府救助 AIG 所引发的金融危机,推动了将场外衍生品合约从监管较松的双边清算转向 CCP 清算这一改革落地实施的进程。随着美国和欧盟的监管机构正在积极推动相关立法,以期能够降低市场中与系统重要性金融机构(systemically important financial institution, SIFI)相关的系统性风险,有关未来金融监管应当如何调整的讨论愈发热烈(其中,SIFI 包括大型银行和非银行机构)。为了减轻由交易对手方的信用风险和其资不抵债所带来的系统性风险,衍生品合约的使用者将必须持有更多的、由双边交易对手提供的抵押品(或等价资本),或者向 CCP 提交一定数量的保证金。先前的研究(Singh, 2010)表明,这个价值 600 万亿美元的场外衍生品市场存在严重的抵押不足问题,这为金融市场带来了巨大的系统性风险(见专栏 10.1 和表 10.1)。此外,这一方面的研究表明,为满足预期的监管要求所带来的额外抵押品需求也为市场带来了严重的负担(ISDA, 2012;BOE, 2012;BIS, 2011)。最近有一项研究表明,在比较双边清算和 CCP 清算所带来的成本时,如果对后者的净额结算和违约瀑布基金所带来的成本进行更认真的校准,那么将清算业务从双边市场转移到 CCP 当中并不一定会带来更好的结果(Ghamami and Glasserman, 2016)。

---

* 金融稳定委员会发布的 2021 年场外衍生品市场进展报告里列出了实施强制集中清算的国家和地区,目前大多数国家或地区的强制集中清算规定都已经生效。——译者注

表 10.1 场外衍生品交易市场中的抵押品

| | 总市值 | | | | | | | | | | | | |
	H2 2008年	H2 2009年	H2 2010年	H2 2011年	H2 2012年	H2 2012年	H2 2013年	H2 2014年	H2 2015年	H2 2016年	H2 2017年	H2 2018年	H2 2019年
总数	35 281	21 542	21 296	27 285	24 740	24 740	18 825	20 880	14 498	14 498	10 956	9 662	12 061
A. 外汇合约	4 084	2 070	2 482	2 555	2 304	2 304	2 284	2 944	2 579	2 579	2 293	2 257	2 229
B. 利率合约	20 087	14 020	14 746	20 001	18 833	18 833	14 200	15 608	10 148	10 148	7 579	6 400	8 806
C. 与股票相关的合约	1 112	708	648	679	605	605	700	615	495	495	575	571	579
D. 商品合约	955	545	526	487	358	358	264	317	297	297	189	220	198
E. 信用风险掉期	5 116	1 801	1 351	1 586	848	848	653	593	421	421	304	187	214
F. 其他	3 927	2 398	1 543	1 977	1 792	1 792	724	803	558	558	8	22	14
总信用风险敞口*	5 005	3 521	3 480	3 912	3 626	3 626	3 033	3 358	2 853	2 683	2 853	2 274	2 662

注：* 总市值的计算方法是，同无需进行信息披露的交易对手方签订的合约的正总市值（gross positive market value）与负总市值（gross negative market value）的绝对值之和。总信用风险敞口（gross credit exposure）的计算考虑了具有法律效力的双边净额协议。

专栏 10.1 ｜ 场外衍生品市场的抵押不足问题

尽管在讨论场外衍生品市场的规模时,我们常常引用 600 万亿美元(场外衍生品市场的名义合约价值)这个数字,但这确实夸大了场外衍生品市场的重要性。场外衍生品市场中更重要的是"实值"(in-the-money)(或总价值为正,gross-positive-value)和"虚值"(out-of-the-money)(或总价值为负,gross-negative-value)的衍生品头寸,这些头寸经过"净额结算"计算后会进一步减少。从抵押品需求和供给的角度来看,抵押不足是政策讨论更关注的问题。通常,包括初始保证金和变动保证金在内的抵押品是由对冲基金、资产管理机构和其他客户提交的,活跃在这一市场的大型银行与一些客户(如主权国家、准主权国家、大型养老基金和保险公司,以及 AAA 级公司)之间并未签署双向保证金协议,因此,衍生品合约到期时,抵押品可能并不会被提交给银行,相应地,银行也可能不会向这些客户提供抵押品。有意思的是,监管机构也建议从集中清算业务中移除外汇掉期交易[与 CCP 不同,主要的外汇结算机构(CLS)不替代或继承原始合约,所以实际上外汇风险是由银行承担的]。将场外衍生品转移到 CCP 的关键目的之一是推行多边净额结算,以抵销银行账面上对所有场外产品的风险敞口——一般来说,在采用 CCP 清算的情况下,覆盖投资组合风险敞口所需的保证金会更少。然而,如果存在多个不相互连接的 CCP,由于它们之间不会发生跨产品的净额结算,净额结算的好处就会大大减少(这是因为,目前几乎所有的 CCP 都提供同类产品的多边净额结算服务,而不提供跨产品的净额结算服务)。

目前,场外衍生品市场存在抵押不足的问题,这个问题与金融体系内存在的一些享受优待的投资者有关,例如主权国家、主权财富基金、央行、企业、多边机构等。根据国际清算银行每半年一次的调查(见表 10.1)和 Singh(2010),自 2008 年以来,场外衍生品市场中存在 3 万亿至 5 万亿美元的抵押品缺口。然而,抵押品缺口的真实数额甚至可能会高于上述估计值。即使我们只考虑其中半数的头寸(即银行的虚值头寸)给纳税人带来的风险,抵押品缺口也过大了。因此,即使变动保证金是可互换的,并且不会留在"衍生品筒仓"中,已被指定使用的抵押品(只作为初始保证金)也可能是不足的;因此我们需要提交额外的抵押品(详见第 2 章),并且这些抵押品也可以被重复使用,因为提交抵押品伴随着"所有权的转移"。

将(一些)场外衍生品转移到 CCP

这里要介绍一下背景情况,在将场外衍生品从大型银行的账面中转移出来的势头兴起之前,CCP 就被归入了支付系统的范畴。在雷曼危机之后,2009 年二十国集团(G20)匹兹堡会议决定,要将大量的银行衍生品风险转移到 CCP 中。监管机构正迫使大量场外衍生品流入 CCP,这是一个巨大的转变,其主要目的是将风险从银行体系中剥离出去。这些新的机构(即 CCP)也可以被视为"衍生品仓库",或全球金融市场的集中"风险节点"。有许多观点都认为,应当试图消除 SIFI 中的风险,但这会是一个十分困难的任务。因此,创建 CCP 等新的 SIFI 需要得到更全面的经济学理论的支持。图 10.1 显示,过去规模前十的银行中,每一家平均承担了约 1 000 亿美元的与衍生品相关的尾部风险,即一家大型银行倒闭给金融体系带来的成本约为 1 000 亿美元(尾部风险是用一家大型银行的净额结算和剔除抵押品后剩余的衍生品负债来衡量的),上述尾部风险估计方式的经济学基础在《国际财务报告准则》和《公认会计原则》下都是成立的。例如,巴克莱银行最近的年报显示,其衍生品负债为5 270 亿美元。如果巴克莱银行破产,经过净额结算减掉 4 270 亿美元后,其风险为 1 000 亿美元。这可以在《公认会计原则》下被直接反映出来(但不能在《国际财务报告准则》下被直接反映出来,因为后者不允许对衍生品头寸进行净额结算)。但即使按照

《国际财务报告准则》,巴克莱银行破产后,市场仍将面临1 000亿美元的剩余风险。

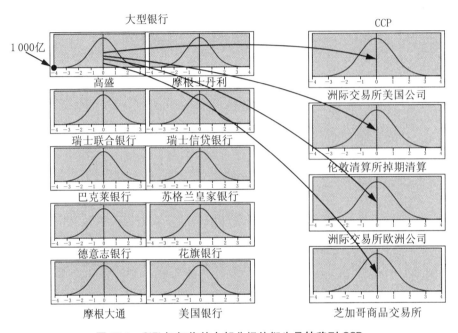

图 10.1　SIFI 如何将其大部分场外衍生品转移到 CCP

　　然而,目前的监管政策并没有解决衍生品的尾部风险问题,而是仅专注于将大部分衍生品转移到 CCP 当中。根据国际掉期和衍生品协会的净额结算协议,过去和现在的市场实践导致剩余风险会以衍生品负债(和衍生品资产)的形式出现。这是因为主权国家、AAA 级保险公司、企业、中小型银行、多边机构(如欧洲复兴开发银行)以及伯克希尔—哈撒韦类型的公司被银行和监管机构视为可享受优待和(基本上)安全的客户,因此它们并没有提交足够的抵押品。

　　将衍生品合约转移到 CCP 的方案的设想是要求所有成员提交抵押品,为监管改革营造一个相对透明的环境。各方机构都应向 CCP 提交抵押品,这也被称为国际掉期和衍生品协会下的双向信用担保附约。然而,这一设想实际上并未实现。如前文所述,部分用户(例如许多央行、主权国家和市政当局)就不是必须要提交抵押品的。

　　毫不奇怪的是,上述监管改革受到了金融行业的反对,其中就包括大型银行、资产管理机构(如养老基金)和保险公司。同时,航空公司和非金融企业等"终端用户"也企图通过多方游说以避免提交抵押品,它们可能是真正的对冲者;但如果它们不提交抵押品,而是将这一责任转嫁给其对应的银行,那么它们使用场外衍生品就会引致系统性风险。

　　接下来本章将详细讨论拟议实施的法规可能会带来的问题,其中包括繁重的抵押品要求、中央银行对 CCP 的支持、将 CCP 比作公用事业机构的错误认识,以及抵押品重复使用率(流通速度)的降低。政策改革的成功实施还面临着许多其他障碍,例如净额结算总体覆盖面较窄、CCP 之间的互操作性较低、对隔离抵押品的需求以及在各个司法管辖区中 CCP 的"对等性"(特别是考虑到英国脱欧、治外法权和监管套利的影响)等。

互操作性

　　CCP 之间互操作性(interoperability)或相互连接性的建立,意味着每个 CCP 需要根据各 CCP 之间的净未平仓头寸(net open positition)增加其违约基金规模。因此,CCP a 可以持有或有权获取未来可能资不抵债*的 CCP b 的抵押品,以弥补 CCP b 清偿对 CCP a 的债务时 CCP a 所遭受的损失。然而,在法律和监管要求中,跨境保证金的获取需要服从于国家破产法(如《美国破产法》的"第 11 章")。一个国家的 CCP a 不太可能获取在另一个国家注册的 CCP b 提交的抵押品。CCP 改变其商业模式,并失去其原本的细分市场也不符合 CCP

---

　　* 这里的资不抵债是指,我们仍有机会为 CCP 提供资金,进而让它"复活"(或恢复正常运营)。因为 CCP 太大而不能倒,所以它一般不会破产。—— 译者注

的利益。仅仅是满足 CCP 互操作性所需要的对抵押品进行的统计和核算,就令人望而却步了。

规模庞大的抵押品要求

全球最大的十家银行将继续把场外衍生品的系统性风险保留在自己的资产负债表上,因为监管规定,只有标准的场外衍生品才需要转向在 CCP 中强制集中清算。监管要求将导致市场中出现更多承担场外衍生品市场的系统性风险的 CCP。这违反了人们的直觉——即我们应该尽量减少 SIFI 的数量,并从额外的净额结算服务中受益,而不是增加 SIFI 的数量。因此,若将场外衍生品转移到 CCP 中,我们对抵押品的需求将会增加。将大多数大型银行账面上的衍生品主要集中在一个"组织"(一个法人机构)中,并对其衍生品进行清算,可以在全球范围内实现净额结算的最大化。一些客户,如主权国家和美国市政当局,目前无须提交抵押品。因此,场外衍生品市场中很大的一部分衍生品将不会被转入 CCP 进行清算。奥纬咨询(Oliver Wyman)和摩根士丹利在 2011 年早些时候的研究也发现,市场中仍存在大量对抵押品的需求。国际掉期和衍生品协会也承认,将衍生品头寸转移到 CCP 会产生大量抵押品需求,尽管它们(早期)的保证金调查表明,场外衍生品市场中大部分的衍生品都是有抵押品的。但大量的抵押品需求以及对享有优待的机构的抵押品豁免意味着,CCP 可能不会继承银行所有的衍生品头寸。如前所述,CCP 之间目前也不太可能实现(跨境层面的)互操作性,因此,当前全球范围内的净额结算也不太可能实现。净额结算是抵押品需求的反面,即它会降低对抵押品的需求,我们将在本章附录中讨论这个问题。活跃在场外衍生品市场的大型银行不愿拆分其账面上已经被净额结算的头寸,因为这将带来无谓损失,并增加它们对抵押品的需求。然而,非集中清算的双边交易保证金规则等惩罚性规定,将导致更多的净头寸被拆分。2019 年末,或许是受到英国脱欧的推动,德卡银行(DekaBank)将大量头寸从伦敦清算所的利率掉期清算部门转移到位于法兰克福的欧洲期货交易所(Eurex)。由于伦敦清算所和欧洲期货交易所不是互操作的,这类跨境交易会导致净额结算的减少和新的抵押品需求的产生。

中央银行支持

如果有偿付能力的清算会员大量外流,CCP 将会面临流动性危机,因为这种情况下的风险表现为 CCP 必须以低价变现其投资组合。假设一个外部冲击出现,同时每个人都要求对 CCP 进行资产清算,并收回其持有的抵押品,这将导致一个问题:如果 CCP 通过回购借出了它持有的抵押品,但无法立刻将其收回,并且出于某些原因,CCP 不希望向其清算会员支付现金(相当于以一定价格购买该证券)。在这种情况下,央行将回购 CCP 最终会收回的全部抵押品。这时更明智的做法是,要求 CCP 清算会员中的银行(如摩根大通、瑞士信贷银行)进入央行的管道,以直接向 CCP 提供流动性。然而,最近央行与 CCP 之间的关系更紧密了,因为现在美国的 CCP 可以直接在央行(而不局限于在私人银行)存款,而且 CCP 在央行的存款规模也不受限制,这与英格兰银行(英国央行)的要求是不同的(例如苹果公司和微软这些持有大量现金的美国公司的资金部也可以直接在央行存款)。

如果 CCP 中有大量成员违约,并导致 CCP 因信贷问题而面临挤兑,那么 CCP 可能也需要央行的救助。在这种情况下,由于与违约成员的交易已经消失,CCP 的账面是不平衡的。如果央行为 CCP 提供流动性支持,那么央行将承担 CCP 净头寸的信用风险或清偿风险(见专栏 10.2)。对此,支付和市场基础设施委员会(CPMI)和国际证监会组织(IOSCO)发布的《金融市场基础设施原则》中有详细的介绍。

专栏 10.2 | CCP 间互操作和不互操作情况下的央行支持

即使 CCP 有充足的抵押品,它们也可能需要中央银行的支持。在金融传染效应的作用下,央行对陷入困境且互操作的 CCP 的支持很可能在多个司法管辖区起到作用。此前的分析工作表明,如果将某个临界量的场外衍生品(约三分之二)转移到 CCP 当中,那么清算会员需要向 CCP 额外缴纳大约 2 000 亿美元的初始保证金和违约基金(Singh, 2010)。如图 10.1 所示,违约基金规模增大意味着四个相互连接的 CCP 持有的资金将超过 2 000 亿美元。本章重点关注的是与场外衍生品市场相关的 CCP,如洲际交易所英国清算公司(ICE Clear UK)、洲际交易所美国信托公司(ICE Trust US)、伦敦清算所利率掉期清算部门(LCH. Clearnet's Swapclear)、芝加哥商品交易所(CME)和欧洲期货交易所(Eurex)(一些较新的机构未被包括在内)。如果这四个 CCP 是相互连接的,则它们需要增加自己的违约基金规模,且清算会员风险敞口的整合也会带来额外的净额结算需求。粗略计算一下,假设这四个 CCP 的规模大致相等(每个 CCP 都有大约 500 亿美元的违约基金),每个 CCP 的违约基金可能需要再增加 750 亿美元,最终违约基金的规模预期将介于 500 亿美元和 2 000 亿美元之间。

净额结算的增加会降低所有 SIFI 账面上的剩余风险。在 CCP 间互操作的情况下,如果它们克服了国际间法律问题的挑战,其增加的净额结算收益将超过 CCP 互操作所要求的额外违约基金。在更有可能出现的情况下(即在 CCP 间"无互操作性"的情况下),假设没有传染效应,央行对 CCP 的支持效果可能仅限于某一管辖区资不抵债的 CCP。然而,当前 CCP 间无互操作性,这会导致多边净额结算减少,因而要求衍生品的持有者负担高得多的抵押品成本。

人们不应排除 CCP 资不抵债的可能性。随着 CCP 开始对更复杂、流动性更低和期限更长的金融工具进行清算,在极端情况下,它们对资金的潜在需求将上升。在最极端的情况下,CCP 的短期流动性短缺有可能导致市场中出现系统性风险,甚至威胁到 CCP 的偿付能力,在这种情况下,央行需要随时准备给 CCP 提供任何必要的支持。然而,这样的安排会带来道德风险问题。例如,在美国,根据《多德—弗兰克法案》,美联储不能救助任何衍生品交易商。更一般地说,对于非银行部门是否应当获得央行流动性的问题,目前还没有完全明确的答案。《多德—弗兰克法案》第 802 至 806 条授权美联储在异常或紧急情况下,可以向被认定为具有系统重要性的 CCP 提供流动性支持(欧盟法律中也有类似的规定)。因此我们不排除由纳税人救市的可能性,但这样的救助方案将由美国财政部而非美联储来负责。然而,监管机构希望避免政府救助 CCP,因此它们建议在 CCP 违约前对其使用恢复工具(如对变动保证金的安排)(详见第 11 章)。

CCP 是公用事业机构吗

场外衍生品的收入和利润有三个来源:创设费(origination fee)、净额结算的收入(netting on books)和清算费(clearing fee)。银行会保留所有的创设费和一部分净额结算的收入(来自未清算的场外衍生品)。公用事业机构有两个特点:(1)有政府的支持;(2)商定的"经济租金"。如果上面提到的所有三个收入(都是总经济租金的组成部分)都是可以商定的,那么 CCP 才是公用事业机构。但银行永远不会放弃创设费或结构化费用(structuring fee),而这是场外衍生品收入中占比最大的一块。监管机构和银行之间的协商结果是,银行将继续不公开披露创设费,因为这笔费用涉及银行年报中固定收益、货币和大宗商品(FICC)下的几个科目。因此,将 CCP 比作公用事业机构是不恰当的,除非 CCP 能获得上述全部"经济租金"。

抵押品流通速度（即重复使用率）的降低

抵押品"流转"（即重复使用率）可能正在显著降低，因为为了让银行和（或）它们的客户（资产管理机构、对冲基金等）向 CCP 提交保证金，监管政策要求对其客户的账户在法律上隔离、在操作上混合（legally segregated/operationally commingled accounts，LSOC）*。此外，对破产隔离结构的需求［这会使得部分抵押品被"封存"起来；之所以存在对破产隔离结构的需求，是因为如果 CCP 所在司法辖区内的央行不能作为最后贷款人向资不抵债的 CCP 提供救助（即流动性或偿付能力上的支持），在提交抵押品的时候，这些 CCP 的客户会要求采用破产隔离结构**］也会抑制市场中对抵押品的再抵押（第 2 章讨论的抵押品流通速度目前为 2.2，比雷曼破产前的 3.0 要低得多）。

我们还需要考虑其他重要问题。例如，这项雄心勃勃的国际议程在各地交错实施会导致监管套利问题。在《多德—弗兰克法案》下，SIFI 的银行集团可以在表内保留相对安全的场外衍生品（如利率衍生品、外汇衍生品和投资级的信用违约掉期），其余部分则必须被转移到银行表外（尽管欧洲和亚洲的情况并非如此）。美国和欧洲正在讨论的治外法权问题，可能会导致各地区监管的分割。并且为了"适应"并遵守对治外法权的最终定义，场外衍生品可能会被簿记到另一个司法管辖区（如亚洲）***。

---

　　* "在法律上隔离、在操作上混合"是指所有客户的保证金都存放在其对应的清算会员账户中，但在法律上保证金的所有权明确归属于每个客户。这样同一清算会员所代理的客户之间的交易，其保证金变动可以抵销。——译者注

　　** 这里是指，由于央行不提供最后的救助，这些客户就会通过破产隔离结构来自己保护自己的抵押品。而处于破产隔离结构中的抵押品是无法被用于再抵押的，因而抵押品被"封存"起来了。——译者注

　　*** 在金融行业中，治外法权意味着，若 A 国的金融机构将其证券簿记在了施行治外法权的 B 国，则 B 国可以将自己国家的监管规定施加给 A 国的金融机构。因此，美国和欧洲过于严苛的监管框架（如沃尔克规则）为各国金融机构施加了诸多限制，这已经使银行业开始考虑设立簿记在亚洲的投资工具。——译者注

巴西证券交易所案例

巴西证券交易所(BRASIL BOLSA BALCÃO S.A.，或 B3，即原来的 BM & FBOVESPA)清算所的业务范围覆盖金融、商品和股票衍生品市场，黄金、股票和公司债券现货市场(包括交易所市场和场外交易市场)以及融券交易市场的交易登记、接受、清算、结算和对交易对手的风险管理，它是巴西唯一一家为这些市场执行 SSS、CCP 和 TR 功能的金融市场基础设施机构。B3 清算所经两个清算所——由 BM&F 经营的衍生品清算所(the Derivatives Clearinghouse)和由 BOVESPA 经营的巴西清算存管公司(Câmara Brasileira de Liquidação e Custódia，CBLC，也即 Brazilian Settlement and Custody Clearinghouse)——合并成立。2014 年，在更换了清算平台和风险计算模型后，衍生品清算所更名为 B3 清算所。这是 B3 清算所整合项目的第一阶段。该项目的第二阶段是将 CBLC 在股票现货市场、衍生品和贷款市场以及公司债券现券市场的结算业务整合到 B3 清算所中。

清算所的整合对 B3 清算所和市场参与者都有好处，特别是：(1)在统一的结算窗口进行结算，抵消了之前市场需要在不同窗口进行结算的权利和义务，从而改善了流动性管理；(2)通过建立新的综合风险模型(该模型将不同资产、合约和抵押品组合的风险放在一起评估)和统一的抵押品池，市场实现了更有效的资本配置，在降低了保证金需求的同时没有减少保证金对清算会员的保护；(3)由于规则、流程、业务时间表、系统、参与者结构的标准化，以及操作程序自动化程度的提高，交易成本降低了；(4)鉴于技术性基础设施的现代化和简化，以及登记、头寸管理、结算和风险管理系统等基础设施数量的减少，技术和操作上的风险降低了。

在 2017 年整合后,B3 清算所成了一个面向多资产的清算所,向市场返还了价值约 350 亿巴西雷亚尔的保证金,并且每日为市场增加了超过 4 亿巴西雷亚尔的市场流动性。在 B3 清算所中,有包括银行和经纪商在内的约 80 个清算会员,它们负责的个人投资者账户超过 20 万个,并且所有这些清算会员被巴西中央银行所监管。

根据巴西的监管规定,头寸和抵押品要被隔离在个人投资者级别的账户中。因此,B3 清算所需要对所有级别的账户(投资者、经纪公司和清算会员)进行日内风险计算,并且需要分别以现金和资产为单位,每日计算其资产和负债的净值。这种隔离存放的模式虽然需要对 IT 和业务流程进行大量投资,但有助于降低系统性风险,增加对投资者的保护,并每日为监管机构提供完整和统一的信息。同时,按照巴西的规定,B3 清算所中的本币金融结算是通过其在巴西中央银行管理的准备金转移系统中的自有结算账户进行的。在抵押品资产的托管业务方面,B3 清算所在各个中央存管机构作为其自己的托管人(对于新兴市场而言,这减少了它们的国内客户在向芝加哥商品交易所、洲际交易所或伦敦清算所提交国际保证金时所需的外汇储备)。

CCP 的替代方案（尚未实施）：对衍生品债务征税

衡量衍生品对金融体系的风险的一个重要指标是,在场外衍生品市场占主导地位的银行资不抵债为金融体系带来的风险敞口。这在银行的"衍生品负债"(而非"衍生品资产")总额中有所体现。在欧洲,衍生品负债也被称为负重置价值(negative replacement value, NRV),衍生品资产被称为正重置价值(positive replacement value, PRV)。目前,银行的衍生品负债并没有被直接纳入对银行的资本监管要求,也没有被反映在对银行的风险评估中。重要的是,我们需要认识到,国际掉期和衍生品协会主协议允许银行对其衍生品资产和负债敞口进行净额结算。即,如果高盛在一项与花旗银行的利率掉期合约中持有正头寸,而在另一项与花旗银行的信用衍生品交易中持有负头寸,国际掉期和衍生品协会就允许高盛对这两种头寸进行净额结算。

我们可以将净额结算后(即在银行净额结算两种头寸和提交抵押品后)的剩余衍生品负债,作为一个现成的衡量衍生品系统性风险的指标。回顾过去是很重要的,这可以帮助我们理解为何监管机构要推动CCP的建立:截至2008年12月,欧洲五大银行中有约7 000亿美元以(净额结算后)衍生品负债形式存在的抵押不足风险。同样,美国的银行在2008年底的风险敞口约为6 500亿美元,因为当时的市场更加混乱。在美国,活跃于场外衍生品市场的主要银行是高盛、花旗银行、摩根大通、美国银行和摩根士丹利。在欧洲,主导这项业务的银行是德意志银行、巴克莱银行、瑞士联合银行、瑞士信贷银行和苏格兰皇家银行(除巴克莱银行外,其他银行最近都失去了其原有的市场份额)。

监管规定并未强制要求减少应付的剩余衍生品。存在其他可以将场外衍生品风险从大型银行的账面中移除的途径,其背后的经济学原理与CCP类似,对抵押品的要求也更低。例如,对剩余衍生品负债(即在净额结算和提交全部抵押品之后)征税,尤其是在救助CCP的成本由纳税人承担的情况下,这会比将场外衍生品转移到CCP中更透明(尽管现在人们越来越关注变动保证金折扣的方式——变动保证金折扣可能避免纳税人救助)。如果征税的惩罚性足够高,那么大型银行会努力将其剩余衍生品负债敞口降至最低——这才是监管部门的主要目标,而不是单纯为了征税。如果有大型银行资不抵债,上述征税政策可以最小化场外衍生品市场带来的系统性风险。

更重要的是,上述征税政策的副产品是剩余衍生品资产将趋于零。之所以会发生这种情况,是因为大型银行通常有匹配的账簿,即平均而言,其衍生品负债头寸和资产头寸的规模大致相同。从法律的角度来看,这一点很重要。根据各国破产法,银行在T0资不抵债时存在不对称问题,即银行在进入破产管理程序(receivership)后,其剩余的衍生品资产不能在 T0 时被使用,即资产被"卡住"
了。这种征税方式(详见专栏 10.3)考虑到了剩余衍生品资产中的抵押品会被
卡在破产管理程序中的情况。征税可以让那些不用清算的机构为使用场外衍
生品支付一定费用(或者让它们的银行代其支付费用)。因此,如果每个场外衍
生品使用者(包括主权国家、准主权国家和最终用户)都提交了它们应提交的抵
押品量,那么场外衍生品市场就会有足够多的抵押品;若将这些抵押品进行适
当的"重新配置",市场中可能就不再需要额外的抵押品了。这也有助于打破主
权国家和银行之间的脐带关系(见第 12 章)。

专栏 10.3 | 衍生品负债的税收分析

在 CCP 间无互操作性的情况下,场外衍生品的尾部风险不太可能下降。
假设 p 表示在 CCP 清算的情况下,需要对银行实施救助的概率,P 表示非
CCP 清算的情况下(现状)对银行实施救助的概率。

如果 $p<P$,那么在 CCP 清算的情况下,场外衍生品的总体尾部风险将
低于在非 CCP 清算的情况下的尾部风险。CCP 之间互操作、实现多边清算
是实现 $p<P$ 的一种方式,但这种情况不太可能发生,因为所需的法律条件
还不到位。此外,目前还没有任何 CCP 能够提供跨产品的净额结算服务,因
此,当银行将其衍生品合约转移到两个未实现互操作的 CCP 时,在银行账面
上已净额结算的合约可能需要被"拆分"。类似地,同类产品间的净额结算也
可能导致抵押品的低效率,因为标准和非标准衍生品合约的投资组合必须被
拆分开:标准合约将与相关抵押品一起被转移到 CCP,而非标准合约将被留
在银行账面上,从而会给银行带来额外的监管费用。这样的"拆分"降低了市
场中净额结算业务的覆盖度。因此,从事前的角度看,有两个问题尚未得到
解决:一方面,CCP 对全部衍生品头寸进行净额结算(主要指在同类产品之间
净额结算,而不是跨产品净额结算)是否优于对拆分后的衍生品头寸进行净

额结算;另一方面,我们仍不清楚将衍生品转移到 CCP 可能导致的其他相关问题(例如,CCP 对抵押品的"封存",或某些客户要求隔离抵押品账户,会导致对抵押品再抵押的减少)。

另一种降低尾部风险的方法是从那些免交抵押品的经济主体处获得抵押品。在 CCP 清算的情况下,这可以通过制定相应的监管规定来实现。但在目前的情况下,这也可以通过对衍生品负债征税来实现(同时这也会产生一定收入,可用于未来可能需要的对 SIFI 的救助)。现在,假设 p_1 和 P_1 表示当前抵押品不足的情况下 SIFI 得到救助的可能性。注意,$p_1 < p$ 且 $P_1 < P$。此外,由于监管的不确定性,p_1 在很大程度上是外生的,而 P_1 是内生的,因为我们可以通过调整税收 T 来减少风险(即没有 CCP 时的剩余衍生品负债)。因此,P_1 小于 p_1,进一步支持了我们之前对税收的分析论证。然而,我们在这里做"最坏情况"的假设,即 $p_1 = P_1$。

总之,在 CCP 清算(设想的方案)和只在银行清算(当前的状况)两种情况下,尾部(或救助)风险很可能保持不变。然而,在 CCP 清算的情况下会出现救助成本 C。在当前非 CCP 清算的情况下,SIFI 资不抵债也可能导致类似的救助成本 C 出现,但是如果有银行愿意承担 SIFI 资不抵债带来的系统性风险,就可以对它们账面中大量的剩余衍生品负债征税,并用所获得的税收收入 T 来支付上述成本 C。

	CCP 清算的情况	非 CCP 清算的情况
当前实施救助的概率	p	P
事后救助的概率	p_1	P_1
n 年后的事后救助成本	$p_1 C$	$P_1 C - \sum_{T=1}^{n} T$

如上所述,由于 p_1 不小于 P_1,征税方案在经济上更有效。从技术上讲,如果对变动保证金的折减程度下降,或者禁止让纳税人救助 CCP,CCP 下的 C 会低于"征税"下的 C。然而,T 增大时,对"征税"方案会更加不利。

因此,如果免交抵押品的客户需要为衍生品的使用支付一笔税款,会使得这类客户为银行带来的剩余衍生品负债趋于零,而那些需要提交抵押品的客户则通过 CCP 进行清算,这都可以最小化银行账面上的衍生品风险。此外,银行可能会发现,最好不要将净额结算的交易(包含清算交易和非集中清算交易)拆分开来,这是因为只对部分交易有强制性清算要求会降低经济效率。在这些拟实施的监管规定出台之前,交易已经被清算了——即在强制集中清算之前,市场已经自发地完成了清算。最近出台的法规正在解决非集中清算交易的保证金要求问题,但目前尚未确定免交抵押品的客户(或通过它们的银行)更喜欢双边清算,还是集中清算。

注意,在"没有强制集中清算"的情况下,不会有免交抵押品的客户,也不会有套利的存在,但在当前集中清算交易和非集中清算交易分化的情况下(还有遗留交易,由于新规没有涵盖它们,遗留交易仍未得到清算),由于银行和客户会最小化它们使用场外衍生品的总成本,市场中会出现套利。

一般来说,如果政府承诺救助资不抵债的银行,那么银行所在辖区的纳税人将承担由银行场外衍生品头寸带来的巨大损失。因此,如果一家加拿大银行的伦敦分行需要政府救助,其衍生品头寸带来的损失要由加拿大纳税人承受。然而,将场外衍生品头寸从一家加拿大银行转移到一家在英国拥有或注册的国外的CCP,清算场外衍生品合约为加拿大纳税人带来的支付义务,将会被转移到英国纳税人身上(如果英国政府必须救助该 CCP 的话)。此外,在 2020 年之前,伦敦清算所英国公司从竞争对手澳大利亚证券交易所那里获得了相当大的市场份额,但相应地,澳大利亚监管机构获得了对伦敦清算所在澳业务更大的监控权。

一些政策问题

金融体系中唯一能够促进需求和供给平衡的机构,是 10 家至 15 家业务覆盖全球跨境抵押品市场、在这方面有专长的银行。这就需要我们将拥有优质抵押品的客户(如养老基金),与没有优质抵押品、但需要向CCP提交合格抵押品的客户(如对冲基金)连接起来,让前者能够将自己的抵押品借给后者。总体而言,各国央行、主权财富基金和长期资产管理机构希望获得波动性低、但流动性不一定高的抵押品,因此这些机构应该是金融体系中流动性的净提供者。另一边则是银行、对冲基金和共同基金,它们对流动性和优质抵押品的需求正在急剧增加。因此,从理论上讲,建立对抵押品的升级和转换的市场是可行的。

然而,如果要在杠杆率中纳入所有表外被质押的抵押品,那么许多银行可能无法进行抵押品转换,银行也必须在表外杠杆约束与抵押品交易带来的利润之间进行权衡。应该指出的是,抵押品转换将进一步增强金融体系的"相互关联性"(将衍生品转移到CCP本应减弱这种相互关联性)。如果一家养老基金发现提交抵押品的成本非常高,它可能不会对冲自己的头寸,因为这将为金融体系带来风险。它的另一种选择是避开使用场外衍生品,而选择使用期货,因为使用期货对冲的成本比提交"昂贵"抵押品的成本要低得多,但期货不能像场外(可以定制的)衍生品那样进行持续30年的长期对冲。

另外,一些央行也可以直接向非银行部门提供抵押品。但这不仅会弱化银行与非银行部门之间决定回购利率的金融管道,还会向货币市场基金等非银行部门提供一种"看跌期权"(即隐性担保)。

总之,将场外衍生品从银行账面中转走的方案会产生新的SIFI,而当这些SIFI陷入困境时,它们需要纳税人的资金为其提供救助,这破坏了原有的在银行账面上进行净额结算的经济机制,"封存"了抵押品,降低了抵押品的流通速度,并提高了金融体系的相互关联性。或者,如果每个场外衍生品的使用者在使用场外衍生品时都付了应交的保证金(相对于集中清算交易和非集中清算交易的分化情况),来源于银行衍生品的风险将得以消除,也就不再需要CCP了。事实上,一些国家已经选择不建立CCP(如加拿大)。纽约、伦敦、芝加哥、香港和新加坡等金融中心已经拥有了大型的全球性CCP,它们会吸引一些全球性的清算业务(以及优质抵押品)。而不能发展有足够深度和高流动性的衍生品市场的小国,在考虑建立自己的CCP时,需要慎之又慎。具有大规模使用衍生品的潜力、但不愿将这个市场纳入全球金融中心的新兴市场国家,可以从巴西的结算模式中得到启发。在巴西,当地的CCP相互连接,并提供跨产品净额结算服务,从而降低了以本币计价的对冲成本。这意味着,如果本地企业或银行在外国CCP的头寸为虚值,则本国外汇储备的压力也不会太大。

专栏 10.4 | 纳税人不应对系统性的资不抵债问题负责

自雷曼破产和AIG接受美国政府救助以来,将场外衍生品从大型银行的账面中转移到清算所或CCP的势头有所增强,这实际上是在将风险从大型银行的资产负债表上转移出去。但将交易对手风险从银行转移到CCP并不能消除这种风险,而只是将风险从单个银行转移到了类似于金融体系集中性"风险节点"的新机构上。这在正常情况下可能行得通,但是当下一次危机发生时又会如何呢?

针对大型银行危机的处置方案框架几乎没有取得进展,更不用说针对被称为CCP的新大型机构(其中有数万亿美元的金融衍生品)的处置方案了。因此,"大而不倒的机构"是否真的大而不倒,需要我们对此进行仔细的经济理论论证。近年来活跃于场外衍生品市场的大型银行的财务报表数据显示,其衍生品的尾部风险水平平均为1 000亿美元。也就是说,在银行的衍生品账簿内完成所有可能的"净额结算",并减去支持衍生品合约的全部抵押品之后的风险水平为1 000亿美元。过去的研究发现,场外衍生品市场中最大的10家至15家参与者可能拥有约1.5万亿美元的抵押不足的衍生品债务;除非我们能够提供一些解决"大而不倒"问题的方案,否则纳税人可能必须承担这一成本。

　　将衍生品放在一个有央行支持和在其监管下的全球 CCP 中,本应是最佳解决方案,因为它将一站式地提高净额结算的收益、降低抵押品成本,并将总体风险集中在一个地方。一个"次优"解决方案是在全球范围内建立几个相互连接的 CCP。然而,本地的政治因素会导致比较糟糕的结果。现实中,由于澳大利亚和新加坡等国不想失去对在外国注册的海外机构的监管,所以目前全球的 CCP 数量确实过多了。

　　创建 CCP 的方案中对重要的衍生品用户也有几项豁免,但这些豁免削弱了建立 CCP 的预期目标,并增加了金融体系整体对抵押品的要求,因为在存在多个 CCP 的情况下,净额结算碎片化的问题会随之出现。那时,大型银行仍会将更复杂的衍生品留在其账面上。目前,抵押品具有可互换性,并且大银行在抵押品重复使用方面做得很好。

　　在采用 CCP 清算的情况下,对抵押品的重复使用会越来越少,因为一些衍生品客户需要提交给 CCP 越来越多"在法律上隔离"的保证金。MF Global 和 Peregrine 的经历导致了对"隔离"保证金需求的增加,场外衍生品市场的抵押品流通速度(即重复使用率)因而会进一步下降,并可能使得"抵押品转换"这个新行业像 2000 年中期房地产市场的证券化一样蓬勃发展。这个结果将导致道德风险增加。在最极端的情况下,任何 CCP 的短期流动性短缺都将立即造成市场出现系统性混乱。各国央行和政府将不得不牺牲纳税人的利益,为 CCP 提供任何必要的支持。但这实际上是在让纳税人承担衍生品的风险。

　　应该怎么办呢? 由于救助 CCP 的成本最终将由纳税人承担,对衍生品负债征税会是一种更为透明的方法。如果征税力度足够大,大型银行将努力使其衍生品负债降至最低,这会消除大型银行资不抵债时衍生品市场中的系统性风险。该方案从根源上解决了 CCP 资不抵债的问题,即市场中抵押品不足,而不是用 SEF、FCM、DCM、DCO、DCE、MSP、LEI、可移仓性、互操作性、非集中清算交易和治外法权等术语来掩盖它。这项征税将迫使银行在衍生品合约到期时向客户收授抵押品。

此外,征税还会带来一些受欢迎的副产品。首先,可以用税收收入来救助那些愿意将场外衍生品留在账面上并为其缴税的银行。其次,当包括主权国家在内的所有衍生品使用者都提交了应交份额的抵押品时,银行将不需要对冲那些是实值但存在违约风险的头寸。对冲需求导致信用违约掉期利差上升,这将增加债券发行的成本。监管机构如此迷恋的CCP是一种"花招",它没有解决"大而不倒"的问题,而仅仅是将风险转移到纳税人身上。

资料来源:*Financial Times*, Column by Manmohan Singh, October 17, 2012。

参考文献

Bair, Sheila, 2013,testimony at the House Committee on Financial Services hearing,June 26,available at http://docs. house. gov/meetings/BA/BA00/20130626/101052/HHRG-113-BA00-Wstate-BairS-20130626. pdf.

Bank of England, 2012, "OTC Derivatives Reform and Collateral Demand Impact",Financial Stability Paper No.18,October.

Bank for International Settlements, 2011,"Expansion of Central Clearing",*Quarterly Review*,June.

Bank for International Settlements, 2013a,"Statistical Release,Semi-Annual OTC Derivatives Statistics",various issues.

Bank for International Settlements, 2013b,"Margin Requirements for Non-Centrally Cleared Derivatives",final report,September,available at www.bis.org/press/p130902.htm.

Canadian Securities Administrators, 2012,"Statement by Canadian authorities on Clearing of Standardised OTC Derivatives Contracts",October 1.

Financial Stability Board, 2012,"Global Shadow Banking Monitoring Report",November 18.

Ghamami, Samim, and Paul Glasserman, 2016,"Does OTC Derivatives Reform Incentivize Central Clearing?",Office of Financial Research,US Treasury,July.

IOSCO, 2012,"Margin Requirements for Non-centrally Cleared Derivatives",consultative document,Bank for International Settlements,July.

ISDA, 2012, "Initial Margin for Non-Centrally Cleared Swaps",presentation,November.

Oliver Wyman and Morgan Stanley, 2011,"The Future of Capital Markets Infrastructure",report.

Singh, Manmohan, 2010，"Netting, Collateral and Systemic Risk in OTC Derivatives Market"，IMF Working Paper No. 10/99.

Singh, Manmohan, 2011，"Making OTC Derivatives Safer-a Fresh Look"，IMF Working Paper No. 11/66.

附录：净额结算的碎片化——集中清算和非集中清算的场外衍生品

在监管机构将场外衍生品转移到 CCP 之前，市场中有 n 家大型银行，它们之间有 $n-1$ 个净额结算集。这些净额结算集在每一组双边关系内都是充分跨产品的。净额结算会给银行 80% 至 90% 的实值或虚值头寸带来有利影响（我们不妨记为 X）。

如果有一个全球 CCP 成为 n 家大型银行之间所有场外衍生品（包括各种产品和货币）的交易对手方，这将导致每家银行和该 CCP 之间产生 n 个净额结算集（因此，在采用 CCP 清算之后，净额结算集比原本的 $n-1$ 个更多了）。这不仅会保留原有净额结算集跨产品净额结算的性质，还会使 CCP 承担多边净额结算的风险。这一结算方式带来的好处会高于 X，我们将其称作 Y。

然而，由于政治、法律和商业模式的约束，我们不太可能建立唯一一个业务覆盖全球的 CCP。相反，全球范围内将会有多个 CCP 出现（设为 p 个），其中还包括只专注于某些细分场外衍生品业务（如 CDS 或 IRS）的 CCP。因此，净额结算集将增加至 $n \times p$ 与剩余双边交易相关的净额结算集之和；后者的数量仍然是 $n-1$，但分散化程度要低得多，因为许多类型的交易已被转移到相关的 CCP 当中了。

从数学上看，原始的 $n-1$ 个净额结算集将变成 $np+n-1$ 或 $n(p+1)-1$

个净额结算集。即对原始的净额结算集的拆分将创造出更多的净额结算集,但每个净额结算集的规模会更小,且清算业务的多元化程度会下降,直到 CCP 能够为所有场外衍生品提供清算服务(到目前为止不太可能)。所以此时净额结算的好处可能是 Z,其大大低于 X 或 Y。目前已经有研究表明,最初 Z 是小于 X 的,只有在相当部分的场外衍生品被转移到 CCP 当中,且 CCP 的数量将从 p 个整合到 q 个左右时($q<p$),Z 才会超过 X。为了解释这一点,我们假设 n 约为 10 到 15,因为许多国家希望有自己的 CCP,我们预计 p(最初)在 20 至 30 之间,而后 CCP 可能被整合到仅剩下个位数(如仅有伦敦清算所、洲际交易所、芝加哥商品交易所、欧洲期货交易所)。注意,从净额结算的角度来看,洲际交易所欧洲公司和洲际交易所美国公司是两个不同的 CCP。此外,如果伦敦清算所在美国为美国客户设立分支机构,那么净额结算将会变得更加碎片化,因为伦敦清算所英国公司是独立于伦敦清算所美国公司进行清算的。

尽管对保证金的要求使得银行需要提交抵押品,但在净额结算的"集中服务"被拆分后,非集中清算交易将继续被留在银行的账面上。这就像我们打碎一个中国明代的花瓶,然后拿起一个碎片说:"好吧,至少这个没有碎。"如果余下的 $n-1$ 个双边净额结算集被规定采用不同的保证金规则,因此净额结算集的数目将变成 np 至少加上($2n-1$)或 $n(p+2)-1$,每家银行的账面不会像过去那样是线性净额结算的。因此,得到的净收益甚至比 Z 还要小——上述情况下净额结算集碎片化是真实存在的,这也会导致风险的提高。因此,根据国际掉期和衍生品协会协议背后的经济学逻辑,应允许对非集中清算交易进行净额结算,以限制净额结算碎片化和抵押品"筒仓"现象。

11 CCP 处置方案问题仍未解决 *

中央对手方(CCP)现在是金融市场风险管理的中心。在金融危机爆发前十年左右,一些 CCP 已经开始对场外交易的衍生品头寸进行清算:也就是说,之前在这个缺乏组织的市场中进行的交易被转移到了 CCP 中进行。人们认为,这些 CCP 在危机期间运营良好,因此,在后危机时代进行清算的原则之一是,标准场外衍生品被强制要求在 CCP 中进行清算。

最近人们认识到,强制集中清算和把对手方风险集中到一个 CCP 中,会增加 CCP 自身资不抵债的风险。这个问题出现在规模最大的 CCP 身上,即使它是按照我们所关注的新监管规定对场外衍生品进行清算的。[①] 因此,政策关注的焦点转向了一个问题,即一个大型 CCP 应该如何做好应对最坏情形的准备:一个严重的事件冲击不仅会消耗 CCP 的保证金和违约基金,而且会威胁 CCP 自身的生存。

在本章中,我们首先阐述了当前"恢复"(recovery)和"处置"(resolution) CCP 的方案(我们发现这两个概念很难区分)。然后我们还评估了"处置"CCP 的工具箱,即 CCP 没能恢复自身健康(即恢复方案)时可用的选项。我们发现,

---

* 本章由作者和德莫特·图林(Dermot Turing)合撰。

传统的处置银行的方案几乎无法被直接套用在 CCP 的处置上,而其他表面上用于处置 CCP 的工具实际上是某种形式的恢复工具。随后我们分析了,如果各种恢复 CCP 的方案都没能成功,我们的工具箱中还剩下什么选项(无论这些用于陷入困境的 CCP 的工具是如何分类的)。

近年来出台的一系列方案已经开启了对恢复和处置 CCP 的政策思考(CP-MI,2014;FSB,2014;FSB,2016;FSB,2017),这些方案与其他相关的工作是为了通过国际标准来提高 CCP 的韧性。欧洲有一项关于恢复和处置 CCP 的立法提案("欧盟监管条例草案")(European Commission,2016)。② 私人部门也有大量关于恢复和处置 CCP 的文章,例如最近由银行和资产管理机构牵头撰写的白皮书(Allianz et al.,2019),其中要求 CCP 具备充足的资本金(因为 CCP 是营利性组织)。摩根大通(2017)、伦敦清算所(2014)、国际掉期和衍生品协会(2013b,2017a)也为此提出了自己的建议。

CCP 的作用、结构和经济学基础

现在人们已经能很好地理解 CCP 的功能了:CCP 是市场上的中央对手方(即每个买家的卖家和每个卖家的买家),CCP 通过向其清算会员收取保证金,以及要求其清算会员缴纳违约基金,来管理 CCP 作为中央对手方所承担的风险。当清算会员违约时,交易对手风险就会出现,但 CCP 有义务继续履行对未违约清算会员的支付义务。为此,CCP 需要去除违约方的头寸("重新平衡其账簿")。

第 10 章指出,人们对各方应该如何分担由违约造成的损失已经有了广泛的共识。"违约瀑布"可用来为 CCP 提供资金以重新平衡其账簿(见图 11.1)。"违约瀑布"中的第一道防线是违约方缴纳的保证金。在第一道防线被"攻破"后,下一道防线是 CCP 中的违约基金,加上 CCP 自己的资本("CCP 自身也要承担一些风险")。

在用尽了存续的清算会员缴纳的资金,到达了"瀑布的尾端"后,就开始需要使用额外的资金来源

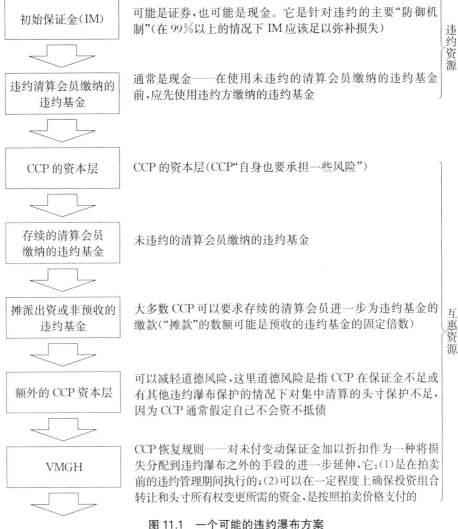

| 初始保证金(IM) | 可能是证券,也可能是现金。它是针对违约的主要"防御机制"(在 99% 以上的情况下 IM 应该足以弥补损失) | 违约资源 |

| 违约清算会员缴纳的违约基金 | 通常是现金——在使用未违约的清算会员缴纳的违约基金前,应先使用违约方缴纳的违约基金 |

| CCP 的资本层 | CCP 的资本层(CCP"自身也要承担一些风险") |

| 存续的清算会员缴纳的违约基金 | 未违约的清算会员缴纳的违约基金 |

| 摊派出资或非预收的违约基金 | 大多数 CCP 可以要求存续的清算会员进一步为违约基金的缴款("摊款"的数额可能是预收的违约基金的固定倍数) | 互惠资源 |

| 额外的 CCP 资本层 | 可以减轻道德风险,这里道德风险是指 CCP 在保证金不足或有其他违约瀑布保护的情况下对集中清算的头寸保护不足,因为 CCP 通常假定自己不会资不抵债 |

| VMGH | CCP 恢复规则——对未付变动保证金加以折扣作为一种将损失分配到违约瀑布之外的手段的进一步延伸,它:(1)是在拍卖前的违约管理期间执行的;(2)可以在一定程度上确保投资组合转让和头寸所有权变更所需的资金,是按照拍卖价格支付的 |

图 11.1　一个可能的违约瀑布方案

资料来源:ISDA(2013a)。

　　人们花了很多精力来设计一个安全、稳健的"违约瀑布"去覆盖由违约造成的损失。然而,现在人们普遍认为,即使有一个安全、稳健的"违约瀑布",市场中仍然会存在一些极端风险,即可能有一个规模不可预测的违约风险会穿透整个瀑布。因此,我们可以从瀑布的尾端开始分析,即分析恢复和处置 CCP 的方

案是如何发挥作用的。风险事件可能非常罕见，但由于其灾难规模带来巨大的危害，这要求我们必须对恢复和处置方案进行仔细的规划。

我们接下来对恢复和处置 CCP 的方案进行讨论，假设危机已经发生了，CCP 中有一个或多个机构违约（即"覆盖两家"原则，Cover-2 Principle＊），并且 CCP 已经用尽了违约瀑布中包括初始保证金、违约基金和 CCP 自身资本在内的财务资源。在瀑布的尾端我们应当采取何种措施，将取决于恢复和处置 CCP 的方案是如何设定的。

对违约事件的处理是颇具挑战性的，特别是当违约瀑布不足以覆盖违约事件为 CCP 带来的相关债务要求时（见专栏 11.1）。我们重点关注的是由于清算会员违约而产生的损失及其产生的后果。CCP 也可能遭受其他各种类型的灾难，如计算机系统故障、恐怖事件或业务损失；但因为 CCP 有义务按照监管标准维持一定的资本缓冲，因此 CCP 应该可以通过建立资本缓冲来比较容易地应对这些冲击。③

专栏 11.1 │ 当 CCP 违约瀑布中资金不足时

（1）CCP 要求未违约的清算会员通过拍卖来承接违约方的头寸。（需要指出的是，"拍卖"要求每个竞标者明确其接受违约者亏损头寸的最低价格。）如果最低出价超过 CCP 的可用财务资源，拍卖就失败了。

（2）与此同时，除非 CCP 被关闭，否则它必须继续支付已清算的合约中的债务（即变动保证金），并继续登记新交易。CCP 还必须重新平衡其账簿。

（3）CCP 是否技术性"资不抵债"可能是一个学术问题，因为 CCP 在到期时无力偿还其债务（"缺乏流动性"）在实践中可能等同于"资不抵债"，因为 CCP 与银行不同，CCP 没有可调用的长期资产。

＊ 为了有效地覆盖潜在的违约风险，CCP 应该对历史极端情景和理论（即统计意义上的极端情景）进行模拟，设置其违约基金的规模。并且，CCP 的违约基金至少要足以覆盖 CCP 最大的两个清算会员同时或短时间内连续违约所造成的损失。——译者注

利益相关者、激励和经济学基础

由于金融危机后的监管要求等原因,场外衍生品市场的参与者必须在CCP中对其衍生品业务进行清算,CCP的清算功能现在可以被视为一种公共产品;用恢复和处置CCP的政策文件(如FSB,2017)的话来说,这是一项"基本功能"。然而,CCP既不是由公共部门机构,也不是由其清算会员拥有或注资的(Cox and Steigerwald,2016)。此外,公用事业机构通常有两个特征:(1)有政府支持;(2)以商定的"经济租金"价格提供服务。但是,我们并不能在CCP中观察到全部上述特征。

关于(1),我们认为,目前关于建立CCP的方案并不能完全实现避免政府支持的政策目标。关于(2),场外衍生品的收入和利润有三个来源:第一,衍生品合约创立时的创设费;第二,净额结算的收入;第三,衍生品合约由双方之间的原始合约替代为其与CCP之间的合约时,所收取的清算费用。对集中清算的衍生品交易来说,银行将保留全部的创设费加上一部分净额结算的收入(来自非集中清算的场外衍生品)。因此,若CCP属于公用事业机构,则所有三类收入(包括总经济租金)都是商定的。但银行永远不会放弃创设费与净额结算的收入——这些是关键部分,因此将CCP视为公用事业机构是不恰当的,除非它能获得上述全部"经济租金"。

包括清算会员、CCP的运营商和CCP的所有者在内的金融中介机构,与政府和纳税人之间的相互作用,产生了复杂的激励机制,我们很难预测最终的结果,尤其是在金融体系面临压力事件时。CCP的处置方案需要对这些问题保持关注。

CCP 的恢复和处置方案

金融稳定委员会界定了处置 CCP 方案的目标：

处置 CCP 的方案应以追求金融稳定为目标，确保 CCP 关键功能在所有司法管辖区的连续性，并不让纳税人面临承担处置 CCP 成本的风险。④

在分析恢复和处置 CCP 的方案时，应当先明确对金融机构（无论是银行、CCP 还是其他机构）"恢复和处置"的定义。⑤以银行为例，恢复是指一家陷入困境但没有受到致命伤害的银行恢复健康的过程。为了提高银行的偿付能力，我们通常需要对其输入资本，或者将其负债证券化或核销。"恢复"需要当局预先制定计划并能在较短的时间内实施该计划，以消除在银行受损时发生灾难性事件的风险。

处置则是不同的。当恢复方案失败或被认为毫无作用时，我们就需要对银行实施处置方案。对非金融公司来说，此时一般是对它们进行破产清算，但对银行来说，破产清算通常会对经济和公民的日常生活带来巨大损失，所以需要另一种能够快速实施并可以保护经济和公民的方案。因此，处置资不抵债的银行，即意味着银行的"生命"走到了尽头，并且，在处置方案中，我们还要从资不抵债的银行的"残骸"中挑出有利于社会和经济的部分。处置方案的目标是，将被处置机构的关键功能与导致其资不抵债的原因分开，进而保持该机构关键功能的连续性。

虽然恢复和处置银行的方案是相当完善的，但 CCP 并非银行⑥（Hughes and Manning, 2015）：CCP 不吸收存款，也不发放贷款，没有自营业务，也不能用客户的账户进行交易，而且它们的功能和商业银行截然不同。这些差异意味着，为处置银行而制定的恢复和处置工具箱并不适用于 CCP。此外，对 CCP 的处置可能需要比对银行的处置更加迅速。对 CCP 而言,恢复方案和处置方案之间的区别并不明显。金融稳定委员会的《CCP 恢复和处置计划指引》称,"处置 CCP 方案的目标应该是……维持 CCP 关键功能的连续性",这种连续性将通过"恢复 CCP 作为持续经营机构履行其关键功能的能力"来实现(FSB, 2017)。

正如后文将讨论到的,对于银行而言,将其未受感染的关键功能从银行的残骸中"剥离出来"就可以保持其关键功能的连续性。我们认为,由于遭受灾难性违约损失的 CCP 资不抵债的原因是其风险模型的失效,因此,对于 CCP 而言,将其关键功能剥离出来几乎是不可能的。我们还认为,如果没能成功地剥离出 CCP 的关键功能,恢复其关键功能(使其成为一家持续经营的机构)的唯一选择是调整其资产负债表。"恢复 CCP 作为一个持续经营机构履行其关键功能的能力"是处置方案的既定目标;如果没有成功地剥离出 CCP 的关键功能,那么就没有实现"处置"CCP 的目标,而是实现了"恢复"CCP 的目标。因此,我们的想法是,要将保持 CCP 的关键功能的连续性界定为处置 CCP 方案的目标,也就是将"处置"视为第二轮"恢复"。因此,对 CCP 来说,恢复和处置这两个概念似乎已经被合为一体了。

对 CCP 处置方案的评估

在对处置 CCP 的方案进行评估时,我们有必要考虑以下几点:

● CCP 的"处置"方案应该完全恢复其作为持续经营机构履行其关键功能的能力。

● 这需要对 CCP 的治理结构、所有权、处置方案的"责任"归属进行评估。我们认为(只要目前的 CCP 的资本安排仍然有效),清算会员必须承担违约瀑布尾端的成本。

- 对损失分配的机制，特别是对变动保证金收益折扣方法（variation margin gain haircut，VMGH）进行研究。

- 考虑与银行处置方案相关的主要制衡机制，即"债权人不会（比其他方案下）更糟"（NCWO）原则，并将这一原则作为实施 CCP 处置方案的规范性标准。

恢复和处置方案应该是不同的概念

将恢复和处置 CCP 的目标糅合起来是有争议性的。[7]如果将处置一个资不抵债的 CCP 的目标界定为"保持其关键功能的连续性"，那么这意味着，无论该 CCP 的风险模型缺陷多大，或无论其已变得多么无可救药，都不应允许该 CCP 关闭。我们认为这个观点是错误的，对"恢复"和"终止"（end-of-life）的目的进行更细的区分才更加可取。

在违约瀑布的尾端，CCP 往往会非常突然地遭受意想不到的财务损失。在 2008 年金融危机期间及危机之后，人们形成了一种共识，即我们应当对衍生品进行清算，而且是强制集中清算。前述对场外衍生品的强制集中清算要求已经与"对衍生品清算是一项关键功能"的观点紧密交织在一起，因此，停止对衍生品的强制集中清算将扰乱市场秩序。本章没有分析停止强制集中清算是否会导致市场混乱的问题。如何确定清算在何种情况下是"必需的"？这个问题也有待讨论，但我们可以假设，对于必须进行强制集中清算的产品来说，清算服务的关键性和存续性之间存在着密切的联系。

因此，监管机构和立法者的方案没有考虑到，CCP 资不抵债可能会最终导致 CCP 被关闭这种可能性。关停 CCP 的处置方案是为了降低系统性冲击带来的负面影响和保障金融体系的平稳运行，但是，（例如）欧盟监管条例草案中就没有这方面的规定。因此，我们可能很难关停一个濒临资不抵债的 CCP，在这种情况下，唯一的选择似乎就是 CCP 自己发起破产清算。但关闭 CCP 又与另一个政策目标相冲突,即保持 CCP 关键功能的连续性。上述结论所蕴含的政策含义是,如果清算会员吸收损失的能力有限,那么就需要纳税人的支持来实现 CCP 的恢复;但对 CCP 进行破产清算又必然会破坏金融体系的稳定性。然而,目前人们对上述问题的讨论仍然是不足的。

维持 CCP 的运营可能不是一个错误的结果。然而人们会认为,对 CCP 资不抵债负有责任的利益相关者在恢复 CCP"健康"的过程中应当承受相应的"痛苦"。对这个问题,我们需要考察银行和 CCP 之间的另一个区别。

CCP 处置方案中的治理结构和利益相关者

对于银行来说,其资本提供者并非银行的用户。因此,在处置银行的过程中,债券持有人和股权所有者都要承受一定的损失,同样,存款人和其他批发市场的债权人也可能会遭受一定的损失,但零售储户会受到保护。对于没有零售客户的 CCP 来说,情况就不同了,其清算会员将为处置 CCP 的成本买单。

对 CCP 的治理权掌握在股本提供者(即股东)而不是清算会员的手中。尽管 CCP 有风险委员会[⑧],其可能在保证金安排和违约基金规模等问题上有一定话语权,但最终仍是 CCP 的所有者拥有 CCP 提供服务的定价权和风险模型的最终决定权。短期内,CCP 的所有者关心的是保证金的成本和清算费用收入,而非理论上发生灾难性违约的可能性(Huang,2017)。由于 CCP 风险模型的决定权掌握在股东手中,人们会认为模型失效的成本(违约瀑布尾端的损失)要由股东,而不是清算会员承担。

CCP 需要使用特殊的资本安排(如表 11.1 所示)。它必须确保其所有者"承担一定的风险"(即一部分股权所有者会承担由违约带来的损失),但人们已批评这部分股权的规模过低。(也有人认为,较低程度的自担风险有助于激励清算会员在拍卖过程中合理报价,但我们更偏好保持 CCP 事前的稳健性,而非事后的稳健性。)同样明显的是,股东提供的总资本是有限的。如果 CCP 是清算会员合作共有的组织,那么这一点将并不重要,然而实际上 CCP 是由其清算会员以外的人所有的(Cox and Steigerwald,2016)。这意味着,总的来说,如果清算会员提供的后备资金足以让 CCP 从意外的巨额违约中恢复过来,那么股东的资本投资就无需在违约事件中承担风险。韩国证券期货交易所(KRX)就是一个恰如其分的例子:2013 年,期货经纪公司 Hanmag Securities 出现违约,只有在非违约成员缴纳的违约基金耗尽后,KRX 股东的资金才会承担风险。[9]

表 11.1　CCP 债务与违约基金规模的比较　　　　　　(单位:百万美元)

	伦敦证券交易所集团/伦敦清算所	德意志交易所/欧洲期货交易所清算公司	芝加哥商品交易所集团	洲际交易所/ICE 欧洲清算所
市值	12 450	15 180	39 510	6 757
长期债务	1 253	19 250	2 231	6 305

资料来源:CPMI-IOSCO 2016 年第三季度报告中数据项 4.1.4 对所有相关子基金的合计数据,按 2017 年 1 月 13 日的汇率折算为美元。

对 CCP 的资本监管规定并没有强制股东缴纳超出多于法定数额的资本(如表 11.1 所示),因此在这一点上我们可能没有其他选择:清算会员(或纳税人)将必须为其他人的违约买单。在这方面,CCP 的母公司也起不了更大的作用,主要的障碍如下:

● 可转换证券不太可能由 CCP 的母公司发行。CCP 往往是金融基础设施集团的子公司。如果母公司本身是另一个金融基础设施,或为金融基础设施集团提供资金(资本提供者),那么监管机构将不愿在集团公司层面实施处置方案,以免集团中的其他部门来承担 CCP 遭受的损失。

● CCP 的母公司参与处置方案获得的额外资金,仍可能不足以覆盖导致 CCP 违约基金崩溃的极端灾难所带来的损失。[10]表 11.1 通过比较违约风险的大小(用违约基金的规模衡量)和母公司用于自救安排的可供发行的债券规模,进一步佐证了这一点。

● 另一方面,金融基础设施集团显然能够、而且的确在发行长期债务,因此,金融基础设施集团可以采用类似于银行的处理方式,即发行用于吸收亏损的债务或股权。[11]总的来说,尽管增加资本会有所帮助,但增加股东提供的资本似乎并非答案所在,至少在目前的资本监管规则下是如此。

损失分配机制:处置工具

表 11.2 简要地考察了各种政府文件中提出的处置 CCP 的方案,[12]其中一些——特别是 VMGH 和筹现金通知(cash call)——也适用于 CCP,这两个方案不需要处置机构的干预,因此也可以被视为恢复方案的工具。政府部门仍未明确何种工具属于恢复方案,何种工具属于处置方案。

表 11.2 对 CCP 处置方案使用的工具的调查

CCP 处置方案使用的工具	具 体 描 述
过桥 CCP(bridge CCP)	如果缺乏关于 CCP 的好的风险模型(我们假设是清算会员违约带来的损失导致了对 CCP 的处置),过桥 CCP 将继承所有的"优点"和"缺点"——没有将它们分开的可行方案
将原有 CCP 的业务销售给另一个 CCP(原 CCP 的竞争对手)	这种选项将允许另一个具有稳健的风险模型的 CCP 去接收未违约成员的头寸,从而避免了建立过桥 CCP 时可能涉及的一些概念上的问题。但这一选项中仍有下列问题需要解决: ● 平衡账簿(在转让合约中移除掉违约方的头寸); ● 按照接收方 CCP 的规则,重新调整保证金要求和违约基金要求,同时也要对清算会员的资格标准进行调整; ● 使用"销售"一词未必适合,接收方 CCP 需要量化和筹集接管原 CCP 净亏损账簿所需支付的现金或现金等价物。除非纳税人介入,否则谁将为此买单还不清楚
头寸和损失的分配:减记[或终止(tear-up)]合约	以下每一种选项都将迫使未违约成员对冲或放弃其已清算的头寸,从而减少 CCP 的损失。 虽然这会让 CCP 继续经营下去,但是还将带来如下后果:在这种方案下,CCP 的功能——确保对手方正常履约——被忽略了。这也有违"将清算合约(即确保对手方正常履约)视为 CCP 的关键功能"的政策观点[13]

CCP 处置方案使用的工具	具 体 描 述
VMGH	虽然我们认为 VMGH 是目前最省心的处置 CCP 的工具,但重复使用或无时间限制地使用 VMGH 工具会像分配或终止违约方头寸那样遭到反对。此外,不受控制的 VMGH 还带来了道德风险问题⑭
筹现金通知	这是一个属于 CCP"恢复"阶段的合法工具。CCP 可以对股东和清算会员发放筹现金通知。在一定时间内,股东愿意缴纳的资金可能有限;清算会员愿意承担的成本也通常有一个上限。我们假设,当 CCP 进入处置阶段时,这些资金已经被用尽

就银行而言,处置方案的主要工具是将存活的业务从资不抵债的泥潭中"剥离出来"。能够存活的业务将主要包括原银行中的优质贷款和资产、主要由零售储户代表的"优先级"债务,以及提供持续支付系统的基本服务;剩下的是坏账和劣后级债权人,这部分剩余的资产会被清算。当然,CCP 是不同的:它们的账面上没有贷款(没有"优质资产"),也没有"优先级"债权人。它们只有一个功能,那就是清算。因此,我们很难先验地描述 CCP 业务"剥离"的结果:哪些业务会被留下呢?

CCP 所要做的是计算其成员违约时的潜在损失,并要求其补缴保证金和违约基金来覆盖这些损失。如果一个成员违约造成的损失规模过大,以至于保证金和违约基金都无法覆盖,那么 CCP 的经营方式就有问题——因为清算是它唯一的业务。这表明,恢复 CCP(及其旧的、失效的风险模型)是一个错误的选择。

CCP 必须先解决这个挑战,才能将剥离出来的业务卖给私人买家,或转给过桥 CCP。过桥 CCP 没有自己现成的风险模型。如果这个私人买家本身是一个 CCP,它会有一个现成的风险模型;但假如它的模型与原有 CCP 的模型有所不同,这实际上就为出售被剥离出来的业务带来了挑战。我们还必须记住,时间不会站在作出决定的一方:资不抵债的 CCP 仍在继续经营,而且每拖延一天,问题都会变得更加棘手(见专栏11.1)。这导致了一个悖论:如果在实践中我们无法实现对 CCP 关键业务和功能的剥离,那么恢复 CCP 关键功能的目标会使处置机构继续沿用失败的风险模型。

其余 CCP 处置方案的工具都与在存续机构之间分配损失有关——换句话说,就是属于恢复方案的工具。在这些工具中,VMGH 可能是最易于接受的,我们将对此进行进一步的讨论(见专栏11.2)。我们假设让纳税人承担损失是不合理的,我们需要从这个前提出发,然后最终使用一种可以重新调整损失分配的"恢复"工具(即针对 CCP 的工具)。

专栏 11.2 | 变动保证金收益折扣方法

变动保证金收益折扣方法(VMGH)源于如下看法:CCP 需要逐日盯市。因此,如果买方签订的购买合约的价值上升了,买方就获得了收益,CCP 要从卖方收取"变动保证金",并将其转交给买方。VMGH 即为:CCP 拒绝向获利方支付其应得的收益,且继续要求损失方支付变动保证金(市值损失)。

VMGH 有几个优势:它可以保持 CCP 的运营,而且它为清算会员带来的风险是有限的(Heath et al.,2015;Gibson,2013)。[15] VMGH 还解决了向CCP 提供流动性支持(中央银行愿意提供这方面的支持)和 CCP 偿付能力之间的"模糊性"问题。

最大 CCP 的净未平仓头寸规模相当可观。[16] CCP 进入处置进程时所面临的问题的大小,可以参考其与 CCP 所属国家的 GDP 的比例。以欧洲的CCP 为例,最大的两家利率产品清算机构分别是德国的欧洲期货交易所清算公司(1.7 万亿美元未平仓头寸)和英国的伦敦清算所(164 万亿美元未平仓头寸);在美国,芝加哥商品交易所的清算部门拥有 16 万亿美元的未平仓头寸。[17] 我们可以将这些数字分别与德国 3.4 万亿美元的 GDP、英国 2.5 万亿美元的 GDP 和美国 20 万亿美元的 GDP 相比（Singh，2013；专栏 11.3）。因此，我们有必要采取措施，在危机中减少未平仓头寸的规模。终止原有合约可能是一个选项（见表 11.2）；在纳税人被卷入其中之前，对变动保证金加以折扣可以为 CCP 提供额外的缓冲。例如，如果一个养老基金持有掉期或期货作为对冲，其掉期头寸有收益，但其期货头寸有亏损，那么其掉期头寸的应收变动保证金可能会有一定的折扣，但同时它在期货头寸上的损失会被忽视。［这会增加免于在 CCP 中清算的客户和必须在 CCP 中清算的客户之间的不对称性，因为 CCP 的客户（如对冲基金）为避免 CCP 违约，必须为处置和恢复 CCP 缴纳一定资金。］

VMGH 不仅仅是一个在理论上可行的方案。实际上，该方案已经被嵌入了伦敦清算所和日本证券清算公司等几个 CCP 的限制性条款（有些限制性条款甚至增加了 VMGH 缓冲）。研究表明，VMGH 可以控制从 CCP 到清算会员的风险传播（Heath，Kelly and Manning，2015；Turing and Singh，2018）。此外，由于不断演变的监管规定将衍生品市场分化成 CCP 清算和双边清算两部分，衍生品网络还在不断变化。VMGH 能很好地区分流动性与偿付能力，因为它提供了一种对无外部资金支持情况下损失大小的具体衡量标准，及一种暂时性填补损失（即向未违约清算会员的实值头寸支付变动保证金）的途径。有人认为，我们应该只对有偿付能力但缺乏流动性的 CCP 提供流动性支持，因此，偿付能力与流动性之间的差异并不是一成不变的。此外，VMGH 填补了耗尽流动性和恢复偿付能力之间的空缺，因此它不应仅仅被贴上偿付工具的标签。这一点很重要，因为（大型）CCP 不太可能资不抵债，它们是大而不能倒的；此外，为了尽量减少对"流动性规则"（liquidity rubric）的使用（或滥用），将 VMGH 与违约瀑布安排结合，降低了 CCP 向央行或公共财政求助的风险，并鼓励了市场参与者监督 CCP 的风险管理行为。

当然，VMGH 工具并不是完美的，但它是"最干净的脏衬衫"。市场参与者（可能是套期保值者而非投机者）将会蒙受损失，但事前的 VMGH 的骰子是公正的。如果在处置阶段使用 VMGH 工具，清算会员会预计到相关的风险,并调整它们的投资组合,从而让其客户的头寸来承担由 VMGH 工具带来的成本。另一个方面的问题是 VMGH 潜在的开放性和其中潜在的道德风险问题,因为 VMGH 是一个使得 CCP 能继续交易的许可证,无限的 VMGH 可以被视为"迫使清算会员在不再信任 CCP 管理层的情况下继续支持 CCP"(JP Morgan,2017)。VMGH 可能会造成救助成本的螺旋式上升(JP Morgan,2014)。然而,从经济学角度看,这可以被视为对事前违约基金不足的事后"补救"措施,同时,我们预计,处置机构将对增加使用 VMGH 的轮次持谨慎态度。

在我们看来,最好的平衡做法是进行一次性的不受财务上限约束的变动保证金折扣——但目前许多 CCP 采用的 VMGH 仍是带有财务上限约束的。

债权人不会更糟(NCWO)

银行处置方案的一个原则是,确保任何处置工具都不应使"债权人的处境更糟(与对银行进行破产清算相比)"。因此,作为 CCP 的债权人,清算会员保留对 CCP 进行破产清算的选项非常重要。如果清算会员被迫接受了减记其资产的处置方案,对 CCP 进行破产清算可能会很难实现:如果 CCP 对清算会员的债务在法律上已经不复存在,那么清算会员就不再是 CCP 的债权人,因此它们也不能对 CCP 进行破产清算。甚至即使 CCP 单方面地变更了双方原来商定的债务协议,清算会员也同样没有对 CCP 进行破产清算的权利。

因此,一个强有力的破产清算选项对于实现 NCWO 原则是不可或缺的。除了继续保持运营之外,CCP 还可以有另一种命运:被清算掉。债权人将得到它们在 CCP 常规破产时本该得到的部分,随着新的管理团队和新的风险模型的建立,CCP 将由新的股东来重新经营。这种选项的惩罚性效果将确保境况不佳的 CCP 作出明智的选择(参见 Blackrock, 2016)。

但政府并未考虑对 CCP 进行破产清算。事实上,对 CCP 破产清算似乎永远不会发生,因为如果无法剥离出 CCP 的关键功能,这就不符合维持 CCP 关键功能连续性的要求——这在原则上就已经错了。债权人,甚至是清算会员,都应该被允许对其债务人进行破产清算,并从破产程序中取回任何其应得的资产;同时也不应该强迫利益相关者继续维持一个风险模型失效的 CCP 的运营。如果没有破产清算的选项,而且清算会员无法实现对 CCP 的资本重组,那么谁来为损失买单呢?如果答案只剩下国家——即纳税人——的话,对 CCP 破产清算会违反不依靠公共资金救助的政策目标。

CCP 处置方案概述

我们已经讨论过,处置资不抵债银行的业务剥离方案不能被照搬到 CCP 上。这就给处置机构留下了一套损失分配工具,这些工具可以减少资不抵债的 CCP 所带来的损失,但往往会以 CCP 服务的清算会员受损为代价。但是这些工具都不是特别有吸引力,因为它们都没有解决核心问题:CCP 风险模型的失效。除非是将剥离出来的业务转让给竞争对手,否则之前导致风险模型失效的原因仍将阻碍 CCP 关键功能的实现。此外,只有在正式的"恢复"方案已经被穷尽,清算会员为支持境况不佳的 CCP 而进一步注入资金和分担损失的意愿减弱时,这些工具才会被使用。因此,这些处置方案是不受欢迎的,我们要思考成功处置方案所需的激励问题。清算会员与 CCP 的合作取决于 CCP 的违约管理流程的效果,因此,清算会员可能不愿意支持风险管理模型已经失效的 CCP 继续经营。然而,处置 CCP 的财务成本是落在清算会员(或纳税人)身上的。清算会员可以拒绝参与或至少在一个时间段内拒绝参与对 CCP 的处置,但考虑到其所涉及的债务规模,清算会员可能必须参与对 CCP 的处置。

对场外衍生品市场实施强制集中清算的一个结果是,交易对手风险会被集中到 CCP 手中。CCP 因此成为风险的聚点和关键的基础设施。随着场外衍生品被逐渐集中到 CCP 中进行清算,风险聚集的程度增加了,并且金融体系中的相互关联性也将继续增加。[18]同时,在清算会员层面上,风险也集中了,且被清算产品的规模也在增加。在截至 2015 年的十年间,美国期货经纪商(Futures Commission Merchants,FCM)中的注册会员数量下降了约 60%。在引入强制集中清算要求后,伦敦清算所的会员数量在五年时间里增长了四倍(超过 80 名新会员),其中前十大参与清算业务的经纪商的市场份额达到 97%(前五大经纪商的市场份额为 70%)。与此同时,美国 FCM 的客户资产在 2007 年 12 月至 2015 年 3 月期间增长了 45%,国际清算银行报告称,单一货币利率衍生品的交易规模不断上升(Solum and Calypso,2015;Giancarlo,2015;FIA,2015;BIS,2016)。综上所述,较少数量的清算会员可能会承担较大的风险。潜在损失能否被清算会员所吸收还不清楚,这意味着纳税人可能会为处置 CCP 买单。[19]

因此,如果恢复 CCP 的方案失败了,当局也没有可行的处置方案。剩下的选择是强制要求 CCP 进入资不抵债处理程序或对 CCP 进行救助。如果强制要求 CCP 进入资不抵债处理程序不可行,让纳税人承担救助 CCP 的成本可能是剩下的唯一选择(尽管 CCP 提供的服务具有国际性,但最终负担将落在 CCP 总部所在国家的纳税人身上)。这些观点都表明,政策制定者有必要重新评估他们目前的做法。

修正的政策思路

在本节中,我们提出了如何管理资不抵债的 CCP 问题的新思路,并提出了新的工具。

清算要求应该被放松

强制集中清算场外衍生品合约的政策已经既成事实，它并不是本章所挑战的观点。但在一些 CCP 资不抵债的具体情境下，放松相应政策是可行的，尤其是考虑到强制在 CCP 中清算并不总是能降低风险。[20] 其他可行选项包括:(1)如金融稳定委员会(2016)所提议的，在 CCP 陷入困境的情况下暂停强制集中清算要求，但这需要 CCP 在全球范围内(而不是仅对本地市场)暂停强制集中清算要求(仅对本地市场暂停强制集中清算要求也不符合欧盟监管条例草案中所提议的思路)[21]——换句话说，双边清算选择、可移仓性(portability)和其他替代方案也可以被加以考虑。[22] (2)如果清算会员违约已冲破相关产品损失违约瀑布中的违约基金层，则自动取消对该清算会员的强制集中清算要求，无论此前任何为其提供清算服务的 CCP 是否被恢复或处置了。在风险管理模型失效的原因被发现和解决之前，不恢复对该清算会员的强制集中清算要求。(3)当 CCP 面临的问题表现为无法登记需要核销的交易时，应确保清算会员自身管理损失的能力不受影响，因此应完善 CCP 的准备金政策，并对违约瀑布进行修订。见专栏 11.3。

专栏 11.3 | 重新点燃的蜡烛: CCP 可以被关闭吗?

当 CCP 正在处理的违约事件带来的损失穿透了 CCP 违约瀑布的尾端时(虽然这种情况几乎不可能发生)，我们剩下的可用工具就不多了。我们假设 CCP 已经使用了 VMGH 和平仓未平仓头寸等处置工具，但此时 CCP 中剩余的财务资源或可要求清算会员追加的现金，仍无法偿付 CCP 剩余的债务。

人们也许会认为 CCP 可能会被强制要求进入资不抵债处理程序，但要实现对 CCP 资不抵债的处置存在各种障碍。

● 金融稳定委员会关于 CCP 的处置原则规定,CCP 的处置目标包括维持其关键功能的连续性。这意味着强制要求 CCP 进入资不抵债处理程序或关停 CCP 都不是可行的选择。尽管如此,处置部门可用的工具箱可能并不会产生什么额外的效果。

● CCP 可能会尝试采用"暂停提供服务"规则,但不清楚应当如何协调该规则与金融稳定委员会的规定(即强制集中清算要求)。此外,在没有有效地终止清算义务的情况下,企业及其客户必须继续在 CCP 登记与其达成的新交易,尽管此时的登记可能是比较困难的。

● CCP 的主要"债权人"是清算会员。对于为清算会员提供其他一般业务服务的服务提供商来说,清算会员可能会在其资不抵债时强制要求它进入资不抵债处理程序;但对 CCP 来说,清算会员的合约已经通过 VMGH 或合约终止程序被冲销了,所以它们可能根本就不是"债权人",因而无法强制要求 CCP 进入资不抵债处理程序。

● 清算会员可能会解除与 CCP 的关系,但 CCP 的规则手册对会员的退出施加了条件,特别是离场成员的账户必须被注销,这意味着它们必须将未平仓头寸平仓或转移到另一个 CCP 中。这些措施不能由一个清算会员单方面实施,各成员必须首先与其他成员达成包括价格在内的协议。选择离场措施既不简单,也不快捷,因而这种方案实际上可能是行不通的。

我们由此得出的结论是,一个资不抵债的 CCP 可能会像生日蜡烛被重新点燃!这种结果会带来道德风险问题,而且可能意味着依靠纳税人出钱救助是唯一的出路。

资料来源:Turing(2019)。

CCP 应扩大资本来源并夯实储备

如果某个 CCP 将管理违约的成本转移给清算会员,而自身不为此提供任何资金,可能会抑制市场参与者参与该 CCP 的清算业务。事实上,并没有能够让人信服的计算可以证明,相对于双边清算,人们会更倾向于在 CCP 中清算。最近有一篇论文中的结论也表明,"集中清算的成本不一定低于双边清算。并且,即使在成本收益分析中,集中清算是更优的,这也可能是由于 CCP 的违约资源在使用方面存在的差异所导致的"(Ghamami and Glasserman,2017)。

应鼓励 CCP 在使用非违约成员预付的违约基金之前,在违约瀑布中加入更多应对违约的资金来源。除了发行债务工具外,CCP 还可以考虑违约保险,这样就可以在清算会员违约事件发生之前提供流动性并吸收损失,同时应重新审视以量化"自担风险"为基础的正式政策,以及 CCP 的母公司是否应发行自救性债券*。在这种情况下,有人提出,目前"风险共担"可能主要不是为了让 CCP 的资本层去吸收损失。CPMI-IOSCO 提出的政策指南是这样解释的(JP Morgan,2017):

> CCP 应该配置其自身的一部分财务资源用于吸收某个清算会员违约所造成的损失……CCP 为吸收可能产生的违约损失而自身缴纳一定数量的资金,会提升其清算会员对 CCP 管理违约能力的信心,并让 CCP 和其清算会员的利益保持一致。

我们建议,比现在更广泛地分担风险模型失效的责任是合理的,这意味着需要增加吸收损失的资本(Carter and Garner,2015)。

此外,为了纠正 CCP 股东和清算会员之间的不平衡问题,相关政策应要求 CCP 建立准备金制度,并应要求 CCP 公开披露其违约瀑布中的准备金和股息制度。CCP 将利润立即分配给股东,会使其失去一层能吸收冲击所带来的损失的天然缓冲。尽管人们认识到准备金具有吸收损失的功能,但当前法律并没有

---

* 如或有可转换债券(contingent convertible bonds,CoCos)。或有可转换债券是具有救助功能的可转债,其作用在于当金融机构资本充足率低于某一最低值要求时,或有可转换债券可以被强制性地转化为普通股,来吸收损失。或有可转换债券可以有效平衡较高资本充足率要求与企业盈利发展之间的矛盾关系,避免在市场状况不佳时企业难以补充资本,它具有逆周期性,可以增强金融机构抵御周期性系统风险的能力。——译者注

要求 CCP 建立准备金制度。若某个 CCP 没有建立完善的准备金制度,同时某个违约事件的发生又为其带来了巨额损失,那么这个 CCP 可能会(不负责任地)召回其之前向股东发放的利润。

资不抵债的 CCP 应该被审查

如果一个 CCP 处于资不抵债的状态,并且,在该 CCP 法定和经风险管理委员会和监管机构核准的用于覆盖违约损失的财务资源被耗尽后,仍未完全覆盖它的全部损失,那么我们就可以认为其风险管理不当。由于为量化保证金和违约基金规模而建立的风险模型,并不是完全由 CCP 决定的,因此导致该 CCP 资不抵债的原因还可能会对其他 CCP 或其他产品的清算产生影响。因此,我们应当对 CCP 资不抵债的风险进行调查,并且该调查应由处置机构以外的机构进行,随后对调查结果应予以公示,以便其他 CCP 吸取教训(CFTC 的监管压力测试就在这方面迈出了重要的一步)。

结论

维持金融稳定需要我们在市场中建立一个稳健的、负责金融市场中清算业务的基础设施,特别是在法律要求强制集中清算的情况下。法律条文规定了对清算基础设施的财务支持数额,如果法定财务支持数额设定不当,那么当 CCP 的资金耗尽时,应该有一个简单、公开、切实可行的计划,来规定我们接下来应该采取怎样的措施。

目前关于处置 CCP 的政策也高度依赖于如下前提:清算会员或纳税人是

有能力且应该承担处置方案成本的经济主体。CCP 目前的风险—回报模型是失调的,处置当局应该注意,要确保处置方案不会为 CCP 的风险—回报模型带来更大的扭曲。

为处置 CCP 而提议的工具箱与处置资不抵债的银行的工具箱十分相似。但 CCP 不是银行,因此处置 CCP 时所采用的工具应当与银行不同。在危机中,为处置 CCP 而提出的许多工具可能是无法使用的,甚至其中一些工具会使危机恶化,因此我们需要对其进行补充。其中一些工具要求监管机构接受现有的政策观点,特别是在危机情况下,无条件的强制集中清算要求可能是不适用的(详见专栏 11.3)。

欧盟监管草案是一次大胆的立法尝试,其旨在细化金融稳定委员会关于处置 CCP 的纲领性文件中的内容。CPMI-IOSCO㉓及金融稳定委员会应该修改它们的建议,这样的话,其他立法者就不会认为,适用于银行的处置方案也能被照搬用于处置 CCP。现在改进针对资不抵债的 CCP 的政策方案犹未晚也。

注　释

① 人们普遍认为,对于规模较小的 CCP,例如那些只对国内发行的股票进行清算的机构,可能会出现与前文不同的资不抵债情景和结果。本章只关注对金融稳定具有系统重要性的大型场外衍生品 CCP。

② 美国的立场可能不那么明确,因为关于 CCP 是否应受《多德—弗兰克法案》第二部分的约束,以及第二部分是否继续对银行有效的争论仍在继续。美国财政部在 2017 年 10 月指出,FDIC 可能是该法案第二部分中起到金融市场公用事业(financial market utilities,FMU)作用的处置机构。

③ CFTC(2019);欧盟委员会第 152/2013 号授权法规。

④ 金融稳定委员会(2017),第一节。

⑤ 以下关于恢复和处置银行方案的描述不应被视为对这些灵活方案的全面性分析或批评。本章的目的是识别出恢复和处置大型银行方案的典型特征,从而为下面对 CCP 的分析提供一个背景。

⑥ 在欧盟的一些国家,CCP 的结构类似于银行。

⑦ 在执行方面两者存在的区别是,恢复是 CCP 所管理的范畴,而处置是处置机构的特权。

⑧ 欧盟第 648/2012 号监管条例(《欧洲市场基础设施监管条例》)第 28 条。

⑨ 然而,需要指出的是,KRX(当时)并没有执行 CPSS-IOSCO 原则。

⑩ 我们可以用净未平仓头寸(或 CCP 有"保证金"的敞口)除以央行资本,来衡量多久之后需要纳税人的支持。

⑪ 欧盟《银行风险恢复和处置指令》(EU Bank Recovery and Resolution Directive),第 2014/59 号,第 45 条,于 2014 年 5 月 15 日发布。

⑫ 特别是欧盟监管条例草案第 27 条。

⑬ 市场评论人士已注意到上述负面后果[ISDA, 2017a;Turing, 2016,第 14 节 15(5)款和 15(6)款]。

⑭ JP Morgan(2017);Turing(2016),第 14 节 15(3)款。

⑮ 这些被引用的研究表明,VMGH 有可能会无限期地维持一个资不抵债的 CCP 的运营。然而,在解释这些研究时,我们必须记住,CCP 在合约交割时才对产品进行清算;所以,并非所有通过 CCP 的付款都为"变动保证金收益"。在生存建模过程中需要考虑到其他的支付目的。

⑯ 有人批评本章中的净未平仓头寸只是对实际损失的一种近似度量,因为实际损失是不良资产头寸(stress position)减去保证金、投入的自有资本和缴纳的违约基金。在处置过程中,CCP 可能已经能够结清(通过终止部分合约或常规的违约管理流程)一些未平仓头寸,尽管 CCP 功能的延续意味着即使发生违约,CCP 也只能对未平仓头寸做出有限的变动。

⑰ 资料来源:Clarus Financial Technology(2018)。

⑱ 由于监管要求,抵押品将在金融体系中进一步创造相互关联性。一般而言,各国央行、主权财富基金和长期资产管理机构偏好低波动性和优质的抵押品。另一方面,银行、对冲基金和共同基金对高流动性资产的需求发生了巨大变化。因此,抵押品转换(以及相互关联性)市场很可能出现。

⑲《多德—弗兰克法案》第 802—806 条。

⑳ Duffie 和 Zhu(2009)、Pirrong(2014)、Pirrong(2010)、Ghamami 和 Glasserman(2017)、Roe(2013)等论文都表明了,对场外衍生品的强制集中清算未必能降低风险。

㉑ 欧盟立法提案第 80 条预计将暂停使用甚至修订《欧洲市场基础设施监管条例》。

㉒ 金融稳定委员会(2016):"然而,在实际实施中存在一些政策和操作问题,包括:当局能否事先或在危机中同意暂停提供服务的条件;需要参与决策的政府部门的范围;如果交易不能在其他地方集中清算,会对客户清算任务以及对市场参与者的资本产生什么样的影响。"

㉓ CPMI-IOSCO(2017),第 6.2.1 段。

参考文献

Allianz, BlackRock, Citi, Goldman Sachs, Societe Generale, JP Morgan, State Street, T.RowePrice and Vanguard, 2019，"A Path Forward For CCP Resilience，Recovery and Resolution"，October 24.

Bank for International Settlements, 2016，OTC Derivatives Statistics at end-June (2016).

Blackrock, 2016，Resilience，Recovery and Resolution：Revisiting the 3 R's for Central Clearing Counterparties，Viewpoint paper https://www.blackrock.com/corporate/en-at/literature/whitepaper/viewpoint-ccps-resiliency-recovery-resolution-october-2016.pdf.

Committee on Payments and Market Infrastructures and IOSCO, 2014，"Recovery of Financial Market Infrastructures—Final Report"，CPMI-IOSCO publication 121.

Committee on Payments and Market Infrastructures and IOSCO, 2017，"Resilience of Central Counterparties (CCPs)：Further Guidance on the PFMI"，CPMI-IOSCO publication 163.

Cox, Robert, and Robert Steigerwald, 2016，"Incomplete Demutualization and Financial Market Infrastructure：Central Counterparty Ownership and Governance After the Crisis of 2008-09，*Journal of Financial Market Infrastructures*，Vol. 4，No. 3，pp. 25-38.

Duffie, Darrell, and Haoxiang Zhu, 2009，Does a Central Clearing Counterparty Reduce Counterparty Risk? Rock Center for Corporate Governance Working Paper 46，SSRN ID 1348343.

ESMA, 2016，"EU wide CCP Stress Test 2015"，ESMA 2016/658.

European Commission, 2016，"Proposal for a Regulation … for the Recovery and Resolution of Central Counterparties，etc"，COM/2016/0856 final，http://eur-lex.europa.eu/resource.html?uri=cellar：b17255a7-b550-11e6-9e3c-01aa75ed71a1.0001.02/DOC_1&format=PDF.

Financial Stability Board, 2014，Key Attributes of Effective Resolution Regimes for Financial Institutions.

Financial Stability Board, 2016，Essential Aspects of CCP Resolution Planning，Discussion note.

Financial Stability Board, 2017，Guidance on Central Counterparty Resolution and Resolution Planning-Consultative Document.

Ghamami, Samim, and Paul Glasserman, 2017，"Does OTC Derivatives Reform Incentivize Central Clearing?"，Office of Financial Research，Working Paper 2016-07.

Giancarlo, Christopher, 2019，Commissioner CFTC，"The Tao of Derivatives Clearing：Clearinghouse Resilience，Recovery and Resolution，May https://www.cftc.gov/PressRoom/SpeechesTestimony/opagiancarlo72.

Gibson, Matt, 2013，Recovery and Resolution of Central Counterparties，Reserve Bank of

Australia Bulletin, December Quarter 2013.

Glasserman, Paul, and H. Peyton Young, 2017, "How Likely is Contagion in Financial Networks?", Office of Financial Research, Working Paper 130-09.

Heath, Alex, Gerrard Kelly, and Mark Manning, 2015, "Central Counterparty Loss Allocation and Transmission of Financial Stress", Reserve Bank of Australia Research Discussion Paper 2015-02.

Hughes, David, and Mark Manning, 2015, "CCPs and Banks: Different Risks, Different Regulations", Reserve Bank of Australia Bulletin, December Quarter 2015. International Derivatives and Swap Association, 2013a.

International Swaps and Derivatives Association, Inc., et al, RE CPSS-IOSCO Consultative Report: Recovery of Financial Market Infrastructures, response to CPSS and IOSCO consultation http://www2.isda.org/attachment/NjAxNA= =/Industry%20Response%20to%20CPSS109% 201%20of%202.pdf.

International Derivatives and Swap Association, 2013b, "CCP Loss Allocation at the End of the Waterfall", White Paper, August.

International Derivatives and Swap Association, 2017a, "Safeguarding Clearing: The Need for a Comprehensive CCP Recovery and Resolution Framework", White Paper.

International Derivatives and Swap Association, 2017b, ISDA Margin Survey 2017, http://assets.isda.org/media/85260f13-45/71e04f49-pdf/.

JP Morgan, 2014, "What is the Resolution Plan for CCPs", White Paper, September.

JP Morgan, 2017, "A Balancing Act—Aligning Incentives Through Financial Resources for Effective CCP Resilience, Recovery and Resolution", White Paper, May.

LCH, 2014, "Recovery and Resolution—A Framework for CCPs", White Paper.

Perkins, Christopher, Vijay Albuquerque, and Marian Rafi, 2016, "Central Counterparties Need Thicker Skins", *Journal of Financial Market Infrastructures*, Vol. 4. No. 3, pp. 55-63.

Pirrong, Craig, 2010, "The Inefficiency of Clearing House Mandates", Cato Institute Policy Analysis No. 665, July.

Pirrong, Craig, 2014, "A Bill of Goods: CCPs and Systemic Risk", *Journal of Financial Market Infrastructures*, Vol. 2. No. 4, pp. 55-85.

Roe, Mark, 2013, "Clearinghouse Overconfidence", *California Law Review*, Vol. 101. No. 6, pp. 1641-1703.

Singh, Manmohan, 2010, Under-Collateralization in the OTC Derivatives Markets, Banque de France Financial Stability Review, No. 14.

Singh, Manmohan, 2013, New Regulations and Collateral Requirements—Implications for the OTC Derivatives Market, SWIFT Institute Working Paper No. 4.

Solum and Calypso, 2015, The Inevitable Fragmentation of Clearing: A new Landscape for Derivative End-Users and CCPs, July.

Turing, Dermot, 2016, Clearing and Settlement (Bloomsbury), Section 10.8 and Figure 10.1.

Turing, Dermot, and Manmohan Singh, 2018, "The Morning After—The impact on collateral supply after a major default", IMF Working Paper 18/228.

Turing, Dermot, 2019, "Central Couterparties: Magic Relighting Candles", Journal of Financial Market Infrastructures, Vol. 8, No. 1, pp. 27-49.

12 场外衍生品中主权国家与银行间的关联

本章主要讨论抵押品在主权国家和大型银行之间的场外衍生品合约中所起的作用。具体来说,由于这类合约的交易量(及相应收入)的规模巨大,当主权国家的衍生品头寸为"虚值"时,大多数银行不会强迫主权国家提交抵押品。然而,如果银行的衍生品头寸为"虚值",它们通常是必须提交抵押品的。除非主权国家为其与银行签订的衍生品合约提交抵押品,否则切断银行与主权国家之间关联的有关言论就会大行其道。我们估计场外衍生品市场中"抵押品不足"的头寸数额并不低,因此在讨论主权国家与银行之间关系时,不能忽视这部分头寸。政府部门十分关注对主权债券折扣率(和风险权重)的恰当设定;而主权债券的这种灵活性导致了主权债券折扣率与其他风险指标的不一致性(进而高估了主权债券的价值)(Hannoun,2011)。此外,即使是国际货币基金组织(2018)的研究也没有讨论过抵押品在场外衍生品的主权国家—银行关联中的作用。

引言

正如我们在第 10 章中已经看到的,对于那些使用场外衍生品合约的人来说,目前的市场实践带来了"剩余"衍生品负债和衍生品资产。所谓"剩余",指的是一家大型银行账面上的场外衍生品在完成了可能的净额结算,再减去合约上的(有限的)抵押品后剩余的部分。因此,这一剩余风险反映出由于大型银行的客户不向银行提交约定份额的抵押品而造成的抵押品短缺问题,反之亦然——这被笼统地称为单边信用担保附约,而不是双边信用担保附约(即合约双方相互提交抵押品)。过去的研究发现,场外衍生品市场上最大的 10 家至 15家银行持有的衍生品资产中可能有约 1.5 万亿至 2.0 万亿美元存在抵押不足问题,其衍生品负债中存在抵押不足问题的数额也大致相同(BIS,2013;Singh,2010)。这些剩余负债和资产之所以存在,是因为一些大型银行的客户并不会提交足额的抵押品,其中包括主权国家(及相关机构)、AAA 级保险公司和养老基金、大型企业、多边机构(如欧洲复兴开发银行)、房利美和伯克希尔—哈撒韦类型的公司,等等。背后的原因是它们被大型银行视为(基本上)安全的、享受特殊优待的客户。

从风险管理的角度来看,当对手方可能无法全额支付银行的"实值"头寸时,大型银行的信用估值调整(credit-valuation-adjustment,CVA)部门需要对冲它们的"实值"头寸或衍生品资产。CVA 部门主要使用信用违约掉期(CDS)来对其账面上的场外衍生品进行对冲。旧的监管规则不对 CVA 收取资本费用。然而,《巴塞尔协议 III》要求对抵押不足的风险敞口收取资本费用。根据《巴塞尔协议 III》,如果银行是使用 CDS 对其风险敞口进行对冲的,银行的这部分风险敞口可以得到一定的资本费用减免(换句话说,其他形式的对冲将不被《巴塞尔协议 III》所认可)。同时,欧洲的《资本要求指令 IV》等监管规定要求,对抵押不足的主权债券等合约的风险敞口(即那些免于清算的风险敞口)免征资本费用。然而,对主权国家衍生品资产进行对冲会推高主权国家的 CDS 利差(就像前几年欧洲外围国家的情况)。这进而会增加主权国家债务的发行成本(因为 CDS 利差会影响其标的债券的利差)。

新的监管规定和主权国家—银行关联

由于《巴塞尔协议 III》要求对规模不断增长的衍生品资产进行对冲,导致"虚值"的 SSA[即主权国家、国际机构(欧洲央行、欧洲复兴开发银行、世界银行等)和其他类似于房利美和房地美的机构]的 CDS 利差上升。市场数据表明,大型交易商需要对冲的资产中有 10%至 15%可能来自 SSA,并且来自企业客户的需要对冲的资产比例也大致相同。[①]因此,当主权和准主权国家陷入困境时,解决抵押品不足问题对于理解 CDS 利差的变动很重要——因为 CVA 部门需要在衍生品合约中抵押品不足时对冲头寸。监管对于 CVA 部门何时进行对冲是没有限制的,一些银行会比其他银行更快地采取行动。但是,如果银行的客户被评级为 BBB 或以下,则 CVA 部门不需要对其进行对冲。目前公开数据(如 Risk,2011)表明,SSA 可能在银行有 1 500 亿美元的虚值头寸(这些银行对应的头寸为实值)。而银行在对冲这部分实值头寸时,自己也会在另一家银行建立虚值头寸;由于其必须为这些"虚值"头寸提交抵押品,银行也会产生一定的融资成本。

通常情况下,"华尔街"或活跃在场外衍生品市场的 10 家至 15 家大型交易商属于交易的同一方(其中一些交易商在与主权国家交易时可能持有相似的头寸)。例如,与政府部门的非正式讨论表明,自 21 世纪初以来,"华尔街"在利率掉期(IRS)头寸上是"实值"的。在交易商与主权国家的 IRS 合约中,大多数交易商支付浮动利率,而主权国家通常支付固定利率。2008 年金融危机以来全球利率一直保持在低位(并且可能会继续保持),许多 IRS 头寸现在已经成为银行账面上重要的衍生品资产,但主权国家通常不会就其这部分虚值头寸向大型银行提交抵押品和到期结算(IRS 的期限通常高达 30 年)。图 12.1 显示了一个简化的银行衍生品头寸的例子,该银行在 IRS 头寸(例如对意大利的)上是"实值"

的,但在意大利CDS头寸上是"虚值"的。由于SSA不提交抵押品,银行无法从其价值1 000万美元的"实值"IRS头寸中获得任何现金流,但必须为其价值800万美元的"虚值"CDS头寸支付一笔资金。

	2009年3月	
	衍生品资产 (实值)	衍生品负债 (虚值)
	(百万美元)	
交易活动的衍生品合约		
利率掉期(意大利)	10	0
信用掉期或CDS(意大利)	0	8
衍生品公允价值总额	10	8
➡ 交易对手净额结算后(意大利)	2	
➡ 提交的现金抵押品	0	8
资金成本——自掏腰包	➡ 8	

图12.1 关于银行对SSA"实值"头寸带来融资成本的说明性示例

一些主权国家的经历

近年来,来自市场的信息表明,一些外围国家的财政部偶尔也会积极参与场外衍生品市场,以降低其CDS利差(Bilal and Singh,2012)。一种情况是,财政部要求活跃在场外衍生品市场的大型银行不应对冲其对主权国家的风险敞口,因为这将导致主权国家的CDS利差增加(图12.2)。通过将大型全球性银行的场外衍生品合约转让给主权国家本地的银行,原始衍生品合约也会由大型全球性银行重新转让给外围国家本地的银行(或财政部要求的其他机构),但是直到合约到期,财政部才会偿付对本地银行的虚值头寸。[②]然而,从另一方面来看，衍生品合约的替代将导致原始合约被终止，财政部将必须结算其在大型全球性银行的虚值头寸，并在合约替代时支付到替代日期为止的应计未付余额。

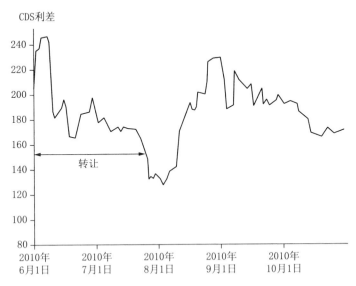

图 12.2　CDS 合约的转让是如何降低利差的

资料来源：Bloomberg。

在 2009 年希腊的债务问题开始显现后，欧洲外围国家的 CDS 波动率有所上升。这对活跃在场外衍生品市场的大型银行的账簿产生了重大影响。例如，摩根士丹利 2011 年的财务报表（方括号中的资料来自原文）中写道：

2011 年 12 月 22 日，本公司执行了一些衍生品重组修正，并于 2012 年 1 月 3 日完成了结算。在修正交易完成结算后，对意大利对冲前的风险敞口和净风险敞口分别[从 62.68 亿美元]降至 28.8 亿美元和[从 49.01 亿美元]降至 15.22 亿美元，对外围国家对冲前的敞口和净敞口分别[从 84.25 亿美元]减少至 50.44 亿美元和[从 64.35 亿美元]减少至 30.56 亿美元。

值得注意的是，交易前，在考虑到具有法律效力的净额结算协议和抵押品后，摩根士丹利对意大利主权的净交易对手风险敞口（即回购交易、融券交易和场外衍生品）高达 42 亿美元，此外其还有 6.89 亿美元的对意大利非主权债券的风险敞口。[③]这可能只是冰山一角，因为银行对所有 SSA 的头寸大致相同。然而,即将出台的《巴塞尔协议 III》和《多德—弗兰克法案》等法规并不能直接解决这一问题,因此主权国家将继续对大型全球性银行产生影响。

　　活跃在场外衍生品市场的大型银行所持有的衍生品合约大多数都是 IRS 合约。当利率下降时,银行的 IRS 头寸会变为"虚值",因此它们必须通过购买 CDS 来对冲利率下降的风险。大型货币中心银行对不提交抵押品的主权国家和企业持有正的风险敞口,并会使用 CDS 对其进行对冲。即,IRS 带来了对 CDS 的需求。此外,当 SSA 陷入困境时,市场普遍会变得风险厌恶。

　　再以欧洲外围国家为例:随着德国国债的收益率下跌(这可能体现出其经济的低增长问题,或欧洲央行会在更长时间内保持低利率),避险情绪导致欧元掉期曲线走低。欧元掉期曲线对 CDS 市场产生了影响。图 12.3 显示了一个欧洲外围国家的 5 年期美元 CDS 与欧元 IRS 曲线的相关性(2010 年至 2012 年)。在回归中忽略这种相关性将导致对欧洲外围国家 CDS 利差的分析偏误。

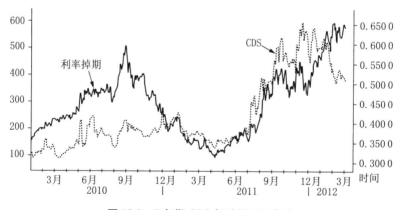

图 12.3　5 年期 CDS 与欧元 IRS 曲线

一些政策问题

　　要解释 SSA(当其陷入困境时)的 CDS 利差的变动,我们需要理解银行所有的场外衍生品投资组合。只要大型银行的客户不提交它们应当缴纳的抵押品份额（即初始保证金和变动保证金），银行就会继续对冲它们在"实值"场外衍生品头寸中的风险敞口。事实上，有监管提案要求将场外衍生品转移到 CCP 中进行清算，这使得大多数 SSA 无需为其"虚值"头寸提交抵押品。最近，一些主权国家央行已经承认（例如英格兰银行），拥有双边信用担保附约并在到期时提交和收取抵押品可能在经济上更有利（见专栏 12.1）。另一方面，一些银行可能被迫提交抵押品，因为对那些可能可以保持盈利但多年没有抵押品流入的头寸来说，银行可能不愿意为它们耗费资金（因为如果需要对冲这些头寸，就会产生融资成本）。④

专栏 12.1 │ 里斯本的举措指向无风险主权债券的终结

又是一周，又是一轮对主权和市政风险的担忧。但投资者在对西班牙和比利时（或者伊利诺伊州和加州）的主权风险感到担忧时，他们应该仔细看看里斯本一项有趣的小进展。周三（1 月 19 日），葡萄牙债务管理机构在一封电子邮件中正式宣布，它将开始在与银行进行的衍生品业务中提交抵押品（如现金或政府债券）。该机构表示，此举旨在对其融资成本产生"积极影响"，并减少"信贷敞口"。对旁观者来说，这句话可能技术性过强，因而听起来枯燥乏味。这封电子邮件也确实几乎没有引起人们的注意（部分原因是葡萄牙政府在去年首次提出了这个想法）。但在现实中，它具有相当大的象征意义和现实意义。这周在葡萄牙发生的变化只是一个未来更广泛的银行—主权国家范式转变的先兆，即投资者和风险管理者正在重新评估它们持有的公共部门债务是不是"安全"的。这一转变将在未来几个月给欧元区乃至美国带来一些实际的挑战。

这里的关键问题是政府和银行如何在场外市场进行衍生品交易。在过去的 30 年里，当银行之间（或与其他私人部门机构）进行场外利率交易和外汇掉期交易时，银行往往会为这些交易提交抵押品。这为市场参与者提供了对交易对手资不抵债风险的保护。

然而，到目前为止，大多数政府通常都不会为此类交易提交抵押品，因为它们被视为"享受优待的"。这主要是因为协调方面的问题，即在政府预算约束下，官僚们很难立刻拿出抵押品。然而，西方公共部门被认为是（几乎）无风险的。因此，人们尽管认为银行需要提交抵押品，但一般会认为公共部门（以及一些 AAA 级保险集团和银行）不需要。

但是，这次全球金融危机迫使投资者和风险管理者反思他们对什么是"无风险的"的假定，更不用说对享受特殊优待的机构了。毫不奇怪的是，许多银行现在都在担心之前与政府机构达成的掉期交易会出现违约的情况。这并不是因为银行现在一定在亏损；相反，由于汇率和利率的波动，欧元区掉期交易通常对银行有利。但由于掉期是长期的，风险管理者会对未来的不确定性感到不安。尽管银行试图在 CDS 市场对冲这种风险，但这个市场的交易量很小，因而上述对冲行为会推高 CDS 利差，从而进一步加剧恐慌。最终结果是银行正在暗中推动变革，一些担心 CDS 市场会发生剧烈波动的监管机构也是如此。里斯本的声明清楚地表明，一些政府机构在关注这个问题。毕竟，葡萄牙政府似乎希望，通过为掉期交易提交抵押品而减少银行对对冲的需求，从而可能降低 CDS 利差和主权国家的融资成本。起码它们认为应当这样做，但葡萄牙政府的做法是否有效还有待观察。

不过，投资者最好观察一下接下来会发生什么。首先，这一变革突显出银行长期以来都在隐瞒场外衍生品市场中的抵押不足问题。例如，在去年，国际货币基金组织经济学家曼莫汉·辛格计算得出，如果市场参与者提交足够多的抵押品，以覆盖所有场外交易，市场中的参与者将需要额外筹集 2 万亿美元的资金，即相当于每个大交易商需要筹集约 1 000 亿美元的资金。TABB 咨询公司也得出了类似的结论。尽管银行部门认为这些数字是存在争议的，但这个结论仍值得我们深思。尤其是由于当前场外交易业务正在被转移到清算所中清算，而清算所要求其会员必须提交足额抵押品。

但第二个有趣的问题是，有多少其他政府会追随葡萄牙的脚步，或者尝试使用清算所来降低银行对对冲的需求？其中一部分肯定正准备朝着葡萄牙的方向发展;然而,对于许多国家来说,这一发展方向存在着巨大的挑战。许多国家没有多余的资金;而且目前还不确定这些国家是否被允许使用自己的债券作为抵押品。在美国,地方政府这方面的行为也受到法律的约束。

然而,有一件事是明确的,那就是这场辩论——以及这种趋势——早就应该开始了。毕竟,最近的债券和衍生品泡沫背后的一个因素是,金融体系经常未能恰当地为所有与交易相关的信用风险、过程风险和执行风险定价,尤其是当机构被标为 AAA 级或无风险时。如果金融体系现在正试图纠正掉期合约在这方面的问题,那么这对市场将是有利的;唯一遗憾的是,我们采取这一措施的时间已经晚了十年。

资料来源:*Financial Times* Column by Gillian Tett,January 20,2011。

为了解释主权国家 CDS 利差的变动,除非将影响 CDS 利差的抵押品(或抵押品不足)维度的变量纳入回归,否则回归的设定就是错误的。政策制定者在进行学术研究时需要小心,因为他们可能在解释 CDS 利差的回归分析中忽略了抵押品维度的变量。这些变量分散于所有主要银行的 CVA 部门,但即使这些变量的数据是可得的,它们也不太可能被用于监管。

注　释

① 主权国家包括准主权机构、债务管理机构和市政当局。
② 要拒绝其最大的衍生品客户之一的请求是很困难的。
③ 见 www.totalderivatives.com。
④ 错误地遗漏一个或多个重要的自变量会造成遗漏变量偏差问题。

参考文献

Bilal, Mohsan, and Manmohan Singh, 2012, "CDS Spreads in European Periphery—Some Technical Issues to Consider", IMF Working Paper 12/77.

BIS, 2013(and earlier issues), OTC Derivatives Semiannual Reports.

Hannoun, Herve, 2011, "Sovereign Risk in Bank Regulation and Supervision: Where do We Stand?", BIS speech in Abu Dhabi, October 26.

IMF, 2018, "Managing the Sovereign-Bank Nexus"(Giovanni Dell'Ariccia, Caio Ferreira, Nigel Jenkinson, Luc Laeven, Alberto Martin, Camelia Minoiu, and Alex Popov).

Risk, 2011, "One-way CSA pile-up funding risk for banks", February, available at http://www.risk.net/risk-magazine/feature/1949147/-csas-pile-funding-risk-banks.

Singh, Manmohan, 2010, "Collateral, Netting and Systemic Risk in OTC Derivatives Market, IMF Working Paper 10/99.

Singh, Manmohan, 2011, "Making OTC Derivatives Safe—A Fresh Look", IMF Working paper 11/66.

13 隐私条款、延迟支付和抵押品的作用[*]

公共和私人部门提供的支付系统之间的新边界以及抵押品所发挥的作用正在发生改变。金融科技,包括人工智能和大数据、分布式计算、密码学、互联网和移动接入等技术的融合,在金融行业催生了各种各样的应用,其中最主要的是新支付系统的开发。这些技术的发展使政策制定者有可能考虑废除实物现金,并以电子货币代之。但这些技术的发展也引发了人们对支付系统中隐私问题的日益关注(Kahn,St Louis Fed,2018)。

监管机构提出试图减少现金使用的理由之一是,现金的私密性为非法活动提供了便利。但是,支付中还存在其他合法的隐私需求。第一个是为了保护自己在交易中免受交易对手风险(Kahn,McAndrews and Roberds,2005)。在某些情况下,个人与陌生人进行合法交易,但希望确保交易不会产生附带后果,例如交易可能会表明个人很富有,或者可能会让某些尴尬的事情(例如购买某些药品)被公开。除了担心交易对手的行为外,人们还可能担心第三方对信息的滥用——这导致人们开始担心支付系统的运营商在交易中是否充分保护了交易双方的隐私,以及它们是否滥用了这些信息。

---

* 本章由查尔斯·卡恩(Charles Kahn)、凯特琳·朗(Caitlin Long)和作者合撰。

这些对技术和政策方面的考虑引出了一个重要问题:新的电子支付系统应该在多大程度上由政府部门控制(所谓的"中央银行数字货币",central bank digital currencies,CDBC),私人部门的支付系统运营商又应当有多大的权限?对数据安全漏洞的宣传提高了公众和政策制定者对这一问题的关注,它也引发了人们对央行隐私保护能力的质疑。

在目前数量激增的私人支付系统中,一些支付系统——尤其是像比特币(Bitcoin,BTC)这样的加密货币——被设计成独立于所有政府机构的法定货币。另一些则采取了"稳定币"的形式——这是一种与现有记账单位挂钩的支付媒介,并且在一定程度上得到了与这些记账单位(如贵金属或法定货币)挂钩的资产的支持。

稳定币的组织者类似于一个"狭义银行"。在它们的资产负债表上,负债是一种人们觉得方便持有的流动性工具。由于稳定币是具有流动性的,其持有者愿意接受较低甚至略为负的利率。但由于稳定币可以随时被赎回,因此组织者必须持有足够数量的流动资产,以维持用户对组织者赎回能力的信心。如果稳定币为其持有者提供了比其可赎回的资产更大的便利,那么支付系统提供商就有空间从稳定币支付(或收取)的回报与持有准备金的回报之间的差额中获利。如果这个利润太少,或者可能获得的额外收益变得太诱人,那么服务提供商将引入部分准备金制度。当服务提供者持有的准备金低于其发行的稳定币的全部价值时,问题就出现了:考虑到风险和流动性因素后,投资组合中应该持有多少和保持多高质量的非准备金资产? 一个与此相关的问题是系统中的资产托管问题:是否应允许对这些资产进行再抵押,以及在什么情况下可以再抵押? 各种各样的稳定币及其设计方案以各种方式回答了这些问题。其中一些方案是让受监管的独立金融机构作为稳定币的托管机构,并为稳定币提供足额保障。另一些方案则试图通过用不足额的准备金购买或出售稳定币,来维持其价格的稳定。

从历史上看,当政府和银行监管机构面临上述问题时,它们不会把这些问题的决定权交给银行。相反,它们会主动在银行章程中加入监管要求;规定银行的最低准备金持有量，以及对银行投资组合中的其他资产设定监管标准。经济理论表明，让政府和银行监管机构进行干预是合理的，部分原因是支付系统具有公共产品性质。只有人们相信货币的可用性和安全性时，他们才愿意持有该货币。因此，通过持有安全的资产组合和大量的准备金来维护其声誉，以保持当前持有者对该货币的信心，是符合支付系统提供商利益的。然而，支付系统为经济提供的好处，甚至比用当前该货币持有者对支付系统的估值来衡量的好处还要大。支付系统不仅为当前使用它的人提供利益，也为那些可能成为付款接收者的个人带来利益。这些人从事经济活动的目的是，销售他们的商品和服务，以换取未来的支付，因此他们的经济活动也依赖于支付系统的稳定性。然而，他们对支付系统稳定性的要求并没有被纳入支付系统提供者的考虑范围，这会使得支付系统存在安全性不足的问题。

没有任何资产支持的加密货币就不会面临同样的问题。就像法定货币一样，它不能经由除自身以外的其他任何交易媒介对其进行赎回。所以，它不需要持有任何准备金来为自己做担保。当然，由于它也没有提供任何承诺，因此它需要产生足够大的网络效应，才能让其客户愿意持有或接受这种货币。

最近监管机构和央行最感兴趣和关注的一种电子货币可能是"Libra"，这是由网络社交媒体 Facebook 发行的一种稳定币。它有一些与众不同的特点，其中很重要的一点是，Libra 使得跨境支付汇款变得更容易，且成本更低，并且在这个新支付系统中，Libra 是由一篮子货币计价的，即 Libra 将这些货币的流动资产组合作为它的抵押品。

该方案的意图之一似乎是让货币本身充当应用程序之间的通用媒介，这些应用程序可以由负责满足支付和安全监管要求的其他机构运行，而 Libra 则需要确保这些安排的互操作性。从这方面来看，Libra 从一个更高的水平折射出了当前各国央行正在考虑实施的 CBDC 的许多方案：各国央行都想对它们自己的货币做点什么，而 Libra 则尝试对不同货币的央行同时下手。这些方案大部分仍处于起步阶段，其细节和目标各不相同。其中一些方案明确是为了替代现金;另一些方案则是作为对私人支付系统的替代品或互补品。然而,一些关于CBDC 的方案认为,CBDC 不应当只是一个由终端用户直接持有的电子对象,它更应该是一种技术——私人部门机构(传统机构或金融科技行业的机构)可以通过统一的交易媒介,围绕它构建互操作的支付应用程序。

此外,一些关于应当如何建立 CBDC 的方案,与允许某些政府授权的支付系统服务提供商在中央银行设立账户(它们在中央银行的准备金也是电子化的媒介)以换取满足安全性和互操作性这样的方案,几乎是毫无区别的(例如,Garratt et al.,2015)。事实上,尽管 Libra 的组织者称自己持有法定货币(即在央行开立的账户)作为 Libra 的准备金资产,但 Libra 的准备金资产也可以是上述方案中银行发行的 CBDC 资产。事实上,央行开发 CBDC 的一个动机是,使用新的支付系统中的代币支付比用央行准备金支付更方便,同时,新的支付系统中的代币比债券会更具流动性。

面向所有人(零售和批发)的 CBDC 将从结构上从银行体系中"脱媒"。央行会向银行提供存款以代替抵押品吗?在这种情况下,随着优质证券流入央行资产负债表,市场管道将受到不利冲击(Bindseil,2020)。

延迟支付的隐性成本较高

按照传统设计,设立支付系统的目的是在延迟净额结算的基础上,而不是在即时结算的基础上进行支付。从历史上看,这种观点是有道理的。十多年前,计算机处理能力仍然很有限,数据存储也过于昂贵,因此人们无法按全额结算的方式付款。设立传统支付系统的目的是在这些限制条件下提高支付的效率,将往来银行间的支付汇总起来净额结算,然后再与中央银行进行净额结算,因此支付系统可以让支付的总结算笔数降到最低,但是,从历史上看,结算链条中的每个银行都分批处理其交易,而这些交易大多是隔夜的。由于每家银行会按先后顺序处理其交易,一家企业通常需要几天时间才能结清一笔付款。除此之外,根本没有其他能为企业提供一个更快且更有效的解决方案的选择。因此,所有银行体系内部都采用净额结算的方式意味着,央行的资产负债表可能仍只占整个货币体系和信贷余额总额的一小部分。

下面我们将说明延迟支付所涉及的成本。我们考虑了两个重要因素:金融公司和非金融公司面临的资本成本差异,以及延迟结算系统会带来的风险。在研究信用创造领域证券市场的崛起及其对支付系统的影响之前,我们必须回答一个关键问题:谁负担此类延迟支付结算的成本? 当一笔付款不能被立即结清时,需要有人承担未结清的付款的风险——包括时间价值(利率风险)和违约风险(交易对手风险)。

对接入支付平台的限制降低了效率,并增加了成本。在现有的体系中,金融体系迫使非金融企业承担这一成本,这使得市场中出现了一个成本上的差异:非金融企业的加权平均资本成本通常高于金融企业。迫使非金融企业承担延迟支付所带来的成本从经济上看是低效的,因为这对社会来说是一种无谓的损失(一般金融企业的资金成本更低)。

当技术成本降低(即支付系统成本较低)时,交易双方就可以即时地进行点对点的支付,那么为什么支付过程中还存在利率风险和交易对手风险呢? 这两种风险并不是支付系统固有的,而是由传统支付系统中的延迟净额结算模式带来的。

换句话说,交易对手风险和利率风险是支付过程中的外生因素。过去导致延迟结算的遗留问题(虽然在今天已经不存在了),仍约束着当前金融体系的设计方式,这导致上述两类风险仍存在于支付过程中。不过,当权者当前对改革金融体系并不感兴趣,因为他们能够在现有的金融体系设计下获得寻租利润。

为了说明这一点,让我们以一个制造技术组件的跨国公司为例,该公司拥有一个全球供应链,并且使用着位于世界各地的大约 1 000 个不同的银行账户。让我们假设公司的资本结构中没有债务(即该公司是 100% 股权融资的),其加权平均资本成本是15%。我们还假设为该公司管理现金的银行的加权平均资本成本为3%。在帕累托最优的情况下,该公司付款所带来的延迟支付成本应由银行承担,因为银行的加权平均资本成本比该公司低12%。

然而,目前的支付系统与上述最优情况恰恰相反。具体地说,该公司的对手方银行只能承担有限的信贷风险,因此银行只将信贷风险预算分配给利润率最高的产品,例如并购所用的过桥融资、杠杆贷款、加速股票回购计划、与交易挂钩的衍生品和其他高利润的产品。银行最不愿意的就是为该公司的延迟支付提供资金,因为这项业务的利润率非常低。因此,银行会要求该公司自己承担延迟支付所带来的成本,即让公司将现金以所谓的"舒适存款"(comfort deposit)的形式存入其在世界各地的银行账户(而银行则可以通过该浮资*获取更多利润)。

这种做法会为社会带来无谓的损失,因为该公司的延迟付款成本是由该公司自身被锁定的资本(15%的资本成本)支付的,而不是由银行(3%的资本成本)资助的。使用昂贵的资金去覆盖自己的延迟支付成本,会促使该公司的资金部寻求更有效的支付方案,使公司能够减少必须被锁定在自己银行账户中的资金的数额。资本成本最高的公司最有动力使用RTGS系统,因为这可以最小化它被锁定在银行账户里的现金总额,并加快自身资产负债表的周转速度。

公司资金部和支付系统的未来

公司资金部有强烈的经济动机来使用RTGS付款,特别是当其所在公司的加权平均资本成本较高时。随着现有支付系统的替代方案越来越多,对公司资

---

* "浮资"代表银行可以在交易日结束后才需要支付给客户的那部分资金,由于在交易日结束前无需对其进行支付,因此银行享受该浮资的日内流动性。——译者注

金部来说,继续使用现有的支付系统没有任何收益,因为这种系统会使得它们的资金被"封存"在银行账户中——即这部分资金通常被用于完成它们在世界各地子公司之间的支付!仅一家中等市值的科技公司,将支付结算周转率加快至当日完成的收益就能达到2亿美元!换句话说,从公司资本结构中剥离大量惰性资本的机会,是公司资金部转换支付系统的强大动力。

由于这些强大的经济激励,公司资金部有动力成为第一批使用RTGS的主体。自2014年以来,多家《财富》500强企业一直在悄悄地小规模使用比特币,它们主要将其用于与银行系统不发达的国家的交易。公司资金部需要及时了解快速支付领域的发展状况,并能够迅速转向使用对它们来说更合适的支付系统解决方案。

向更快的支付方式转变可能有多种形式——CBDC、银行发起的数字货币(如Fnality或JPMCoin)、私人部门的稳定币(如Libra或Tether)、去中心化的加密货币(如比特币)。随着企业的支付从高度的净额结算体系转向全额结算体系,央行的资产负债表可能需要扩大。公司资金部有很强的经济动机从传统支付系统转向新的RTGS支付系统。但这里还有一个重要问题:我们要选择哪一种支付方式?新的支付方式处理交易的速度有多快?

货币总量指标的变化

新的支付系统可能显示出货币政策传导渠道目前存在的一个漏洞:对现金的需求取决于现金的替代品。例如,对一个从现金经济迅速转向由银行服务的经济的经济体来说,我们预计其对现金的需求相对于对银行账户存款的需求会下降,因此M0在货币供给中的占比会下降。在来自非银行部门的现金替代品正在增加的经济体中,我们还预计,流通中的现金与GDP之比会下降,而对更广义的货币总量所产生的影响将取决于新的现金替代品持有准备金的比例。例如,在法律要求对电子货币一比一持有准备金的司法管辖区,从现金到电子货币的流动将不会对更广义的货币总量产生影响,而从银行存款到电子货币的转变将减少更广义的货币总量。

专栏 13.1 | 交易对手风险和准确的分类账统计数据

没有哪个支付系统的用户群体比公司资金部更关注这些问题——尤其是那些需要跨境转移资金的企业。公司资金部还面临着另一个尚未引起广泛关注的问题:它们必须管理远远超过存款保险(如美国的 FDIC 保险以及其他国家的类似保险限制)门槛的现金余额。

因此,公司资金部必须做一件自 20 世纪 30 年代以来几乎没有零售储户想过要做的事情:对其存款的银行进行交易对手信用风险分析。尽管这个话题很少在主流金融媒体上被讨论,但大多数公司资金部在这个问题上已经很有经验。例如,由于担心欧洲银行的信用可靠性,到 21 世纪 10 年代初,一些规模最大、最成熟的美国企业已经将其在欧洲的现金存款转移到了美国货币市场基金当中,然后再通过外汇掉期市场将美元兑换成欧元。

回购市场和公司支付之间的联系并不明显,有关这方面的报道也很少。然而,这两者确是高度交织在一起的。毕竟,金融部门的主要工作是在非金融企业之间进行中介交易,而且,事实上,国家统计数据(如美联储的 Z.1 数据)也证实了,金融部门的总资产负债表没有非金融部门的大。问题在于,大量美元债务已经在海外(美国银行体系之外)累积起来,而想要准确衡量这些美元债务的规模是不可能的。

一种可能的估计上述美元债务规模的方式是,计算回购市场中支持这些美元敞口的抵押品的规模(回购市场是这些抵押品易手的地方)。然而,由于市场中存在再抵押和其他对抵押品重复使用的做法,以美元为基础的离岸信用风险敞口的实际规模也不能以这种方式准确衡量(见第 1 章和第 2 章);使用分布式账本技术(distributed ledger technology,DLT)可以带来准确的企业分类账统计数据,进而可以提高市场的透明度。当回购和外汇掉期市场中的流动性不时地枯竭时,美元抵押品的短缺将导致美元汇率飙升,这会给企业、金融机构,甚至拥有美元空头头寸的国家带来损失。这种情况最开始出现在 2008 年的金融危机当中,并使得公司资金部更加密切地关注其对手方银行的交易对手风险。

在一些国家,其 M0 与 GDP 比率的下降(图 13.1)和对现金需求的下降(很可能出现),很可能与它们正在从基于现金的经济体系转向基于来自非银行部门的现金替代品的经济体系有关。这些国家包括瑞典等发达经济体,也包括中国、印度和俄罗斯等主要新兴市场经济体,以及孟加拉国、肯尼亚和乌干达等发展中经济体。然而,更广义的货币总量并未发生显著变化,这意味着对不同现金替代品的监管和对准备金的要求没有太大差异。

总之,全球的货币和抵押品市场正在发生变化。如果新技术能够继续保持其强大的吸引力,在不久的将来,用于现金交易的支付系统和隐私条款可能会截然不同。CBDC、私人部门数字货币(稳定币)、去中心化的加密货币是否能占据主导地位,还有待观察。公司资金部和货币政策制定者将需要适应货币总量和对抵押品需求的变化。并且,货币系统中"浮资"的概念(如移动货币)可能会比我们所熟悉的总额和净额的概念更重要。

参考文献

Bindseil, **Ulrich**, 2020,"Tiered CBDC and the Financial System", European Central Bank Working Paper No.2351,January.

Garratt, Rodney, Antoine Martin, James McAndrews and Ed Nosal, 2015, "Segregated Balance Accounts", New York Federal Reserve Staff Report No.370.

Kahn, Charles, 2018, "Payment Systems and Privacy", St. Louis Federal Reserve, Review, Fourth Quarter, Vol.100, No.4.

Kahn, Charles, James McAndrews and William Roberds, 2005, "Money is Privacy", *International Economic Review*, Vol.46, No.2, May.

14 结 论

本书提供了许多对金融管道的经济学分析，这能够帮助政策制定者和经济学者更好地思考和理解未来金融体系的变化。本书的主题包括金融体系中的杠杆率、交易商资产负债表约束、央行资产负债表、场外衍生品风险、CCP 处置、通过金融科技进行的支付系统和货币总量的变化，以及对传统经济模型（如 IS-LM）的反思等。

本书的内容被来自欧洲（欧洲央行、英国央行、法国央行、欧盟委员会、CPSS-IOSCO、金融稳定委员会等）、美国和加拿大（美国商品期货交易委员会、美国证券交易委员会、华盛顿联邦储备委员会、亚特兰大联储、芝加哥联储、纽约联储、加拿大银行等）的政策制定者广泛传阅。部分来自澳大利亚和亚洲（例如悉尼、新加坡、首尔、东京和香港）的金融界人士，已经承认了抵押品在全球金融管道中的重要性。此外，活跃在抵押品市场的大型银行的抵押品部门、对冲基金和非银行部门（例如欧清银行、明讯银行、纽约银行这样的全球托管机构）的其他市场参与者都表示他们十分关注这一研究方向。

本书所讨论的金融领域的问题至今仍没有被学者们解释清楚，我们希望本书提供的材料能帮助读者思考货币以外的因素。监管机构等其他政府部门，会对本书所阐述的问题有更充分的理解，因为他们将会敲定涉及这些主题的几项改革。目前学术界仍未在货币银行学、货币政策等课程或相关经济模型中引入金融抵押品这一因素。随着 QE 等非传统货币政策的使用更加普遍,教科书需要重新审视传统的货币模型,教师和学生应当跳出 IS-LM 模型等传统经济理论,并进行创新性思考。近期麻省理工学院、耶鲁大学等学校的研究者发表的论文表明(受作者研究的影响),学术界已经开始重视涉及金融管道的宏观基础理论。

我们真诚地希望,在本书涉及的主题仍被广泛关注的今天,本书能够吸引更多读者的阅读兴趣。无论你是政策官员、大型银行的首席执行官,抑或是试图组建个人退休金投资组合的家庭部门投资者,只要你对金融决策有不同见解,本书就适合你去阅读。此外,随着"再质押""抵押品流通速度""金融管道"等词汇愈来愈多地出现在媒体报道上,本书还可以被用作专业词汇的参考指南。我们希望读者能对本书中看似神秘且相互独立的话题有更深刻的理解,并认识到抵押品将包括中央对手方、反向货币政策传导、主经纪商融资、融券交易等看似分割的主题连接在了一起。

附录　新兴市场证券加入全球金融管道[*]

[**编者按**]　2008 年全球金融危机后,国际社会愈发重视金融抵押品在维护金融稳定中发挥的重要作用,新兴市场证券逐步走入国际视野。在此背景下,2021 年,国际货币基金组织发表了工作论文《新兴市场证券加入全球金融管道》(Emerging Market Securities Access to Global Plumbing),从金融抵押品跨境转移的经济学视角,提出了对促进新兴市场证券加入全球金融管道的思考和建议。

抵押品(担保品)[**]重复使用的经济学原理简析

抵押品的流动在市场流动性中起着核心作用,因而是金融稳定的重要指

---

[*]　本文作者为崔功弼(Gongpil Choi)、费德里克·奥尔特(Federico Ortega)和曼莫汉·辛格,经国际货币基金组织授权:"'Emerging Market Securities Access to Global Publishing'(IMF Working Paper 21/94) by Manmohan Singh, Federico Ortega, and Gongpil Choi, English text © International Monetary Fund. Translated and reproduced with permission. The International Monetary Fund is not responsible for the accuracy of this translation." 由中央国债登记结算有限责任公司中债担保品业务中心邹佳晟、于华辰、李怡熹、黄立超翻译,原载于《债券》杂志 2022 年 5 月刊,经授权使用。本文较英文原文有所删减和编辑,感兴趣的读者可进一步查阅原文。关于"plumbing",原译文刊为"管网",此处参本书用法,统一采用"管道"这一表述。关于"reuse",原译文刊为"再使用",此处参本书用法,统一采用"重复使用"这一表述。

[**]　关于"collateral"一词,本文译者翻译为"担保品",国际货币基金组织修改为"抵押品"。后文出现"抵押品"处与此情况相同。——译者注

标,对金融体系的运转至关重要。随着政策制定者逐渐认识到传统货币理论的不足,抵押品已逐步成为与货币同等重要的信用创造驱动因素。抵押品的可用性和抵押品转移的畅通性成为保持市场流动性的主要因素,也成为维护金融稳定的主要因素。

全球经济的很大一部分都依赖于欧洲美元体系的融资,且来自美国市场的冲击会外溢至新兴市场。美联储的官方流动性工具只适用于持有大量美国国债的新兴市场,其他大部分新兴市场在动荡时期只能通过外汇掉期交易来融入美元。观察新兴市场的资产负债表,可以发现新兴市场持有的大量资产都不具备跨境抵押的功能,而大多数可(跨境)抵押的资产都是以美元计价的。

新兴市场仅依赖于外汇储备(或掉期安排)来维持金融稳定,这一现状需要被重新审视。新兴市场证券跨境抵押的功能较差,是导致这些地区金融动荡的一个重要因素。新兴经济体央行改变现状的空间十分有限,导致优化金融管道非常困难。这种情况在新兴市场中十分普遍,亟待改善。

管道是对金融机构组成系统的一种比喻,这些机构使得信用、资本、金融风险的流动成为可能。在管道结构中包含一些大型的"阀门"和"管道",连接了中央银行、交易商银行、货币市场基金、主要机构投资者、回购清算银行、场外衍生品中央清算所和交易所。

为改善现状,新兴市场需要探索如何使其证券在全球管道(首先可能是双边或区域性管道)中被重复使用。对双边管道 * 的探索已经开始——近期,摩根大通首次开展以中国 A 股作为抵押品的证券融资交易,作为代理融出方代表其客户接受此类抵押品,标志着沪港通/深港通的国际化进程迈出了重要一步。此外,日本和中国香港特别行政区也正在就跨境券款对付连接(或搭建双边管道)进行洽谈,如最终落地,日本国债将被用作抵押品在中国香港市场融资(日本央行,2018)。

---

* 指两个国家之间通过金融机构连接搭建的证券流通渠道。——译者注

以下介绍全球管道中的主要管道——抵押品的重复使用及其背后的经济学原理,并讨论新兴市场为何还没有成为这些管道的一部分。

(一) 全球抵押品市场

为了使金融市场整体运转顺畅,金融体系需要抵押品和资金用于日内借贷。跨境金融市场一般使用现金等价物(高流动性证券)作为抵押品,代替现金结算。抵押品不一定具备 AAA 或 AA 的高评级,只要作为抵押品的证券(债券或股票)具有流动性、按盯市法计值,并符合相关跨境交易主协议的要求,就可以被用作现金等价物。然而,在雷曼破产后,较低评级的证券被用作抵押品的难度上升,并且会被要求更高的折扣率。

抵押品支撑着广泛的抵押融资以及对冲(主要是场外衍生品对冲)交易,且其在监管调控和作为现金等价物等方面的价值也逐步显现。监管机构尚未对抵押品进行量化统计,且未就此提供官方统计数据,但抵押品已成为金融管道的重要组成部分。

抵押品的重复使用是指抵押品接收方有权以自己的名义重复使用(其接收的)抵押品,在经济学上等同于所有权转移。在双边市场中,回购、融券、场外衍生品以及保证金贷款等协议通常涉及所有权转移。在所有权转移模式下,相关证券的所有权被转移至接收方,后者可以完全自由地支配这些证券。与此同时,经双方同意后,一旦证券提供方履行了有关义务,接收方将向提供方返还等同的证券。需要注意的是,接收方的义务是返还等同的证券,即同等类型和价值的证券,而不一定是原来的证券。[①]当证券所有权已经从提供方转移到接收方且被重复使用,接收方没有义务归还最初的证券。尽管“再抵押”与“重复使用”这两个术语经常可以交替使用,但两者都有特定含义,略微不同。

再抵押指抵押品接收方将接收的抵押品用作对第三方的履约抵押。而重复使用的范围更广泛,不仅包含再抵押,还包含与资产所有权相关的使用范围(例如将其出售或者出借给第三方)。因此,在所有权转移模式下,重复使用的权利是天然存在的——因为证券的所有权实际发生了转移;而在抵押模式下,抵押品接收方仅享有抵押权益,只有当抵押协议中明确允许重复使用时,抵押品接收方才能够享有再抵押的权利。

在美国,再抵押权利受到严格限制,而在美国之外(即纽约公约管辖外的区域),再抵押的情形普遍存在。在欧盟抵押品的相关法规下,再抵押的权利得到了有力的法律支撑。同时,欧盟抵押品法律体系较为灵活,可以满足谨慎的、风险规避型客户和对手方的偏好。通常来说,英国的市场参与者会在合约中明确重复使用抵押品的限制条件,并予以遵守。

一些政策制定机构,尤其是负责金融稳定的国际组织(例如金融稳定委员会、国际支付结算体系委员会、国际证券事务监察委员会组织)认为,再抵押具有系统重要性,同时也会带来系统性风险。[②]然而,再抵押与普通银行业务在本质上没有不同。在经济学概念中,证券的重复使用或再抵押等同于银行通过接收存款和发放贷款产生的货币创造。既然银行接收的 100 美元存款可以被借出,那么按盯市法计值的 100 美元抵押品被重复使用也不应受到限制。简而言之,银行的证券重复使用和信用创造为金融体系和实体经济同时带来了风险和益处。

(二)后雷曼时代监管界对抵押品重复使用的关注

自雷曼破产以来,美国一直有批评者指出,英国监管部门没有采取和美国相同的做法,对再抵押设置监管上限,而美国市场中的券商却受到美国证券交易委员会对再抵押上限的监管(尽管许多英国交易商在协议中也就再抵押上限达成了一致)。有些人认为这种不对称会产生监管套利,英国为"无限制再抵押"提供了独特的场所(详见专栏 1)。

专栏 1 | 英美两国的再抵押比较

在美国,证券交易委员会 15c(3)-3 规则禁止证券公司利用客户的证券为其自营业务融资。在此规则下,证券公司可以使用或再抵押客户借方余额(即客户向证券公司借入款项)的比例上限为 140%。例如,假设客户抵押了价值 500 美元的证券,借款余额为 200 美元,则证券公司可以再抵押至多 280(200×140%)美元的客户资产。在 15c(3)-3 规则下,这样做会触发更多的监管要求,因此再抵押的效率将取决于交易商的其他客户。

对冲基金此前选择在欧洲融资的一个重要原因是,欧洲的杠杆率不像美国那样受到 15c(3)-3 规则(即 140% 上限)的限制。许多英国的对冲基金、银行以及其他金融机构的杠杆率一直较高,因为英国和欧洲大陆没有类似于美国《证券投资者保护法》的法律。经纪商和银行会把客户的资产连同自有资产一起进行再抵押。近期欧洲推出的一些规定似乎与所有权转移模式相矛盾。如果抵押品的所有权发生了转移,那么抵押品接收方就能够以他们认为合适的任何方式使用该资产。这与将抵押品资产视为客户财产并限制其再抵押的规则,以及要求隔离客户资产的规则不符。事实上,对客户资产与自有资产进行隔离的要求会动摇所有权转移模式的法律基础。

尽管英国已经"脱欧",但欧盟仍没有像美国一样制定法律来限制再抵押上限。欧盟的做法是加强信息披露和监管逐一审批,同时禁止零售客户参与再抵押。在这方面,英国的法律仍与欧盟保持一致。

从市场实践来看,资产再抵押的融资成本较回购市场更低,但对于这一现象的实证分析研究目前还很缺乏。如果再抵押品在不久的未来价格下跌,那么这项研究工作会变得很有意义。近期抵押品相对于资金出现了供大于求的情况(例如在美国市场),但对由交易商银行充当中介的资金和抵押品交易的理解仍然十分重要。

但是这些批评忽略了三个重要的情况。第一,英国经纪商雷曼(欧洲)在某些情况下违反了英国关于客户资产隔离的规定。如果经纪商不遵守客户资产隔离规定,那么即便监管对抵押品重复使用设置上限,也无法保护这些经纪商的客户。第二,那些自愿同意在合同中赋予雷曼广泛的重复使用权限的客户,在雷曼(欧洲)破产时已经按照合同规定得到了应得的利益。这些客户误判了雷曼的信用风险——就如同未得到保护的存款人遇上银行倒闭的情况一样。第三,所谓的英国法律制度的独特性可能被夸大了——交易对手方选择伦敦市场而非法兰克福或巴黎并非是因为英国法律有独特之处且能提供监管套利,而是因为英国法院在合同判决和法理解释方面有着丰富的经验。

美国和其他市场的一个重要区别是对"再抵押"中"再"的解释。在美国,再抵押通常是在准许抵押后重复使用的情况下完成的。因此,被抵押的证券和被卖出的证券有明显的区别。然而,在欧洲,回购是买卖双方在成交时约定于未来某一时间以某一价格进行反向交易的行为。"从法律上讲,如果我只是卖出证券,那证券在卖出后就不再是我的证券,当这些证券被再抵押,于我而言其实已不算是'再抵押'了。但是,如果我卖出证券的前提是你同意在未来某个时点卖回给我相同的证券呢?这在经济学上是否会有不同?根据当前《巴塞尔协议》的规定,回购交易承诺在未来时间卖回债券,意味着一开始的卖出债券不是一笔纯粹的卖出交易,因此债券要受到《巴塞尔协议》对于再抵押的限制和约束。"(Singh,2020)

(三)抵押品流动的全球管道

抵押品在金融市场中的使用和重复使用规模很大。在雷曼破产前,美国的抵押融资(包含所有权转移式的担保融资)规模约为 10 万亿美元,超过美国广义货币(M2)的规模。这表明,许多银行一直在通过抵押品进行融资。

通常情况下,美国和欧洲的交易商在年度报告中对抵押品的描述都十分相似。因此,这些机构的抵押品数据至少在一定程度上具有可比性。例如,截至

2007 年底,瑞士联合银行的资产负债表规模超过 2.2 万亿瑞士法郎,其可被用于再抵押的表外抵押品规模约为 1.5 万亿瑞士法郎,其中只有很小一部分通过再抵押业务回到了资产负债表上。最新的杠杆监管定义允许在某些条件下按净额计算抵押品涉及的交易,而在计算杠杆率时所有的表外交易都不会被纳入。

由此可见,抵押品市场的规模相当大,但是由于法律、会计和相关市场的复杂性,其作用没有被完全理解。受金融危机影响,2008 年抵押品市场的规模大幅下降约 50%(见附录图 1 和附录图 2)。如果抵押品市值下跌,或抵押品使用和重复使用的规模减小,金融活动将有所放缓。用于双边回购、融券、主经纪商业务以及场外衍生品保证金的抵押品很难厘清,因为其仅出现在资产负债表的脚注中。尽管如此,仍可以通过其他指标了解全球抵押品使用和重复使用的情况。例如,抵押品周转速度已经从雷曼破产前的约 3.0 次/年下降至雷曼破产后的 2.0 次/年以下,并且在欧元区危机期间(2011 年至 2012 年)和新监管时期一直维持在 2.0 次/年以下。只有在 2017 年之后,交易商找到了应对新规的方法,抵押品周转速度才恢复至约 2.0 次/年。

从监管和会计角度看,资产负债表外脚注中的抵押品内容与表内条目存在不同(表内融资规模可能只相当于表外融资的一小部分)。一些银行,比如雷曼,主要通过表外业务进行抵押融资。然而,由于近期杠杆率和流动性覆盖率等监管提案的提出,银行的业务模式正在发生变化。例如,包括美国、欧盟在内的所有全球监管机构都在 2015 年至 2020 年分阶段实施了流动性覆盖率的监管新规。在《国际财务报告准则》和《公认会计原则》的实施背景下,财务报告可能存在差异,但表外科目是相似的,因此可以对其进行比较。

亚洲抵押品市场以及相关的管道约束

使用亚洲抵押品来改善全球管道,为理解亚洲抵押品的重要性带来了新视角。简而言之,(跨境流动的)瓶颈包括:其一,美国的批发融资市场仍不稳定,对新兴市场存在溢出效应;其二,全球系统重要性银行的排他性抵押框架阻碍了与欧洲美元体系形成流通管道;其三,要在现代金融体系中引入新工具修正管道和"阀门",需要相应调整"布线",以优化金融管道。

由于美元的储备货币属性,全球金融稳定性取决于能否获取紧急的抵押美元贷款。国际主流货币当局的流动性工具(如美联储推出的回购便利工具)主要针对持有大量美国国债的较为成熟的新兴经济体,而其他大部分新兴经济体在动荡时期只能通过外汇掉期市场进行交易。

美元融资市场的摩擦之一是,美联储的回购工具并非适用于所有交易商,而仅集中于一级交易商。这些交易商受到严格监管,且资产负债表空间有限。另外,其不能一直为非美国客户提供稳定的美元信贷。美国市场的情况基本决定了全球融资市场的情况,其溢出效应对新兴市场的影响是不容忽视的。外汇掉期市场(缺少跨币种回购)很容易受到持续的外部冲击。此外,美联储回购和外汇掉期安排还涉及无法识别和控制的风险,即全球系统重要性银行的监管政策及其资金回笼调节情况。

(一)亚洲优质抵押品市场的现状

亚洲市场对抵押品使用现状的回应一直被动且有限。面对外部冲击,亚洲国家接入全球管道仍然受到限制且变得越发困难,亚洲较小的抵押品体量影响了市场流动性、金融机构的风险管理能力和盈利能力。亚洲市场倾向于保持现状,大多数银行仍偏好传统的外汇掉期(尤其是美元掉期)。美元资产和负债在美国的银行的资产负债表中占据统治地位,这些银行正在通过大规模借款来缓解资产负债表的币种错配问题。自 2008 年全球金融危机以来,亚洲的美元掉期成交量以及未到期的美元计价债券呈指数级增长。同时,只有少数以当地货币计价的债券符合跨境融资的条件。

在亚洲,大多数政府债券(除日本国债)在跨境融资中不具备作为抵押品的资格。亚洲证券业及金融市场协会的回购调查结果显示,亚洲抵押品在回购以及逆回购市场中所占的比例分别为 7.1% 和 0.5%。与欧洲相比,新兴市场(尤其是亚洲市场)缺乏明晰的合格抵押品框架;抵押品的流动性有限,且发展趋势尚未与全球同步。较为割裂的市场加之较低的可质押性,形成了对美元依赖度较高的金融体系,进一步加剧了欧洲美元体系的摩擦和金融不稳定性。

(二)跨境抵押品交易的摩擦

跨境抵押品交易的摩擦可以被分为直接摩擦和间接摩擦两个部分。直接摩擦包括资本管制、对冲限制和不一致的资格标准;间接摩擦包括薄弱的市场架构(如监管透明度、价格透明度、债权人保护、清算和结算服务)以及地区之间不对等的法律体系。

新兴市场对跨境抵押品交易的限制包括宏观环境、经济政策以及法律和监管体系。鉴于市场状况和环境的差异性,要使整个亚洲地区的法律法规保持一致是非常具有挑战性的。

然而,亚洲各国央行可以就抵押品的资格标准达成一致,并据此组建抵押品池,向市场公开。与国际中央证券存管机构(ICSD)和场外交易平台合作,是一个可行的选择。ICSD 与中央证券托管机构(CSD)的密切合作对于实现跨境交易中高效且连通的金融基础设施至关重要。在欧洲,ICSD 为回购或者融券提供复杂的三方抵押品管理服务。据悉,ICSD 为客户提供接入五六十个当地证券市场的渠道,覆盖的币种有五六十种。此外,全球主要的托管行(如纽约梅隆银行、摩根大通银行、花旗银行等)通常覆盖一百多个市场,均为证券融资交易提供三方抵押品管理。

（三）中央银行抵押品安排

亚洲在贸易融资和开放融资等方面存在切实的需求。基于中央银行抵押品安排（CBCA）标准的分级抵押品池能够便利周边国家参与抵押品市场。跨境抵押品安排允许当地中央银行接受以外币计价的抵押品或位于外国辖区内的抵押品，以支持金融机构融资。各国在实践中实施 CBCA 的方式不同。图3展示了韩国和印度尼西亚两国央行的实践模式。该模式不是简单的两种货币的掉期，而是包括了以证券作为抵押品以及当地 CSD 和托管行的参与等内容。

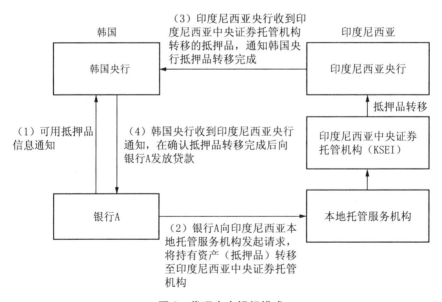

图3　代理中央银行模式

资料来源：作者及译者整理。

在1997年亚洲金融危机后，东盟于2000年发起清迈倡议，旨在通过将本币兑换成美元的方式来支撑弱势货币,防止资本外逃。清迈倡议强调了维护以规则为基础的多边贸易体制和地区开放主义的必要性,除了紧急货币掉期安排外,央行的跨境抵押品安排可以强化基于市场的支持。

亚洲的管道失灵是从美元抵押环节开始的,新兴市场潜在的错配带来了摩擦,引发了更大的波动。为了克服市场的波动性,亚洲需要升级当前的外汇融资体系,以形成更优的管道。为此,需要在抵押品方面进行能力建设以及合格抵押品池的制度建设。

我们还开展了对抵押能力指数的实证分析,并发现资产抵押能力可通过三个渠道促进金融稳定:一是资本市场认识到抵押品的重要作用并发展抵押品业务;二是抵押品管理可提高吸收冲击的能力;三是增加新安全资产的供给。

欧元区一般抵押品池

在面临金融危机时,欧洲央行接受欧元区各国国债作为抵押品,且其折扣率往往低于市场的抵押折扣率。总的来说,由于欧元区国家的抵押品(在市场中或中央银行之间)得到了认可,发达经济体施行量化宽松政策时在全球范围内产生的充足流动性,可以减轻其流动性压力。

欧洲的场外抵押融资交易平台——欧洲期货交易所回购(Eurex Repo)系统,在融资交易中提供了一个通用的抵押品池,即一篮子可被用于回购交易的证券。在抵押品池中的证券可以相互交换,而不会显著改变回购利率。回购交易的贷款人对能获得一般抵押品池中的哪一种证券并不在意(金融危机期间除外)。

Eurex Repo 系统中共有五个一般抵押品池,本文重点关注由欧洲央行合格证券组成的池子(见表1)。

表1　欧洲央行一般抵押品池

抵押品池类型	资产及其来源	信用评级	债券发行地点
欧洲央行池	包含以下机构发行的债券： • 中央银行 • 中央政府 • 区域/地方政府 • 国际金融机构 下列机构发行的德国不动产抵押债券： • 信贷机构 • 代理信贷机构 * 包含 3 000 只欧洲央行合格证券	• 最低为 A－(标普)或 A3(穆迪) • 对于抵押债券：最低 AA－(标普)或满足流动性覆盖率及高流动性资产(LCR HQLA)的相关要求	在欧洲经济区(EEA)的国家或非 EEA 的十国集团(G10)国家之一(如美国、加拿大、日本、瑞士) * 包含 9 个国家发行的债券
欧洲央行扩展池	包含以下机构发行的债券： • 信贷机构 • 代理信贷机构 • 代理非信贷机构 • 公司和其他发行人 * 包含 14 000 只欧洲央行合格证券	• 最低为 BBB－(标普)或 Baa3(穆迪)	在 EEA 的国家或非 EEA 的 G10 国家之一(如美国、加拿大、日本、瑞士) * 包含 13 个国家发行的债券

资料来源：欧洲央行。

从欧洲央行一般抵押品池的例子来看,新兴经济体应该合作建设一个统一的抵押品池,其中包含根据信用评级分级的央行合格资产。这样一个抵押品池将使各国的高流动性债券自由地进行跨境交易和抵押(全球性银行的资产负债表约束也很重要,见专栏2)。

此外,如果形势需要,新兴经济体还应对抵押品框架作出调整。例如,欧洲央行已经对其融券项目进行了修改,允许其开展现金与抵押品的掉期交易,目的是将优质抵押品保留在市场中。

专栏 2 ｜ 全球性银行资产负债表管理：回报与储备的权衡

在全球金融中心使用新兴市场证券抵押品的困难在于，这些抵押品的流动性有待提升，同时还存在无法完全兑换的问题。因此，在过去一段时间，新兴市场证券很少被用于跨境抵押。

然而，目前国际市场的格局对新兴市场抵押品是有利的。新兴经济体的央行通常会进入外汇掉期市场换取美元，如果新兴经济体的资产可以进行离岸抵押，则其能够使用非美元计价的抵押品有效获取美元。由于抵押品不是美国国债，所以不受有抵押隔夜融资利率（SOFR，即机会成本）的影响。对全球性银行来说，吸引其进行这类交易的原因是新兴市场抵押品有更高的折扣率。

目前，主要的全球性银行都有富余的流动性（如美元准备金余额）。如果这些银行把在美联储的超额存款准备金替换为新兴市场债券去进行抵押贷款，或许更有利，且相比其他方案成本更低——在其他方案中，如果其在美联储没有超额存款准备金，那么只得先筹集美元（使用自有美国国债以 SOFR 融资，或使用新兴市场债券作为抵押以更高的利率融资）。全球性银行不会无偿承担额外的风险，因为在后《巴塞尔协议 III》时代，银行的资产负债表受到约束。

接受新兴市场抵押品的动力主要取决于在世界各地积极兜售抵押品的全球性银行的风险偏好。全球性银行在超额回报水平和央行超额准备金之间进行着权衡。新兴市场抵押品的较高折扣率会形成激励，但这是有上限的，因为市场上只有少量新兴市场参与者，且它们的参与程度有限。如果其抵押品流动性增加，更多的新兴经济体将加入进来，这将进一步提升市场流动性。七国集团（G7）央行也将获利，因为这有助于激活主权评级较高的新兴市场抵押品市场。否则，现状仍将维持——在危机期间，拥有发达经济体央行货币掉期安排的新兴经济体面临较小的压力；没有上述货币掉期安排的新兴经济体面临较大的压力。

结论

中央银行抵押品机制以及与 ICSD 的联通是金融稳定的重要支柱，也是新兴市场在使用抵押品融资和管理风险方面需要达成共识的第一步。只有更好地利用自身的抵押品，降低对外汇储备和掉期安排的过度关注，新兴市场证券才有可能逐步进入全球管道。因此，监管机构需要采取更积极的措施来扩展抵押品池，包括挖掘数字化转变的潜力。

抵押品资源和基础设施的相互割裂不利于全球管道的顺畅运行，在市场承压时尤其如此。为了克服抵押品流动的限制，新兴市场需要对已有的管道进行大范围的重新配置，以连接现有机构，并在不会给金融稳定带来严重负面影响的基础上允许跨境流动。这需要新兴市场形成新的治理结构，包括与 ICSD 和 CSD 合作建设分层的抵押品框架，以加快跨境金融管道建设；同时，新兴市场需要吸引全球性银行将其超额准备金（通过新兴市场证券更高的折扣率）换为回报更高的资产，或者构建中央银行的跨境抵押品池。

近期的趋势对新兴市场非常有利，且新兴市场正逐渐意识到应成为全球管道的一部分。数字金融科技的使用，例如新加坡、泰国、中国香港之间支付系统的合作，也是激发跨境抵押品流动的一个方面。此外，通过日本和中国香港之间的双边管道，日本国债被用作抵押品在中国香港市场上融资，这也是新兴市场抵押品进入全球管道的一步。

注　释

① 一个简单的例子是，一张序列号为 XYZ 的 10 美元纸币，如果将其作为抵押品提供给

抵押品接收方,那么接收方可以返还任何一张 10 美元纸币,而不一定是当初那张序列号为 XYZ 的 10 美元纸币。

② 但是部分中央银行,例如欧洲央行,近期开始鼓励欧洲各央行通过融券的方式对优质抵押品进行重复使用。

术语中英文对照表

ABS　资产支持证券

AIFMD　《另类投资基金经理人指令》

AIG　美国国际集团

Asset under management(AUM)　资产管理规模

Asset-backed commercial paper(ABCP)　资产支持商业票据

Back-to-back hedge stragtegy　背对背对冲策略

Bank of New York　纽约银行

Bank of New York Mellon(BoNYM)　纽约梅隆银行

Basel III　《巴塞尔协议 III》

Bitcoin(BTC)　比特币

BOE　英国央行

Bridge CCP　过桥 CCP

Broker-dealer　经纪交易商

Capital flow management(CFM)　资本流动管理

Capital requirements Directive IV　《资本要求指令 IV》

Cash call　筹现金通知

Central bank digital currencies(CDBC)　中央银行数字货币

Central counterparty(CCP)　中央对手方

Central security depository(CSD)　中央证券存管机构

Chicago Mercantile Exchange(CME)　芝加哥商品交易所

Clearstream　明讯银行

Committed liquidity facility(CLF)　承诺流动性便利

Collateral　抵押品

Collateral flow　抵押品流

Contingent convertible bonds(CoCos)　或有可转换债券

Corporate Treasury　公司资金部

Correspondent central banking model(CCBM)　中央银行结算代理模式

Credit and Liquidity and Market Infrastructures(CPMI)　支付和市场基础设施委员会

Credit support agreements(CSA)　信用担保附约

Credit-valuation-adjustment(CVA)　信用估值调整

Custodian　托管机构

Dekabank　德卡银行

Depository　托管人

Dodd-Frank Act　《多德—弗兰克法案》

DTCC　美国存管信托和结算公司

EMIR　《欧洲市场基础设施监管条例》

ESMA　欧洲证券和市场管理局

ETF　交易型开放式指数基金

Eurex　欧洲期货交易所

EUI　欧清银行英国公司

Euroclear　欧清银行

European Central Bank(ECB)　欧洲央行

European Repo Council　欧洲回购委员会

Exxon shares　埃克森美孚股票

Fed　美联储

Federal Deposit Insurance Company(FDIC)　联邦存款保险公司

Federal Reserve Act　《联邦储备法》

Fedwire　联邦电子资金转账系统

Financial Collateral Directive　《金融抵押品指令》

Financial Conduct Authority　英国金融行为监管局

Financial lubrication　金融润滑油

Financial market infrastructure(FMI)　金融市场基础设施机构

Financial plumbing　金融管道

Financial Stability Board(FSB)　金融稳定委员会

Financial Supervisory Authority(FSA)　金融服务监管局

Flow of fund(FOF)　资金流量表

Fungiblity　可互换性

Futures Commission Merchants(FCM)　美国期货经纪商

GAAP　《公认会计原则》

General collateral　一般抵押品

General collateral finance(GCF)　一般抵押品融资

Global Financial Stability Report(GFSR)　《全球金融稳定报告》

Global Systemically Important Bank(G-SIB)　全球系统重要性银行

Gresham's Law　格雷欣法则

Hedge fund　对冲基金

High quality liquid assets(HQLA)　高质量流动性资产

Indemnification　补偿

Money market fund(MMF)　货币市场基金

Moneyness　货币性

Mortgage backed security(MBS)　住房抵押贷款支持证券

NCWO　债权人不会更糟

Net stable funding ratio(NSFR)　净稳定资金比率

Netting　净额结算

Non-cleared bilateral transaction　非集中清算双边交易

OECD　经济合作与发展组织

Oliver Wyman　奥纬咨询

Out of the money　虚值

Payments gridlock　支付僵局

Pledged for reuse　被质押的抵押品的重复使用

Primary broker　主经纪商

Primary brokerage　主经纪商业务

Portability　可移仓性

Quantitative Impact Study(QIS)　巴塞尔定量影响研究

Receivership　破产管理程序

Recovery　恢复

Reg T　《T 条例》

Rehypothecation　再抵押

Repo　回购

Resolution　处置

Reverse repurchase(RRP)　逆回购

Risk Management Association(RMA)　风险管理协会

Securities and Exchange Commission(SEC)　美国证券交易委员会

Securities Investor Protection Act(SIPA)　《证券投资者保护法》

Securities Investor Protection Corporation(SIPC)　证券投资者保护公司

Securities lending　融券交易

Securities settlement system(SSS)　证券结算系统

Solvency II　《偿付能力监管标准 II》

Sovereign wealth funds(SWF)　主权财富基金

Special　特殊抵押品

St. Louis Fed　圣路易斯联邦储备银行

Structured investment vehicles(SIV)　结构性投资工具

Systemically important financial institution(SIFI)　系统重要性金融机构

Taper tantrum　"缩减恐慌"

TARGET2-Securities(T2S)　欧洲证券结算平台

Tear-up　终止(合约)

TGA　美国财政部的政府账户

Troubled Asset Relief Program(TARP)　问题资产救助计划

UCITS-V　《欧盟可转让证券集合投资计划-V》

UK Financial Sector Authority　英国金融部门管理局

Unencumbered　未抵押的

Union Bank of Switzerland(UBS)　瑞士联合银行

Variation Margin gain Haircut(VMGH)　变动保证金收益折扣方法

Variation margin(VM)　变动保证金

Wallace Neutrality　"华莱士(货币)中性"

Wealth management products　财富管理产品

图书在版编目(CIP)数据

抵押品市场与金融管道:第三版/(美)曼莫汉·
辛格著;王永钦,张之晗,褚浩男译.—上海:格致
出版社:上海人民出版社,2023.2
ISBN 978 - 7 - 5432 - 3399 - 7

Ⅰ.①抵…　Ⅱ.①曼…②王…③张…④褚…　Ⅲ.
①金融-抵押　Ⅳ.①F83

中国版本图书馆 CIP 数据核字(2022)第 223022 号

责任编辑　程筠函
装帧设计　路　静

抵押品市场与金融管道(第三版)
[美]曼莫汉·辛格 著
王永钦　张之晗　褚浩男 译

出　　版　格致出版社
　　　　　上海人民出版社
　　　　　(201101　上海市闵行区号景路 159 弄 C 座)
发　　行　上海人民出版社发行中心
印　　刷　上海商务联西印刷有限公司
开　　本　720×1000　1/16
印　　张　18.5
插　　页　5
字　　数　246,000
版　　次　2023 年 2 月第 1 版
印　　次　2023 年 2 月第 1 次印刷
ISBN 978 - 7 - 5432 - 3399 - 7/F·1470
定　　价　88.00 元